PARIS. — FAIN, IMPRIMEUR, RUE RACINE, N°. 4,
PLACE DE L'ODÉON.

PRÉFACE.

Les libertés de l'Église gallicane se composent de certains principes qui leur servent de base, et des conséquences qui se déduisent de ces principes. C'est dans la première classe qu'il faut mettre les quatre maximes renfermées dans la déclaration de 1682. L'assemblée, en les proposant comme des canons consacrés par le respect général de tout le monde, comme des constitutions reçues dans le royaume et dans l'Église gallicane, appuyées sur les saints canons et sur la tradition des pères, a tracé leur véritable caractère; et elles sont d'autant plus inviolables que, comme le dit Bossuet, elles sont fondées sur l'Écriture Sainte, sur la doctrine des conciles œcuméniques, et qu'elles représentent l'ancien droit ecclésiastique. Il n'en est pas de même des conséquences, parce qu'elles peuvent être déduites avec plus ou moins d'exactitude, et qu'on peut se tromper dans leur application. C'est à la défense seule des maximes qu'est spécialement destiné cet ouvrage.

Le changement survenu à leur égard dans le

HISTOIRE CRITIQUE

DE L'ASSEMBLÉE GÉNÉRALE

DU CLERGÉ DE FRANCE

EN 1682,

ET DE LA DÉCLARATION
DES QUATRE ARTICLES QUI Y FURENT ADOPTÉS,

SUIVIE

DU DISCOURS DE M. L'ABBÉ FLEURY

SUR LES LIBERTÉS DE L'ÉGLISE GALLICANE;

Avec des Notes.

Par M. Tabaraud.

> « Ce fut à la vérité seule, et non à la nécessité des conjonctures, que l'on fut redevable d'une déclaration des sentimens du clergé, si authentique et si unanime. Aurait-on cru dans ces temps-là qu'il ne se passerait pas plus de six ou sept années sans que ces mêmes maximes, qu'on publiait alors sur les toits, fussent presque abandonnées, ou du moins déguisées et palliées en France? mais nous sommes dans un pays où l'on peut moins que partout ailleurs hasarder des prophéties pour l'avenir le plus prochain. »
> D'AGUESSEAU, tom. XIII, pag. 181.

PARIS.

BAUDOUIN FRÈRES, ÉDITEURS,

RUE DE VAUGIRARD, N°. 17;

BRUXELLES, MÊME MAISON DE COMMERCE.

1826.

HISTOIRE CRITIQUE

DE L'ASSEMBLÉE GÉNÉRALE

DU CLERGÉ DE FRANCE

EN 1682.

nouveau clergé ne peut plus faire la matière d'un doute. Il a été reconnu officiellement du haut de la tribune par le ministre des affaires ecclésiastiques ; il est devenu un sujet de triomphe pour les chefs les plus exaltés de la secte ultramontaine, qui ont dénoncé nos maximes comme contraires à la constitution de l'Église, comme imprégnées d'un esprit de schisme et d'hérésie ; et tout le clergé en général, quoiqu'il condamne ces excès, relègue les mêmes maximes dans la classe des opinions sur lesquelles on peut indifféremment soutenir le pour et le contre. N'est-ce pas là les dépouiller de l'auguste caractère dont les avait investies l'assemblée qui les avait proclamées, ce qui équivaut à leur abandon ?

Tel est l'ascendant qu'a acquis l'ultramontanisme que le seul soupçon de ne lui être pas dévoué, suffit pour être exclus de toutes les grâces, de tous les postes ecclésiastiques, et que les deux partis antigallicans, quoique opposés entre eux sur plusieurs points de leur doctrine, savent se réunir pour décrier, par des noms de secte, ceux qui témoignent encore quelque zèle pour la défense de ces mêmes articles, dont la déclaration et le maintien honorèrent l'ancien épiscopat. Au milieu du scandaleux déchaînement contre eux, qui éclate depuis dix ou douze ans dans un déluge de pamphlets et de journaux, avec une virulence et une perfidie inconcevables, un seul écrit périodique, ayant tenté l'année dernière de faire entendre des réclamations, il n'a pu soutenir qu'une seule année sa pénible existence. Peut-être que si la rédaction eût mieux répondu à son prospectus il aurait fini par triompher des contradictions; mais.....

Nous ne nous flattons pas d'être plus heureux dans nos efforts : le mal est à un point qu'il paraît devoir résister à tous les remèdes. Aussi notre but, dans cet ouvrage, est-il moins de combattre que d'éclairer ; c'est pour cela que nous y faisons marcher de pair la relation des faits et la discussion des doctrines, afin d'éviter la sécheresse et les subtilités d'une pure controverse ; d'éclaircir les raisonnemens par l'histoire des événemens, et de mettre à la portée du commun des lecteurs une question propre à les dégoûter lorsqu'on ne la traite que par des argumens théologiques.

Deux questions doivent surtout fixer l'attention des personnes qui désirent sincèrement de s'instruire, sans aucune affection de parti. L'une a pour objet le caractère propre de la doctrine des quatre articles, et l'autre les voies par lesquelles le changement s'est introduit parmi nous en cette partie.

L'assemblée de 1682 et Bossuet, son oracle, avaient représenté les quatre articles comme fondés sur les mêmes principes et soutenus par les mêmes preuves que les articles de foi; mais ils ne leur en avaient pas attribué le caractère, ce qu'il n'appartient qu'à l'Église universelle de faire. Les nouveaux théologiens, quelle que soit la diversité de leurs expresions, les réduisent, du moins les trois derniers, à de pures opinions d'école. Nous pensons qu'entre les articles de foi et les opinions théologiques ou scolastiques, il existe des doctrines qui, sans être proprement de foi, appartiennent pourtant à la foi, et dont on peut s'écarter sans être hérétique, mais non sans être dans l'erreur. C'est dans cette classe que nous plaçons les quatre propositions de 1682; c'est le seul moyen de conserver à nos maximes la dignité qui leur convient et d'inspirer de l'intérêt pour leur maintien; nous ne concevons pas quel peut être le motif de la répugnance qu'on témoigne à l'adopter.

Si l'on y réfléchit bien, le changement que la révolution du dix-huitième siècle a produit sur ce point dans le nouveau clergé, ressemble beaucoup à celui que la révolution du seizième siècle avait opéré sur le clergé d'alors; mais nous n'avons pas les mêmes ressources pour sortir de cet état, et celles qu'on nous annonce paraissent illusoires.

On n'avait pas encore imaginé de représenter les maximes ultramontaines comme plus favorables à la monarchie, et de dénoncer les maximes gallicanes comme imprégnées d'un germe de républicanisme, afin d'intéresser le gouvernement à la conservation des premières et au sacrifice des dernières. On n'aurait pas entrepris impunément d'introduire jusque dans la liturgie et dans des thèses publiques certaines doctrines au profit de celles-là, et de traiter d'attentat contre le droit des évêques, l'obligation imposée aux professeurs des écoles nationales d'enseigner celles-ci. Elles avaient des partisans éclairés dans les corps séculiers et réguliers les plus savans; les docteurs gallicans de la Sorbonne luttaient avec énergie contre la faction ultramontaine des Duvalistes, et finirent par en triompher. L'épiscopat, à mesure qu'il se renouvelait, se purifiait des maximes qu'il avait héritées de la ligue, et il mit le comble à sa gloire par cette célèbre déclaration qui fixa avec une admirable précision les bornes immuables des deux puissances. Les parlemens investis d'une autorité qui manque aux cours royales, et d'un droit qu'on a transporté à une simple commission amovible, veillaient avec une scrupuleuse sollicitude à la conservation de cette partie intéressante de notre droit public ecclésiastique. Enfin ce mouvement général vers une éclatante régénération s'opérait sans effort, sous la protection d'un grand monarque qui respectait la religion et savait la faire respecter par ses sujets; et l'on se flatte de pouvoir nous ramener aux mêmes résultats avec les seuls livres *d'autrefois*, commentés par les docteurs d'aujourd'hui !

Je supprime les pensées qui se présentent en foule à mon esprit sur les causes du dépérissement de nos doctrines traditionnelles et sur les obstacles insurmontables qui s'opposent à leur régénération dans l'état présent des choses. Peut-être en ai-je même trop dit, au gré du parti dominant, sur les différentes questions traitées dans mon ouvrage. Élevé dans la doctrine de l'ancien épiscopat, j'ai cru avoir le droit de la défendre avec franchise, comme le patrimoine des disciples de l'Église gallicane. Si j'avais eu le malheur de m'égarer dans cette discussion, je suis tout disposé à profiter des lumières et des conseils de ceux qui me le feront apercevoir dans le même esprit de paix et de conciliation qui m'a dirigé dans la composition de cet ouvrage.

Nous avons cru devoir mettre à la suite de cette histoire, pour lui servir de preuve justificative, le discours de M. l'abbé Fleury, sur les libertés de l'Église gallicane; parce que, comme le dit M. l'évêque d'Hermopolis, « c'est celui » de nos écrivains qui les a le mieux connues » et qui en a donné une plus juste idée. » (*Vrais principes*, page 63.) Ce discours fut composé en 1690, pour l'instruction des enfans de France ; dont l'auteur était alors sous-précepteur. S'il le renferma dans son portefeuille, c'est que vraisemblablement il le réservait pour être mis à la tête du volume de son Histoire ecclésiastique qui devait contenir celle du concile de Constance où il aurait trouvé sa place naturelle.

Quelques copies plus ou moins exactes s'en étant répandues, l'abbé débonnaire le publia en 1723, avec des notes répréhensibles qui en provoquèrent la suppression par un arrêt du conseil du 9 septembre de la même année, comme étant *pleines d'une doctrine dangereuse.* On voit par-là que l'arrêt n'avait que les notes pour objet. Il n'en fut pas de même du décret de l'inquisition qui le mit à l'index en 1725, aussi-bien que les notes.

Il en parut depuis plusieurs éditions furtives qui eurent beaucoup de vogue. M. Boucher d'Argis l'inséra en 1763, dans sa collection des autres discours de l'auteur sur l'histoire ecclésiastique, après en avoir retranché la partie la plus répréhensible des notes des précédens éditeurs. Mais il s'y permit des changemens considérables dans le texte, que Rondet s'empressa de signaler dans le journal de Trévoux du 1er. juillet de cette année. L'éditeur avait prétendu les justifier par un exemplaire manuscrit plus correct que ceux qui avaient servi aux premières éditions, toutes assez conformes entre elles, à fort peu de chose près; mais il ne disait pas d'où lui était venu ce manuscrit, et il n'indiquait pas le dépôt où l'on aurait pu aller vérifier les changemens qu'il avait faits à l'ouvrage. On jugea donc qu'il n'avait d'autre fondement que le désir de le rendre plus analogue aux idées alors dominantes sur la nature des libertés gallicanes ; ce motif paraissait d'autant plus vraisemblable que les changemens portaient principalement sur les endroits du discours, où l'auteur est accusé de les avoir affaiblies.

L'édition de Boucher d'Argis fut suivie, en 1765, de celle qu'en donna Chiniac de la Bastide, conforme à la précédente pour le texte, mais noyée dans un commentaire prolixe, où l'on trouve des assertions hardies, quelquefois erronées, qui engagèrent l'éditeur dans une querelle très-vive avec le rédacteur des *Nouvelles ecclésiastiques*.

Le sort qu'avait éprouvé ce discours l'avait tellement défiguré qu'il était en quelque sorte devenu impossible de distinguer ce qui pouvait être de Fleury, de ce qui pouvait n'être pas de lui. Rondet, ne voyant aucun moyen de sortir de cet embarras, prit le parti de faire imprimer dans le recueil des opuscules de l'auteur, le texte des deux éditions, de celle de 1723, et de celle de 1763.

Enfin, M. l'abbé Émery, s'étant procuré le manuscrit autographe de Fleury, nous a tiré de toutes ces perplexités, en le publiant dans le recueil des *Nouveaux opuscules de cet auteur* qu'il a donné au public en 1807. Comme l'éditeur passait pour n'être pas très-favorable à nos libertés, et qu'il accusait Boucher d'Argis d'avoir altéré l'ouvrage, on le soupçonna lui-même d'infidélité. Ce soupçon était mal fondé; je m'en suis convaincu par la collation de son texte avec celui d'une copie que l'abbé Goujet en avait faite en 1720, du vivant de Fleury, et qui s'y trouve entièrement conforme.

Le seul reproche qu'on puisse faire à M. Émery, tombe sur son commentaire, où il cherche quelquefois à donner au texte une tournure ultramontaine. C'est pour cela que le coryphée de ce parti le loue d'avoir fait un vrai présent aux amis des saines maximes. (*De l'Église gallicane dans son rapport avec le souverain pontife, page* 16). En voici une preuve entre plusieurs autres.

Fleury pose pour maxime que la puissance du pape est souveraine, et qu'elle s'élève au-dessus de tout pour faire observer les canons et faire rentrer dans leur devoir ceux qui s'en écartent. Cette puissance, dont l'auteur restreint l'usage à ce seul cas, peut-elle être employée à les *violer*, comme ils l'ont été dans le concordat de 1801, de l'aveu de M. Émery dans sa préface? Je crois bien que la mesure à laquelle Pie VII s'est vu forcé en cette

occasion, est hors de tout reproche fondé, parce que c'était le seul moyen qu'il eût de préserver l'Église de France d'être anéantie. Sa justification existe dans l'absolue nécessité des circonstances, et non dans le droit attribué au pape par la maxime qu'invoque M. Emery, maxime évidemment conservatrice et nullement destructive, comme elle le serait, si l'on prétendait s'en servir pour donner une idée du pouvoir des papes par ce fait unique dans l'histoire, et qui confond tout ce qu'on sait de la constitution de l'Église. Le pape Pie VII le sentit bien lui-même. Lorsque le chef du gouvernement voulut, quelques années après, l'obliger de l'appliquer à quelques prélats qu'il désirait faire destituer de la même manière que l'avait été l'ancien épiscopat français. Le pontife lui répondit, en date du 24 mars 1813, que ce serait de sa part commettre une grande injustice, s'il entreprenait de priver des évêques de leurs siéges sans y procéder par des voies canoniques ; qu'on devait se rappeler les cris élevés dans toute l'Europe contre l'usage qu'il avait fait de sa puissance, lors du concordat de 1801 ; mais, ajouta-t-il, « ce fût alors une
» mesure extraordinaire, reconnue nécessaire
» dans ces temps malheureux, et indispen-
» sable pour mettre fin à un schisme déplo-
» rable, et pour ramener au centre de l'unité
» catholique une grande nation. » Il ne serait

pas aussi facile de justifier le pape actuellement régnant sur la mesure qu'il a prise de dépouiller le cardinal Fesch de sa juridiction sur son troupeau, sans aucune forme de procès, et malgré la protestation de cette Éminence. Pie VII, quoique vivement sollicité, s'était constamment refusé à une pareille mesure.

M. Émery avait des préventions contre l'abbé Fleury, surtout contre son *Histoire ecclésiastique*, dont il avait interdit la lecture publique dans les séminaires de sa congrégation, et encore plus contre ses *Discours*, qu'il retirait de la main des séminaristes. Les reproches qu'il lui faisait, étaient en général d'avoir conservé de sa première éducation beaucoup d'idées parlementaires, quoique le critique cite avec complaisance divers endroits de ces écrits contre les prétentions des parlemens; de n'avoir pas, dans la discussion des droits de la couronne et de l'Église, tenu toujours la balance assez égale, et de l'avoir fait incliner du côté de la couronne; de n'avoir pas mis assez de réserve, d'égards et même d'équité dans les jugemens qu'il porte sur les papes des derniers siècles, et dans la manière dont il rend compte de leur gouvernement; ce qui ne pourrait tout au plus regarder que ceux du moyen âge, car il n'a conduit son histoire, sur laquelle porte ce reproche, que jusqu'au commencement du quinzième siècle; et il faut avouer que la conduite de plusieurs papes de cette époque ne fut pas très-édifiante ; de s'être montré souvent injuste envers la cour de Rome, au point que son discours sur les libertés de l'Église gallicane aurait mérité d'être mis à l'*Index*.

Cependant M. Émery pense que Fleury avait modifié, dans ses dernières années, quelques opinions qu'il avait émises autrefois, et sur lesquelles le temps l'avait éclairé. Mais comment concilier cette observation avec le reproche que le censeur fait à l'abbé Fleury, de s'être surtout montré injuste envers les papes des derniers siècles dans son histoire ecclésiastique, qui est bien l'ouvrage de ses dernières années ? On a prétendu découvrir des preuves de ce changement d'opinion dans des fragmens trouvés dans son portefeuille, publiés cent ans après sa mort. Mais ces écrits informes, ces copies de dires d'autrui, ces réflexions éparses et quelquefois sans liaison entre elles, pouvaient bien n'être que des sujets d'études préparatoires qu'un auteur garde pour les consulter au besoin. De bonne foi, est-ce d'après de telles pièces, qu'on doit juger un écrivain tel que Fleury, et l'accuser d'avoir changé d'opinion, ce qui est démenti par toutes les preuves du contraire, répandues dans ses ouvrages, dans ceux même de ses dernières années, imprimés de son vivant et sous son nom ?

P. S. La consultation des avocats pour M. de Montlosier, nous rappelle les beaux jours du barreau français, par la sagesse avec laquelle elle est écrite, par la pureté des principes et la solidité des preuves sur laquelle en est fondée la conclusion. Nous y avons cependant remarqué deux endroits qui exigent quelques explications, pour prévenir l'abus qu'on pourrait en faire; mais elles ne nuisent en rien à la doctrine du savant jurisconsulte qui l'a rédigée et à l'avis de ceux de ses collègues qui l'ont signée.

L'auteur, adoptant l'opinion de M. Berryer fils, dit que la déclaration épiscopale du 3 avril est en *contravention* à la loi de la résidence. Comment n'a-t-il pas fait attention que les prélats signataires étaient membres de la chambre des pairs ou de la commission des hautes études, et par conséquent dans un cas d'exception, qui les mettait à l'abri de toute contravention à la loi de la résidence?

On ajoute que ces prélats n'étaient point *constitués en assemblée du clergé*, ce qui veut dire, qu'ils n'étaient pas constitués dans la forme requise pour traiter de matières ecclésiastiques. Mais ne l'étaient-ils pas aussi bien que les anciennes assemblées du clergé uniquement convoquées pour s'occuper d'affaires de finance et autres choses purement temporelles, ce qui ne les empêchait pas de publier des avis de doctrine et des règlemens de discipline? Il est de principe que les évêques, quelle que soit la cause de leur réunion, sont de droit en possession de délibérer sur toutes les questions qui regardent leur état. Dans le cas présent, leur adresse ayant été accueillie par le roi et adoptée par la très-grande majorité de leurs collègues, sans la moindre réclamation, elle se trouve revêtue de la plus grande autorité possible dans le triste état sous lequel gémit l'Église de France, privée de tout moyen canonique pour exercer sa juridiction essentielle. On ne leur conteste pas le droit d'avoir pu se prononcer sur le premier article de la déclaration de 1682; pourquoi ne l'ont-ils pas fait également sur les trois autres, comme il était de leur devoir de le faire? Nous en avons donné les raisons dans le huitième chapitre de cette histoire.

Les quarante avocats ne devaient, comme ils l'ont fait, considérer la déclaration de 1682 que comme *loi de l'état*, et ne point entrer en controverse avec les nouveaux théologiens qui l'ont dégradée, en reléguant la doctrine qu'elle contient dans la classe des questions *problématiques*. Mais en nous renvoyant, pour en avoir une juste idée, au puissant antagoniste de M. Lamennais, n'ont-ils pas encouru le même reproche? M. Boyer a surabondamment prouvé, que le premier des quatre articles ne contenait aucun germe d'athéisme, et que les trois derniers ne sentaient ni le schisme ni l'hérésie. Mais ce savant théologien, retombant aussitôt après dans la doctrine de son école, ne les représente plus que comme exprimant des opinions dépendantes de la *diversité des temps et des intérêts locaux*, ou, comme il avait fait dans ses précédens écrits, que comme des opinions *indifférentes*, et par conséquent *problématiques*. Il hésite même à se déclarer, dans *l'Antidote*, contre l'infaillibilité du pape. C'est cependant du parti à prendre sur cet article, que dépend le jugement qu'il faut porter de celui qui consacre l'indépendance des rois. Ainsi le pensait l'illustre chancelier d'Aguesseau, qui doit faire une autorité bien grave pour les jurisconsultes. Ce grand magistrat prouve, dans le passage que nous en avons cité (chap. IV, § 8), que, sous ce rapport, on ne peut admettre l'infaillibilité du pape sans se rendre coupable non-seulement d'erreur contre la tradition, mais encore de *crime contre l'état*. Or il n'y a pas bien loin d'*hésiter* sur cet article, à refuser de se prononcer positivement.

Concluons, en dernière analyse, que quelque respect que l'on puisse avoir pour la vertu des directeurs des nouvelles écoles ecclésiastiques, quelque estime que l'on puisse faire de leur science, on n'en obtiendra jamais une profession vraiment *bossuétique* des maximes de la déclaration de 1682, et digne d'être proposée pour modèle, comme elle l'est dans la consultation qui donne lieu à cette note. Ce n'est point ici une dénonciation, c'est le triste aveu d'un fait prouvé dans tout le cours de cet ouvrage composé *sine odio et invidiâ*, et pour le seul intérêt de la vérité.

2ᵉ. *P. S.* Au moment où je finissais de revoir l'épreuve de cette préface, on m'a communiqué un nouvel écrit de l'avocat Féa, bibliothécaire du prince Chigi, approuvé par le maître du sacré palais, dont voici le titre : *Ultimatum per il dominio indiretto della santa sede apostolica sul temporale de' sovrani; conclusioni dell' avvocato D. Carlo Fea, commissario delle antichità, presidente al Museo Capitolino, bibliotecario della Chigiana.* Roma, 1825; con permesso Fr. Phil. Anfossi, ordin. prædic. sacr. palat. apost. mag.

Il est fait mention dans cet écrit de plusieurs autres ouvrages récemment publiés à Rome pour soutenir la même doctrine, par des auteurs qui jouissent d'une grande considération, tels que le P. Anfossi, le prélat Marchetti, et autres. Son excellence M. le ministre des affaires ecclésiastiques pourra s'y convaincre que cette doctrine n'est pas aussi *surannée* au delà des monts, qu'il le pense.

HISTOIRE CRITIQUE

DE L'ASSEMBLÉE GÉNÉRALE

DU CLERGÉ DE FRANCE,

EN 1682,

ET DE LA DÉCLARATION DES QUATRE ARTICLES SUR LA
PUISSANCE ECCLÉSIASTIQUE QUI Y FURENT ADOPTÉS.

CHAPITRE PREMIER.

État de la doctrine de l'Église gallicane, dans ses rapports avec celle des ultramontains, antérieurement à l'assemblée de 1682.

I. Lorsque François Ier consentit, par le concordat avec Léon X, malgré la réclamation de tous les ordres du royaume, à reconnaître dans le pape le droit exclusif de donner l'institution canonique aux évêques, il commit une faute qui devait avoir et qui a eu de fâcheuses conséquences pour les libertés de l'Église gallicane. Il outre-passa d'abord les droits de son autorité, en sacrifiant un point important de la constitution de l'Église universelle, fondé sur la tradition apostolique, consacré par les canons du concile de Nicée, renouvelé par tous les conciles suivans, et constamment pratiqué durant les douze premiers siècles; car tous les monumens de l'antiquité s'accordent à attribuer ce droit aux métropolitains dans leurs provinces respectives. Par cette mesure, tout l'épiscopat français fut placé dans la dépendance de la cour romaine, qui se trouva investie du pouvoir de refuser les bulles d'institution, chaque fois qu'il s'élèverait quelques contestations entre cette cour et celle de France, jusqu'à ce que cette dernière eût subi les conditions que la première voudrait lui imposer.

C'est là un désordre avoué par le rédacteur des Mémoires du Clergé, qui observe que le concordat a beaucoup étendu l'autorité des papes dans l'administration des églises de France, non-seulement, à l'égard de la discipline qu'on y observait sous les deux premières races de nos rois, suivant laquelle on n'avait pas ordinairement de recours à Rome pour l'institution des évêques, mais aussi par rapport à l'usage des derniers temps, avant que les élections eussent été abrogées. Dans cette dernière époque, on ne demandait la confirmation du pape que pour les métropoles et pour quelques églises particulières, lesquelles prétendaient être immédiatement soumises au saint siége. Quant aux autres, c'étaient les métropolitains qui confirmaient l'élection de leurs suffragans[1].

On ne tarda pas à éprouver les inconvéniens du nouveau mode d'institution. La Bretagne ayant été réunie à la couronne, le pape Paul III prétendit que les bénéfices consistoriaux de cette province ne devaient pas subir les formes auxquelles le concordat avait assujetti les autres églises du royaume, et il refusa des bulles aux sujets nommés par le roi, sous prétexte que le droit de nomination qui lui avait été concédé par ce traité, ne s'étendait pas sur cette nouvelle conquête. Il fallut toute la fermeté du parlement de Paris pour forcer le pontife de renoncer à sa prétention. Un semblable refus se renouvela sous Jules III, pour obliger le roi Henri II d'abandonner le parti qu'il avait pris contre Octavio Farnèse dans l'affaire du duché de Plaisance. On sait que Clément VIII refusa également des bulles à René Benoît pour l'évêché de Troyes, et que ce ne fut qu'après une longue négociation qu'il en accorda à Renaud de Beaune pour l'archevêché de Sens, parce qu'ils avaient reçu l'abjuration de Henri IV, sans attendre le consentement de Rome, où les ligueurs faisaient traîner la chose en longueur, et voulaient qu'on exigeât des conditions qui auraient prolongé les malheurs de la France.

Il paraissait assez naturel que ceux qui, en

[1] Mémoires du Clergé, tom. V.

vertu du nouveau mode d'institution, étaient pourvus de leurs évêchés par les papes, reconnussent dans leur titre, afin de mieux marquer leur dépendance, qu'ils les tenaient de la grâce du saint siége, *apostolicæ sedis gratiâ*. C'est cependant là une formule assez moderne, quoique le pape Pie VI, dans son bref du 16 septembre 1788, à M. Cortez, évêque de Motula, au royaume de Naples, ait prétendu qu'elle avait son fondement dans la primauté du siége apostolique et dans les droits des successeurs de saint Pierre [1]. On en chercherait néanmoins en vain quelques vestiges dans les monumens de l'antiquité. Il n'en est fait aucune mention dans le *Diurnus romanorum pontificum*, qui est du septième siècle, quoiqu'il en contienne plusieurs concernant les promotions épiscopales. Partout les évêques s'intitulent *episcopus Dei gratiâ, Dei clementiâ, gratiâ Redemptoris, miseratione divinâ, Deo favente*, et autres titres équivalens.

On est partagé sur l'origine de la nouvelle formule; mais aucun de ceux qui se sont occupés de la rechercher, ne la fait remonter au delà du douzième siècle. Elle doit principalement sa naissance, ou du moins ses progrès, à l'ascendant que les papes prirent dans le moyen âge sur les élections épiscopales, époque à laquelle commencèrent à paraître d'autres formules qui attestent également

---

[1] *Suum habet fundamentum in primatu sedis apostolicæ et in honore qui successoribus B. Petri debitus est.*

les progrès considérables que fit alors l'autorité des pontifes romains.

Elle ne fut reçue que très-tard en France, et elle n'y fut pas générale. M. de Gondrin, archevêque de Sens, écrivait, au milieu du dix-septième siècle, à M. de Pavillon, évêque d'Aleth : « Ce » style est nouveau, et n'a commencé à être em- » ployé que vers l'an 1609 par quelques évêques » bassement attachés à la cour de Rome ; il est » tout-à-fait contraire à l'autorité épiscopale, et il » serait dangereux pour l'honneur de l'Église et » de l'épiscopat, qu'un évêque du poids de » M. d'Aleth l'autorisât par son exemple. Ce » n'est pas là en quoi consiste le respect qui est » dû au saint siége. On ne voit, dans les anciennes » lettres des évêques et dans les souscriptions des » conciles, que ces termes, *miseratione divinâ*. » C'est ce que les évêques cardinaux observent en- » core, aussi-bien que la plupart des évêques de » France[1]. » M. l'évêque d'Aleth, après avoir consulté les plus habiles canonistes de Paris, retrancha depuis cette formule du titre de ses mandemens.

M. de Guénet, évêque de Saint-Pons, ayant fait un crime à M. de Fitz-James de ne pas employer la même formule, ce prélat lui opposa l'exemple de M. Bossuet, qui ne s'en servait jamais. « Mais peut-être, ajouta-t-il plaisamment,

---

[1] Vie de M. de Pavillon, tome II, page 186.

» le trouverez-vous un peu *janséniste ;* il faut vous
» citer des évêques qui vous soient moins suspects
» sur cet article. » Il lui cita les mandemens imprimés de M. de Tencin, archevêque d'Embrun, ceux des évêques de Laon et de Beauvais, qui en usaient de même, et de tous les évêques de la province de Reims. Il lui prouva que M. Languet, son prédécesseur, avait le premier employé la nouvelle formule, inconnue aux évêques précédens[1]. Il aurait pu y joindre les métropoles de Rouen, de Narbonne, et plusieurs églises particulières, qui s'étaient maintenues dans l'ancien usage. Du reste, cet usage a varié selon le caprice et les vues des différens évêques, de sorte qu'il n'y a point de règle fixe à cet égard. La même variété règne dans les églises étrangères. Nous remarquons que, dans le dernier concile national de Hongrie, ouvert à Presbourg, le 8 septembre 1822, l'archevêque de Strigonie, primat du royaume, n'a pas mis la formule, *auctoritate sanctæ sedis*, à la lettre de convocation de ce concile, quoiqu'il y énumère tous ses titres.

Cette histoire repousse évidemment l'induction que les ultramontains tirent de cette formule pour établir que les évêques reçoivent leur juridiction du pape ; et que le changement à cet égard n'est venu que de quelques évêques *appelans*[2]. Nous

---

[1] OEuvres posth. de M. de Fitz-James, tom. II, p. 375.
[2] Mém. pour l'hist. eccl. du XVIIIᵉ. siècle, t. III, p. 121, — Lamennais, Tradit. de l'Église, tom. III, pag. 379.

ne doutons point que ceux du nouveau clergé ne l'aient généralement adoptée. Les anciens évêques qui s'y conformaient, parce qu'ils l'avaient trouvée employée par leurs prédécesseurs, n'y voyaient, dans le fond, qu'un simple compliment. Ils savaient bien que, « sur la juridiction épiscopale, » venue immédiatement de Jésus-Christ, on ne » *biaise* point en France[1]. » Mais aujourd'hui que la révolution nous a jetés dans une nouvelle ère, et qu'on fait peu de cas de tout ce qui l'a précédée, il est très-vraisemblable qu'on y attache une idée bien différente; et que ce qui n'était de la part de leurs devanciers qu'un simple compliment de courtoisie, est considéré comme un aveu qu'ils ne sont que des délégués du saint siége. Du moins est-ce le sens que les Romains y donnent. Sous ce rapport, elle a l'inconvénient d'accoutumer insensiblement les fidèles à voir dans le pape toute l'autorité ecclésiastique, et à croire que, de lui, elle découle sur tous les pasteurs, selon le degré de juridiction qu'il lui plaît de leur départir. C'est là l'idée qu'on avait inspirée à Louis XVI, qui, dans son admirable testament, qu'on lit tous les ans dans les chaires sacrées, dit : « Que l'Église tient » ses pouvoirs de Pierre, auquel Jésus-Christ les » avait confiés ; » comme si tous les pasteurs ne les avaient pas reçus de la même source, c'est-à-dire de Jésus-Christ immédiatement.

[1] Lettre de Bossuet au card. d'Estrées. 1er. déc. 1681.

II. Après avoir indiqué les deux causes principales qui ont mis l'épiscopat français sous la dépendance de la cour romaine, nous allons rapporter quelques-uns des faits propres à faire connaître l'histoire de cette dépendance. Bossuet observait, « que, du temps du cardinal Duperron, et sous le » ministère des cardinaux de Richelieu et Mazarin, » on avait été trop favorable à Rome, et qu'on s'é- » tait relâché des maximes de France [1]. » Nous verrons que la même chose est arrivée sous tous les ministères ecclésiastiques. Ce fut alors une suite des ravages que les doctrines ultramontaines avaient faits dans l'Église gallicane, à la faveur des troubles de la ligue, dans laquelle les principaux prélats s'étaient trouvés engagés. L'histoire de Richer nous en fournit une preuve bien sensible.

« Ceux, dit Bossuet, qui avaient à cœur de
» défendre, par des voies obliques, l'opinion de
» la puissance absolue du pape, et d'élever son
» autorité au-dessus de celle de tous conciles de
» l'Église entière, sentaient parfaitement que la
» France était un puissant obstacle à leurs des-
» seins. Ils mirent donc en œuvre les intrigues de
» cour pour répandre dans le royaume un chan-
» gement dans la doctrine, lorsqu'après l'horrible
» assassinat de Henri le Grand, un roi pupille,
» monta sur le trône sous la tutelle d'une reine,
» italienne et obsédée par des Italiens. Ce fut alors

[1] Journal de l'abbé Ledieu, 19 janvier 1700.

» qu'ils répandirent différens libelles, où la doc-
» trine des courtisans romains était étalée, qu'ils
» flattèrent nos docteurs, et firent usage de tous
» les artifices imaginables pour engager la faculté
» dans leur parti, ou pour y exciter au moins d'é-
» tranges disputes et de cruelles divisions. Ed-
» mond Richer, homme ferme et très-attaché à
» l'ancienne doctrine de l'université de Paris, alors
» syndic de la faculté, s'opposa vigoureusement
» aux entreprises des ultramontains. »

Dans ces circonstances, les frères prêcheurs, assemblés en chapitre général, firent soutenir, avec la plus grande solennité, des thèses où, à l'instigation du nonce Ubaldin, étaient insérées les propositions suivantes : « 1°. Le pontife romain ne
» peut errer dans ce qui concerne la foi et les
» mœurs; 2°. le concile n'est dans aucun cas au-
» dessus du pape; 3°. il appartient au pape de dé-
» cider les questions douteuses, de les proposer
» au concile, de confirmer ou d'infirmer la déci-
» sion du concile et d'imposer un silence perpétuel
» aux différens partis. » Richer, en sa qualité de syndic de la faculté, fit attaquer la seconde proposition par le bachelier Bertin. Il s'ensuivit une très-vive altercation, au milieu de laquelle le cardinal Duperron prétendit que c'était là une question *problématique*, et il ordonna de passer à d'autres propositions [1].

Le premier président de Verdun prit occasion

[1] *Defens. cler. Gall.*, lib. VI, cap. 24.

de cette dispute pour engager Richer à composer son petit traité *de Ecclesiasticâ et Politicâ Potestate*. L'objet en était de défendre l'ancienne doctrine de l'école de Paris touchant la supériorité des conciles, doctrine que l'on regarde en France comme le plus ferme rempart des libertés de l'église gallicane. L'apparition de ce livre fut le signal de la guerre que le parti ultramontain déclara à l'auteur, et qu'il poursuivit avec un acharnement inconcevable. Le cardinal Duperron en était le chef, le docteur Duval l'agent le plus actif, et les jésuites les plus ardens promoteurs. Ces pères avaient conservé un profond ressentiment contre Richer, pour avoir fait rendre par le parlement un arrêt qui les obligeait à déclarer par acte authentique, « qu'ils » embrasseraient la doctrine de la Sorbonne, » principalement sur les points qui concernent la » conservation de la personne sacrée de nos rois, » le maintien de leur autorité royale, et la défense » des libertés que l'église gallicane avait précieuse- » ment gardées et observées de toute antiquité. » Duval, chef de la faction ultramontaine dans la faculté de théologie, hors d'état de réfuter le livre, eut recours à la calomnie, en accusant l'auteur d'y enseigner qu'il est de foi que le concile est au-dessus du pape, quoique Richer se fût borné à soutenir que telle a toujours été la doctrine de l'école de Paris, fondée sur les décrets du concile de Constance. Ce n'était là, comme on voit, qu'une question de fait qui n'intéressait nullement la foi.

On voulut d'abord faire censurer l'ouvrage par la faculté. L'auditeur du nonce allait de maison en maison, chez les docteurs, pour gagner leurs suffrages. Mais le parlement rendit, le 12 février 1612, un arrêt qui défendit à cette compagnie toute délibération à ce sujet. Alors le cardinal Duperron convoqua à Paris, dans son hôtel, les évêques de la province de Sens, pour s'en occuper. Le syndic fit de vains efforts pour être admis dans l'assemblée, afin d'expliquer les propositions qu'on prétendait être répréhensibles. Il fut constamment repoussé, et l'on condamna son livre comme contenant plusieurs propositions fausses, erronées, scandaleuses, hérétiques. Mais le chancelier de Sillery avait exigé qu'on insérât dans la censure une réserve en faveur des libertés de l'église gallicane. Le nonce témoigna un vif mécontentement de cette réserve, parce qu'en effet elle rendait la censure illusoire, puisque tout le livre n'avait pour objet que l'explication et la défense de ces libertés. Hurault de l'Hôpital, archevêque d'Aix, eut ordre de se rendre promptement dans son diocèse, où, avec trois seulement de ses suffragans, il publia une nouvelle censure conforme à la précédente, toutefois avec cette différence, qu'on y omit la clause qui avait déplu au nonce, et qu'on y inséra la bulle *in Cœnâ Domini*, l'acte le plus attentatoire à l'indépendance des rois.

M. Bossuet fait observer que, dans l'une et l'autre censure, les évêques ne qualifient aucune proposition en particulier ; qu'on eut droit de se plaindre de ces censures vagues, qui, n'éclaircissant point la saine doctrine, donnent lieu à beaucoup de surprises; que ceux qui haïssaient Richer pour avoir soutenu l'ancienne doctrine de la faculté, avaient été obligés de couvrir leur animosité de toutes sortes de prétextes. On lui faisait, par exemple, un grand crime d'avoir joint à son livre les anciens décrets de la faculté en faveur des libertés de l'église gallicane, comme si elle eût prétendu ensevelir dans l'oubli des décrets qu'elle avait elle-même publiés à la face de toute la terre. On alla jusqu'à vouloir faire entendre à Marie de Médicis, régente du royaume, qu'en mettant des bornes à l'autorité du pape, il élevait des doutes sur la validité de son mariage, et par conséquent sur la légitimité de Louis XIII, puisque le jugement par lequel le pape avait prononcé la nullité de celui de Henri IV avec Marguerite de Valois, n'étant pas infaillible, pouvait être cassé par un concile.

Comme la plupart des adversaires de Richer, dit Bossuet, ne le maltraitaient qu'à cause de son attachement à l'ancienne doctrine de la faculté, beaucoup de personnes n'eurent pas le courage de soutenir ouvertement cette doctrine, tant était puissante et haineuse la cabale ultramontaine. Les choses en étaient au point, que le cardinal Duperron, qui en était le chef, avait obtenu l'année précédente un arrêt du conseil pour faire suspendre l'exécution de celui du parlement contre le traité de Bellarmin, *de Potestate summi pontifi-*

cis in temporalia, où ce théologien enseignait le pouvoir indirect du pape sur les états temporels. « Tous les bons Français, ajoute l'évêque de Meaux, » furent affligés en voyant que par-là on dégéné- » rait de l'ancienne vigueur de la nation, et de ce » qu'on s'accoutumait insensiblement à flatter la » cour de Rome [1]. » On peut voir tous les détails qui concernent l'affaire de Richer dans la *Vie* de ce docteur, par Baillet, et dans l'*Analyse* de sa doctrine, par Maultrot. Ce que nous en avons dit suffit pour montrer combien était puissante la faction ennemie de nos maximes. En voici une nouvelle preuve.

III. La chambre du tiers, dans les états-généraux de 1614, alarmée des progrès que faisaient les doctrines ultramontaines, dont les conséquences avaient produit l'horrible assassinat de Henri IV, mit à la tête de ses cahiers un article ainsi conçu :

« Que, pour arrêter le cours de la pernicieuse » doctrine qui s'introduit depuis quelques années » contre les rois et puissances souveraines établies » de Dieu, par esprit séditieux, le roi sera sup- » plié de faire arrêter, en l'assemblée de ses états, » pour loi fondamentale du royaume, que, ne te- » nant sa couronne que de Dieu seul, il n'y a puis- » sance en terre, telle qu'elle soit, spirituelle ou

---

[1] *Ibid.*, cap. 25. — *Append.*, lib. II, cap. 11.

» temporelle, qui ait aucun droit sur son royaume,
» pour en priver les personnes sacrées de nos
» rois, ni absoudre leurs sujets de la fidélité
» et obéissance qu'ils lui doivent, pour quelque
» cause ou prétexte que ce soit; que tous les su-
» jets, de quelque qualité et condition qu'ils soient,
» tiendront cette loi pour sainte et véritable, com-
» me conforme à la parole de Dieu, sans distinc-
» tion, équivoque ou limitation quelconque, la-
» quelle sera jurée et signée par tous les députés
» des états, et dorénavant par tous les bénéficiers
» et officiers du royaume, avant que d'entrer en
» possession de leurs bénéfices et d'être reçus en
» leurs offices; tous précepteurs, régens, docteurs
» et prédicateurs tenus de l'enseigner et publier;
» que l'opinion contraire, même qu'il soit loisible
» de tuer et déposer nos rois, s'élever et rebeller
» contre eux, secouer le joug de leur obéissance,
» pour quelque occasion que ce soit, est impie,
» détestable, contre vérité et contre l'établissement
» de l'état de France, qui ne dépend immédiate-
» ment que de Dieu; que tous livres qui enseignent
» telles fausses et perverses opinions seront tenus
» pour séditieux et damnables; tous étrangers qui
» l'écriront et publieront, pour ennemis jurés de
» la couronne; tous sujets de sa majesté qui y
» adhéreront, de quelque qualité et condition
» qu'ils soient, pour rebelles, infracteurs des lois
» fondamentales du royaume, et criminels de lèze-
» majesté au premier chef; et s'il se trouve aucun

» livre ou discours écrit par étranger ecclésiasti-
» que ou d'autre qualité qui contienne proposition
» contraire à ladite loi, directement ou indirecte-
» ment, seront les ecclésiastiques des mêmes or-
» dres établis en France, obligés d'y répondre,
» les impugner et contredire incessamment, sans
» respect, ambiguïté, ni équivocation, sur peine
» d'être punis de même peine que dessus, comme
» fauteurs et ennemis de ces états. »

L'article se réduisait à cette proposition négative générale, qu'il n'y a nul cas auquel les sujets
pussent être absous par le pape du serment de fidélité qu'ils ont fait à leur prince. Duperron y opposa cette proposition particulière affirmative,
qu'un prince peut être déchu de ses droits, et ses
sujets absous de leur serment, s'il vient à violer celui qu'il a fait de vivre et de mourir en la religion
catholique, et s'il force ses sujets à apostasier. Par
cette manière *captieuse* de poser la question, dit
Bossuet, le cardinal, qui avait des engagemens avec
Rome, voulait obliger ses adversaires à convenir
qu'ils se déclaraient les apologistes des princes hérétiques et persécuteurs [1]. Il soutint ensuite que
la proposition du tiers-état était d'une nature
purement spirituelle, et par conséquent hors de la
compétence d'une assemblée de laïques. Le président Miron lui répondit qu'il s'agissait uniquement d'un règlement de police très-nécessaire dans

---

[1] *Defensio*, lib. IV, cap. 15.

un temps où l'on était inondé d'une multitude d'ouvrages en faveur du prétendu droit des papes sur les choses temporelles, et où l'on était encore effrayé de l'assassinat de Henri IV, qui avait été provoqué et justifié par les doctrines que ces ouvrages enseignaient, et qu'on s'efforçait de faire adopter par la faculté de théologie [1].

D'Avrigny conjecture que l'article avait été suggéré par les ennemis des jésuites, qu'on regardait comme suspects sur la question qui en faisait la matière. Ce fut effectivement dans cette circonstance que le parlement de Paris renouvela ses arrêts contre Mariana, Suarez, Bellarmin et autres auteurs jésuites qui enseignaient les doctrines proscrites par cet article [2]. Duperron attribuait le même article à l'influence des hérétiques, prétendant que, jusqu'à Calvin, ces doctrines avaient été celles de toute l'église gallicane. Aussi Jurieu s'est-il prévalu des harangues du cardinal pour accuser cette église de croire qu'un roi étant hérétique, le pape peut dispenser ses sujets de leur serment de fidélité, comme si c'était dans de pareilles sources qu'il convenait de chercher la pure doctrine de l'église gallicane sur la question présente. D'un autre côté, nous voyons avec peine M. l'évêque de Tournai faire de vains efforts, dans son savant rapport à l'assemblée de 1682, pour soustraire, à cet égard, la

---

[1] Dupin. Hist. ecclésiast. du XVIIe. siècle, tom. Ier. — Arnauld, Apologie pour les cathol., Ire. part., ch. 10.

[2] Recueil de pièces touchant l'hist. de Jouvency.

chambre du clergé de 1614 à toute responsabilité sur les maximes avancées en cette occasion par le cardinal qui la présidait. Mais n'est-ce pas au nom de la chambre même qu'il prononça ses deux fameuses harangues? Or, non-seulement elle n'en témoigna pas le moindre désaveu, elle leur donna de plus des applaudissemens lorsque ses députés revinrent lui en rendre compte. On a donc eu raison de dire que c'est la première fois, et nous pensons que c'est la seule, où l'on a vu le clergé français en corps professer ouvertement les opinions ultramontaines.

Il est vraisemblable que s'il n'eût pas été lié par de secrets engagemens avec Rome, comme Bossuet le reproche au cardinal Duperron, il eût été possible d'obtenir de la chambre du tiers-état des modifications raisonnables à quelques expressions de l'article qui pouvaient lui causer de l'ombrage. C'est ce que suppose la réponse de Miron, qui déclara que l'intention de la chambre n'était autre que de maintenir l'indépendance de la couronne, sans prétendre faire une loi ecclésiastique, et qu'elle était disposée à corriger ce qui pouvait avoir offensé le clergé et paraître préjudicier à ses droits. Mais c'était le fond même de la doctrine qui répugnait sous quelque forme qu'elle fût présentée. D'ailleurs, il lui eût été difficile de se soustraire aux intrigues des agens de la cour de Rome pour faire triompher ses maximes en France. Voici de quelle manière s'en explique un auteur qui a été à portée de consulter des documens à ce sujet, qui ne sont pas connus du public :

« Il paraît que tous les obstacles que Rome
» éprouva dans cette affaire vinrent de la part du
» parlement; car le nonce, qui était alors à Paris,
» s'occupait spécialement de rechercher les moyens
» d'en gagner les membres, et sa correspon-
» dance, conservée dans les archives du Vatican,
» contient, à cet égard, les détails les plus cu-
» rieux. Il avait pris, pour les transmettre à
» sa cour, des renseignemens très-exacts sur
» tous les membres du parlement, sur leurs fa-
» milles, s'ils avaient des fils engagés dans l'état
» ecclésiastique, pour qui l'on pût faire quelque
» chose; enfin s'il était possible de se former un
» parti dans ce corps [1]. » C'était effectivement
le seul dont la cour de Rome eût des obstacles à
redouter, après avoir subjugué le clergé par le cardinal Duperron, et la faculté de théologie par la faction des Duvalistes. Nous allons voir comment cette faction éprouva un premier échec à l'occasion du livre de Santarel, qui fit beaucoup de bruit dans le temps.

IV. Ce jésuite avait publié à Rome, en 1625, un traité latin en deux volumes in-folio, intitulé *de Potestate summi Pontificis*, etc., dans lequel on

---

[1] Discours préliminaire de l'exposition de la doctrine de l'Église gallicane, par Dumarsais; édit. de 1817; page xxxi.

remarqua surtout les propositions suivantes : 1°. Le pape a une puissance temporelle sur tous les princes ; 2°. tous ceux qui gouvernent les états, le font par une commission spéciale reçue de lui, de sorte qu'il pourrait les gouverner immédiatement lui-même, s'il le jugeait à propos; 3°. il peut donner des curateurs aux princes, les punir, les déposer même pour cause d'hérésie, d'incapacité, de négligence, ou pour toute autre cause grave ; 4°. il peut non-seulement tout ce que les princes séculiers peuvent, mais il a encore le pouvoir de disposer de leurs états pour les distribuer à d'autres; 5°. il est serviteur des serviteurs de Dieu par humilité, il est en même temps le seigneur des seigneurs par puissance, et quelque puissance que ce soit sous le ciel est dépendante de la sienne.

Le cardinal de Richelieu, après avoir rapporté ces propositions, s'exprime ainsi : « Il est croya-
» ble que le pape établirait mieux son autorité lé-
» gitime s'il arrêtait le cours de ces écrivains qui ne
» lui prescrivent point de bornes, d'autant que
» cela donne lieu à beaucoup de gens mal affec-
» tionnés au saint siége, de ravaler sa puissance
» au delà de ce qu'elle devrait être en effet. Ce mé-
» chant livre, ajoute le cardinal, fit soulever bien
» du monde contre les jésuites, qui déjà leur
» étaient mal affectionnés par lassitude que cha-
» cun a de voir qu'ils se mêlent de trop d'affaires[1]. »

---

[1] Mémoires du cardinal de Richelieu, année 1626.

Les événemens auxquels ce livre donna lieu sont très-propres à confirmer l'idée qu'on doit avoir du caractère des agens de la cour de Rome et de leurs intrigues, pour introduire et accréditer en France les doctrines des ultramontains.

Dès qu'il y fut connu, le parlement de Paris rendit, le 10 mars 1626, un arrêt pour citer à la barre de la grand'chambre, le provincial des jésuites, qui était le P. Cotton, les recteurs des différentes maisons et les trois anciens de chacune d'elles, parmi lesquels on voyait les pères Fronton du Duc, Pétau et Sirmond, qui passaient pour les plus savans hommes que la société eût alors en France. Voici les interrogations que le premier président fit au chef de la députation avec les réponses de ce père. 1°. *D.* Pourquoi n'avez-vous pas porté au chancelier ou à moi les exemplaires du livre qui vous sont parvenus? *R.* Les jésuites sont astreints à beaucoup plus d'obédiences que ne le sont les autres religieux. 2°. *D.* Croyez-vous que le pape puisse excommunier le roi, affranchir ses sujets de leur serment de fidélité, et mettre le royaume en interdit? *R.* Le roi, fils aîné de l'Eglise, se donnerait bien de garde de rien faire qui obligeât le pape à cela. 3°. *D.* Que pensez-vous de l'approbation donnée au livre par votre général? *R.* Il ne pouvait pas s'en dispenser, parce que la doctrine de ce livre est celle du pays où il a été imprimé, et nous nous serions crus obligés d'en faire autant nous-mêmes, en pareil cas. 4°. *D.* Êtes-vous disposés à souscrire la déclaration, que le roi ne tient son état que de Dieu et de son épée; que le pape n'a aucune puissance sur les souverains, qu'il ne peut les excommunier personnellement ni délier leurs sujets du serment de fidélité, ni mettre leur royaume en interdit? Le P. Cotton demanda à délibérer en particulier avec ses confrères sur cette question; après quoi, il répondit qu'il ne leur convenait pas de prévenir le jugement du clergé et de la Sorbonne, mais qu'ils souscriraient à tout ce que décideraient ces deux autorités[1].

Sur ces réponses évasives, le parlement délibéra de faire arrêter les députés; mais la chose fut remise à trois jours. Dans l'intervalle, le cardinal de Richelieu représenta dans le conseil du roi, « qu'il fallait réduire les jésuites en un état qu'ils » ne pussent nuire, mais tel aussi qu'ils ne se » portassent pas à le faire par désespoir, auquel » cas il se pourrait trouver mille âmes furieuses » et endiablées qui, sous prétexte d'un faux zèle, » seroient capables de prendre de mauvaises ré- » solutions qui ne se répriment ni par le feu, ni » par autres peines. »

En conséquence, le cardinal leur fit souscrire par ordre du roi, la déclaration suivante: « Nous » soussignés déclarons que nous désapprouvons et

---

[1] Négociations mss. de Spada, dans la bibliothèque du roi, n°. 9938.

» détestons la pernicieuse doctrine du livre de
» Santarel dans les questions qu'il traite sur la
» personne et l'autorité des rois; nous reconnais-
» sons et confessons qu'ils ne tiennent leurs royau-
» mes que de Dieu seul, et qu'ils ne dépendent
» que de lui dans l'exercice de leur puissance.
» C'est une vérité pour laquelle nous sommes
» prêts à donner nos vies. Nous promettons de
» plus de souscrire à la censure que le clergé de
» France et la Sorbonne feront de la mauvaise
» doctrine du susdit livre, et de n'avoir jamais
» d'autres sentimens sur cette matière que ceux
» dont l'Église de France; la faculté de théologie
» de Paris et les universités du royaume feront
» profession. »

Cette déclaration, extraite des négociations manuscrites du nonce Spada, dément l'assertion de P. d'Avrigny, qui dit que la cour exigea seulement une déclaration générale par laquelle les jésuites s'engagèrent de souscrire à la censure qui serait faite du livre de leur confrère par le clergé et par la Sorbonne. Du reste quelque expresse que soit la déclaration, les signataires s'étaient réservés la faculté de pouvoir l'éluder. En sortant de chez le cardinal, ils se rendirent chez le nonce pour excuser leur démarche; ils cherchèrent à lui faire entendre qu'elle serait susceptible d'explication dans des conjonctures plus favorables, et que, quoiqu'ils fussent résolus de s'y conformer, ce ne devait être qu'autant qu'ils le pourraient faire en conscience. L'excuse fut assez mal reçue. On peut juger par-là des autres déclarations de ce genre qu'ils ont été contraints de donner en divers temps.

Spada rapporte que le général Viteleschi, alarmé du bruit que le livre de Santarel faisait en France, en fit relier deux exemplaires dont il avait supprimé les deux chapitres qui contenaient les propositions que nous en avons citées; qu'il les envoya dans cet état, aux jésuites de Paris pour être communiqués aux amis de la société, afin de faire répandre dans le public que le procès intenté à leur confrère n'était fondé que sur l'imposture et la calomnie. Il comptait d'autant plus sur le succès de cette supercherie, que l'ouvrage était extrêmement rare en France, et que peu de personnes voudraient se donner la peine de les collationner avec les exemplaires mutilés. Mais Viteleschi, ayant cru faire sa cour au pape Urbain VIII, en lui faisant part de sa ruse, le pontife en fut indigné; et lui fit de très-vifs reproches, d'abord pour avoir autorisé la publication d'un livre qui compromettait le saint siége avec les puissances, ensuite pour s'être permis une telle supercherie. Il lui signifia qu'il allait adresser des ordres à son nonce pour qu'il eût à se saisir des deux exemplaires et à les faire entièrement disparaître. C'est ce qui fut exécuté.

Par les mêmes instructions, il était enjoint à Spada de réprimander les signataires de la déclaration, et de faire tous ses efforts pour empêcher la censure dont on s'occupait en Sorbonne. Mais toutes ses intrigues ne purent l'arrêter; elle parut le 4 avril 1626, avec des qualifications très-sévères contre la doctrine de Santarel. La plupart des autres facultés de théologie du royaume suivirent l'exemple de celle de Paris. A la première nouvelle qu'en eut Spada, il jeta feu et flamme, comme si l'on eût été à la veille d'un schisme, et comme si l'on eût porté un coup mortel au saint siége. Il s'en prit surtout au cardinal de Richelieu qui, disait-il, aurait pu l'empêcher en sa qualité de proviseur de Sorbonne. A Rome, elle excita une rumeur difficile à exprimer. Le pape adressa des brefs au roi, à la reine-mère, au cardinal ministre, au garde des sceaux et à tous ceux des prélats qui étaient les plus dévoués à sa cour. L'objet de tous ces brefs était d'obtenir de la faculté de théologie, la rétractation de sa censure.

Richelieu avait intérêt de ménager la cour de Rome, afin qu'elle ne lui fût pas contraire dans la guerre de la Valteline. Il craignait de fortifier, de toute l'influence des ultramontains, les cabales domestiques qui cherchaient à le renverser. On obtint le désaveu d'un certain nombre de docteurs, on offrit même de faire procéder à une nouvelle censure conçue en termes vagues, dans laquelle les propositions de Santarel ne seraient point spécifiées. Mais Rome, ne voulant pas courir les chances d'une nouvelle épreuve, se contenta du désaveu dont nous venons de parler, et tout fut terminé par un arrêt d'évocation au conseil. Cependant le parlement, qui avait enregistré la censure, la maintint, et elle servit de règle à ses arrêts.

Trente-cinq docteurs s'étaient opposés à la censure du livre de Santarel, et avaient refusé d'y souscrire. Le mauvais effet que leur opposition produisit dans le public les obligea de se justifier. Ils le firent par une lettre que Duval, leur chef, adressa en leur nom à Louis XIII. Cette lettre curieuse était restée absolument inconnue; elle se trouve dans les négociations du nonce Spada, d'où sont tirées la plupart des anecdotes qui composent cet article. C'est le document le plus propre pour nous faire connaître au juste quelle était la doctrine de la faction des Duvalistes, qui domina long-temps la faculté. La voici.

« Sire,

» Les docteurs en théologie de votre université
» de Paris, vos très-fidèles sujets, au nombre de
» trente-cinq, s'étant vus depuis six mois, indi-
» gnement calomniés sur l'article de la fidélité
» qu'ils vous doivent, ont résolu de protester devant
» votre majesté de leur innocence, et de la mettre
» devant vous dans le degré le plus évident; et
» parce qu'on nous accuse de vouloir ne vous arroger
» qu'une autorité empruntée, de vous rendre en quel-
» que façon feudataire du pape, et de refuser de
» reconnaître en vous le domaine direct sur tous

» vos sujets, nous déclarons en la présence de
» Dieu et de ses saints anges, et sous les plus
» sacrés sermens et les protestations les plus for-
» tes, que votre majesté ne tient son empire que
» de Dieu seul; qu'elle ne relève d'aucune autre
» puissance qui soit sur la terre, pas même de
» celle du pape, et que dans l'administration de
» toutes les affaires temporelles de son royaume,
» nul homme n'a droit de lui dire, pourquoi faites-
» vous cela? ayant en pleine propriété le droit et
» la gloire de nous commander, et nous seule-
» ment la gloire de lui obéir. »

Les docteurs, après avoir désavoué la doctrine du livre de Santarel, témoignent cependant que leur refus d'adhérer à la censure ne porte que sur les qualifications trop dures qui lui sont appliquées, et ils protestent de s'en tenir au sentiment que le cardinal Duperron a professé dans les états de 1614, et du cardinal de Richelieu dans son livre contre Dumoulin; puis ils ajoutent :

« Les princes, avons-nous dit, ne sont comp-
» tables de leur conduite qu'à Dieu; oui pour les
» péchés qui leur sont propres et personnels, les
» péchés qui n'ont point de suite contre la foi et
» la religion, comme en ont l'hérésie, l'apostasie,
» l'idolâtrie : car pour ceux qui tournent au pré-
» judice de leurs sujets, enfans de l'Église, qui
» les entraînent du moins par l'exemple, ils peu-
» vent être châtiés, même par la perte de leur
» temporel; s'il n'y a pas d'autre moyen de pré-

» server la religion de sa ruine dans leurs états.
» Le pape alors, à qui Jésus-Christ a confié le
» soin de toute l'Église, peut les empêcher de se
» perdre et de perdre l'Église avec eux, et cela
» sans déroger à l'indépendance de leur caractère
» et de leur couronne, autrement du moins que
» d'une manière indirecte, casuellement et par
» accident. » Voilà bien le système du pouvoir
indirect que Bellarmin avait mis en vogue, et qui
n'est qu'une modification insignifiante du pouvoir
direct, système que le parlement avait condamné
dans le livre de ce jésuite, qui n'a jamais cessé
de faire partie du symbole des Romains, et que
Bossuet prouve avoir les mêmes inconvéniens que
celui du pouvoir direct.

V. Le petit *Traité des Libertés de l'Église
gallicane*, publié en 1594, par Pierre Pithou, a
toujours été vu de mauvais œil par le clergé et par
la cour de Rome. Le but de l'auteur était de rétablir nos maximes, qui avaient considérablement
souffert dans le désordre des guerres civiles, où
les ligueurs s'étaient efforcés de les faire passer
pour des *fantômes* et des chimères. L'auteur, aussi
modeste que savant, déclarait, dans son épître
dédicatoire à Henri IV, « qu'il soumettait son ou-
» vrage à ceux qui pouvaient en juger, et il pro-
» testait devant Dieu n'avoir eu d'autre but et in-
» tention, en le publiant, que de satisfaire au
» devoir naturel et légitime qu'il avait au service

» du roi, ensemble au bien commun de son pays. »

Le livre fut reçu avec un applaudissement universel, et eut plusieurs éditions sans avoir excité la moindre plainte. Il n'a jamais cessé depuis d'obtenir les plus honorables suffrages. « Quoique les » maximes de ce livre, dit d'Aguesseau, ne soient » que l'ouvrage d'un simple particulier, il est si » estimé, et en effet si estimable, qu'on l'a regardé » comme le *palladium* de la France, et qu'il y a » obtenu une sorte d'autorité d'autant plus flat- » teuse pour son auteur, qu'elle est fondée sur le » mérite et la perfection de son ouvrage [1]. » Il fut cependant mis à l'*index* romain par un décret du 3 juillet 1623. Mais, dit le même magistrat, lorsque Rome condamne les livres faits pour la défense de nos maximes, elle les *canonise* [2] : ce n'est point ainsi qu'on en juge maintenant en France, où Pithou est dénoncé, ainsi que son livre, comme *suspect de protestantisme* [3].

Pierre Dupuy ayant fait imprimer, en 1638, son recueil de preuves des libertés de l'Église gallicane, mit à la tête de ce recueil le Traité de Pithou, dont il n'est en effet que l'ample commentaire. Hersant se prévalut de quelques propositions hasardées qu'il contenait, pour justifier ce qu'il avait avancé dans son *Optatus Gallus*,

[1] Tome Ier., in-4°., page 472.
[2] Tome XIII, page 315.
[3] De Lamennais, de la Religion dans ses rapports avec l'ordre politique et civil, page 90.

d'un prétendu projet du cardinal de Richelieu de se faire déclarer patriarche du royaume et rendre la France indépendante du saint siége. Cette idée pouvait tirer quelque apparence de vérité d'une proposition qui portait que, durant les six premiers siècles, le pape n'avait eu aucune juridiction dans l'Église gallicane, et que cette Église ne reconnaissait, du temps de Clovis, d'autre chef sur la terre que le roi, à l'exclusion du souverain pontife, lequel ne possédait pas le droit de lancer des sentences d'excommunication hors de son diocèse particulier.

Le nonce Bologneti s'empara de cette proposition, à laquelle il en joignit quelques autres, pour dénoncer un ouvrage que le simple exposé de nos libertés rendait très-désagréable à la cour de Rome. Richelieu, qui avait intérêt de faire tomber les bruits répandus au sujet de son prétendu patriarcat, accueillit la plainte, et quoique ce recueil eût été entrepris d'après ses ordres, il le fit supprimer par un arrêt du conseil, non pour le fond de la doctrine, mais comme ayant été imprimé au préjudice des règlemens de la librairie, ainsi que porte l'arrêt. Craignant néanmoins qu'on ne se prévalût de cet arrêt contre les libertés de l'Église gallicane, il chargea M. de Marca de composer son traité *de Concordiâ Sacerdotii et Imperii*, afin de les mettre à couvert de l'abus qu'on en aurait pu faire contre elles, et de prouver qu'il n'existait en France aucun projet de porter atteinte à la juridiction légitime du saint siége.

L'année suivante, dix-neuf évêques, assemblés à Sainte-Geneviève, entreprirent l'examen de l'ouvrage. Ils étaient présidés par le cardinal de La Rochefoucault, prélat vertueux, mais tellement imbu des principes de la ligue, qu'il n'avait voulu reconnaître Henri IV qu'après que le pape l'eut lui-même reconnu. L'évêque le plus instruit de l'assemblée était M. Sponde, élevé dans les mêmes principes. Il les avait insérés dans son *Abrégé des annales de Baronius* avec si peu de réserve que le parlement avait été obligé de condamner l'ouvrage par un arrêt du 12 avril 1612. Les autres membres de l'assemblée partageaient les mêmes sentimens. Aussi, plus jaloux, dit M. de Marca, de donner des marques de leur prompte déférence que d'examiner à fond la doctrine de l'ouvrage, ils le condamnèrent avec des qualifications outrées qui annoncent l'esprit de parti dont ils étaient animés.

Leur censure, adressée à tous les évêques du royaume, portait que jamais la foi chrétienne, l'Eglise catholique, la discipline ecclésiastique, le salut du roi et celui du royaume, n'avaient été attaqués par des doctrines plus pernicieuses. Ils n'y relevaient aucune proposition en particulier, mais ils disaient qu'il en contenait plusieurs d'hérétiques, de schismatiques, de scandaleuses, d'impies, etc. Nos libertés y étaient réduites à de simples *priviléges concédés*, et la condamnation comprenait le petit traité de Pithou aussi-bien que le grand recueil de Dupuy. La lettre qui contient toutes ces énormes qualifications ne fut pas plus tôt répandue dans le public, que le parlement s'empressa de la flétrir par un arrêt.

Une commission de savans avait été chargée de revoir l'ouvrage, et d'en faire disparaître, non pas des hérésies et des impiétés, mais certaines expressions impropres, trop dures et mal digérées, dit M. de Marca, *cruda et minus decocta verba*[1]. Ce fut d'après cette révision que parut l'édition de 1651, revêtue de toutes les formes légales, et plus ample que la précédente. « La preuve entière » des libertés, lit-on dans le privilége du roi, s'y » trouve tellement justifiée contre ceux qui les » avaient estimées vaines et sans fondement pour » n'avoir pas pénétré jusque dans leur source, » qu'ils sont obligés, par force de la vérité, de les » reconnaître aussi anciennes que la monarchie; » et qu'elles ont été pratiquées jusqu'à présent. » C'est effectivement le recueil le plus complet de pièces tirées du trésor des chartes, du greffe du parlement de Paris, des collections des anciens conciles, des capitulaires, et des ordonnances de nos rois.

Quelque soin qu'on eût apporté à cette nouvelle édition, elle ne fut guère mieux reçue du clergé

---

[1] *De Concordiá*, lib. I, cap. 1.

que la première. Une assemblée de prélats, tenue l'année suivante à Paris, en demanda la suppression comme étant remplie de maximes dangereuses, comme injurieuse à la liberté de l'Église, comme réduisant l'Église gallicane en servitude, et ruinant les prérogatives de l'épiscopat par les trop grands avantages qu'elle attribuait à la puissance temporelle. M. Doni d'Attichi, évêque d'Autun, la dénonça même dans l'assemblée de 1660, comme renfermant des hérésies. Le savant Dubosquet, évêque de Lodève, puis de Montpellier, fut chargé de la réfuter. Mais cette commission, qu'il n'avait acceptée que malgré lui, resta sans effet, quoique la prière de la remplir lui fût réitérée dans plusieurs autres assemblées, et l'on ne trouva dans son cabinet, après sa mort, que des matériaux informes, dont on ne put faire aucun usage. Toute cette histoire peut contribuer à confirmer l'idée que nous avons donnée du triste état où se trouvait réduite la doctrine de nos libertés pendant la première moitié du dix-septième siècle. On ne tarda pas à secouer le joug des maximes ultramontaines.

VI. Louis XIV, débarrassé de son ministère italien par la mort du cardinal Mazarin, sentit le besoin de s'affermir contre l'ascendant qu'elles avaient acquis en France, et il trouva les mêmes dispositions dans son conseil. Le premier fruit de cette résolution fut la célèbre déclaration de la faculté de théologie, en 1663[1], par laquelle ce corps savant s'affranchit de la domination des Duvalistes, qui avait alors à sa tête le docteur Grandin. Voici les six articles de cette déclaration, qu'on peut regarder comme la base de celle de 1682.

« 1°. Ce n'est pas la doctrine de la faculté que le
» souverain pontife ait aucune autorité sur le tem-
» porel du roi très-chrétien. Bien plus, elle a tou-
» jours résisté même à ceux qui n'ont voulu lui at-
» tribuer à cet égard qu'une puissance indirecte.
» 2°. C'est la doctrine de la faculté que le roi très-
» chrétien ne reconnaît absolument et n'a d'autre
» supérieur que Dieu. Telle est son ancienne doc-
» trine, de laquelle elle ne se départira jamais.
» 3°. C'est la doctrine de la faculté que les sujets
» du roi très-chrétien lui doivent tellement fidélité
» et obéissance qu'ils ne peuvent en être dispensés
» sous quelque prétexte que ce soit. 4°. La faculté,
» suivant sa doctrine, n'approuve point et n'a ja-
» mais approuvé aucunes propositions contraires
» à l'autorité du roi très-chrétien, et aux vérita-
» bles libertés de l'Eglise gallicane et aux canons
» reçus dans le royaume, par exemple, que le
» souverain pontife puisse déposer les évêques con-
» tre la disposition des mêmes canons. 5°. Ce n'est
» point la doctrine de la faculté que le souverain
» pontife soit au-dessus du concile général. 6°. Ce
» n'est pas la doctrine de la faculté que le souve-

[1] Journal de l'abbé Ledieu, 19 janvier 1700.

» rain pontife soit infaillible, lorsqu'il n'intervient
» aucun consentement de l'Église. »

Cette déclaration fut présentée au roi le 18 mai, par M. de Péréfixe, archevêque de Paris, à la tête d'une nombreuse députation de docteurs, et le 30 au parlement, par le syndic accompagné d'une semblable députation. Cette cour rendit, le même jour, un arrêt portant qu'elle serait enregistrée au greffe, et envoyée aux bailliages et universités de son ressort pour y être enregistrée, avec défense de laisser enseigner aucune doctrine contraire auxdits articles, soit directement, soit indirectement, à peine de punition exemplaire. Cet arrêt fut confirmé le 4 août suivant par une ordonnance royale, pour le rendre exécutoire dans tout le royaume, avec les mêmes injonctions; afin, y dit le roi, que les sentimens de nos sujets soient uniformes sur ces articles.

L'arrêt et l'ordonnance sont motivés sur les artifices de la cour de Rome pour introduire en France des maximes ultramontaines, contraires à celles qui ont été reçues de tout temps, et directement opposées aux droits de la couronne, aux immunités du royaume et aux libertés de l'Église gallicane. Les choses en étaient venues au point qu'après les avoir insinuées furtivement dans divers écrits, on n'avait pas craint de les étaler dans des thèses publiques soutenues au collége des jésuites et jusqu'en Sorbonne[1]. L'abbé Coquelin,

[1] Dupin, Hist. eccl. du XVIIe. siècle, tom. II, pag. 661.

l'un des rédacteurs de cette déclaration, protesta, dans l'assemblée du clergé de 1682, dont il était un des promoteurs, que ce qui l'avait déterminée, c'était de réprimer les flatteurs de la cour romaine qui travaillaient à répandre, tant contre l'indépendance des princes que contre les droits des évêques, « des sentimens inconnus aux premiers
» siècles de l'Église, et inventés dans les derniers
» temps, qui ont toujours été regardés, dans
» l'Église gallicane, comme contraires aux véritables maximes de l'antiquité, qu'on avait d'abord
» introduits comme des opinions particulières, et
» que l'on voulait ensuite ériger en dogmes. »
C'est la marche de tous les novateurs.

On est étonné de voir l'abbé Fleury traiter de *captieuse* la proposition énoncée dans les deux derniers articles, parce que la faculté y dit seulement qu'elle n'adopte point celle qui en est l'objet, ce qui ne prouve pas qu'elle l'ait rejetée[1]. Mais, comme l'observe M. Emery, la qualification de *captieuse* est ici mal appliquée, parce que l'intention de la faculté n'a point été de surprendre et de tromper, ce qu'on ne saurait lui attribuer sans injustice. M. Emery s'égare ensuite sur les traces du P. d'Avrigny, lorsqu'il argumente de la manière différente dont la faculté s'exprime sur les quatre premiers et sur les deux derniers, ce qui suppose, dit-il, qu'elle mettait une grande

---

[1] Discours sur les libertés de l'Église gallicane.

différence entre sa doctrine concernant l'autorité temporelle du pape, qu'elle établit nettement, et celle contre sa supériorité au-dessus du concile, et contre son infaillibilité, à laquelle elle refuse seulement son approbation, sans toutefois la condamner [1].

Cette chicane n'est pas nouvelle. L'avocat général Talon l'avait réfutée dans son réquisitoire, où il fit voir qu'entre deux propositions contradictoires, déclarer qu'on n'en admet pas une, c'est évidemment adopter l'autre; qu'ainsi, quoique la faculté n'eût pas condamné formellement l'infaillibilité et la supériorité du pape, il suffisait qu'elle eût déclaré que ce n'était pas sa doctrine, pour être censée professer la doctrine contraire. « Comme ces propositions, disait-il, contiennent la condamnation de cette chimère d'infaillibilité et de cette dépendance imaginaire du concile au pape, il est inutile d'examiner si elles sont conçues en termes affirmatifs, étant certain qu'il n'y a point de milieu entre deux propositions contradictoires, et que si la faculté ne croit pas que le pape soit infaillible, il faut, par une conséquence nécessaire, qu'elle juge qu'il peut tomber ou être induit en erreur, et corrigé par une puissance supérieure, qui ne peut être que celle du concile de l'Église universelle; et tout le monde demeurant d'accord qu'il faut qu'il y

---

[1] Nouv. Opuscules de Fleury, pag. 236.

» ait une subordination, dès que l'on avoue que le
» pape n'est point au-dessus du concile, il faut
» qu'il soit au-dessous, et soumis à ses décisions et
» à l'observation des canons. »

Ces raisonnemens, que le P. d'Avrigny et M. Emery jugent si faibles, n'avaient pas paru tels à Bossuet. Ce prélat déclare que c'est chicaner que de prétendre que les deux derniers articles ne sont pas conformes à la doctrine de la faculté, parce qu'ils sont énoncés dans une forme négative, comme si la faculté ne faisait pas entendre suffisamment par ces expressions négatives, combien elle souffrait avec peine qu'on lui attribuât d'enseigner les propositions contraires. Ce fut même pour repousser cette imputation calomnieuse qu'elle se crut obligée de déclarer publiquement ce qu'elle en pensait. « On ne peut donc pas dire, ajoute
» Bossuet, qu'elle se soit exprimée de façon à
» faire entendre que l'affirmative et la négative
» lui étaient également indifférentes, puisqu'elle
» prouvait évidemment le contraire, et qu'elle re-
» jetait l'affirmative; qu'elle craignait sur toutes
» choses qu'on ne la soupçonnât de favoriser les
» propositions censurées. Il était digne d'une as-
» semblée si respectable de se défendre avec tant
» de zèle, de prouver qu'elle avait des sentimens
» à l'abri de toute censure. Enfin, il est évident
» qu'elle avait voulu se justifier de l'imputation
» d'une doctrine qui la déshonorait. » Le savant prélat soutient que les six articles de 1663 et les

quatre de 1682 ne forment dans leur ensemble qu'un seul corps de doctrine, dont on ne peut détacher une partie sans nuire à tout le corps [1].

Il est bien vrai, disait l'abbé Coquelin, que la faculté aurait pu s'exprimer d'une manière plus précise et plus positive ; mais, ajoutait-il, il faut l'excuser sur les circonstances fâcheuses où elle s'était trouvée, qui ne lui avaient pas permis de le faire autrement. On voit qu'il faisait allusion aux efforts de la cour de Rome pour accréditer, par toutes sortes d'artifices, les maximes ultramontaines, au moyen « d'une *cabale puissante de* » *moines et de quelques séculiers liés avec* » *eux* [2], » qui, après avoir asservi la faculté sous Duval, conservait encore beaucoup d'influence sous le syndicat du docteur Grandin. Voilà ce qui l'avait forcée de s'exprimer avec quelque ménagement, et de paraître en quelque sorte *biaiser*; mais il n'en est pas moins vrai que sa doctrine sur les deux articles en question est suffisamment énoncée dans sa déclaration, pour quiconque ne cherche pas à chicaner; aussi l'assemblée du clergé de 1682, qui se trouva débarrassée de pareilles entraves, n'eut-elle besoin, suivant l'expression du même abbé Coquelin, que de donner une forme plus précise aux articles de la faculté, sans rien changer au fond de la doctrine qu'ils renfermaient;

---

[1] *Append. ad Defens.,* lib. III, cap. 11.
[2] Réquisitoire de M. Talon.

ce qui fait dire à Bossuet que le clergé et la faculté étaient parfaitement d'accord sur la doctrine des quatre articles et sur celle des six de la faculté[1].

VII. Les maximes connues sous le nom de libertés de l'Église gallicane ne forment le patrimoine spécial de cette Église, que parce qu'elle a su mieux que toute autre se préserver de l'invasion des fausses décrétales qui, dans le moyen âge, portèrent des atteintes funestes à la doctrine de l'antiquité, sur plusieurs parties de la constitution de l'Église universelle. Le triste état où nos troubles civils et religieux avaient réduit le clergé français, l'ayant obligé de rendre plus intime son union avec le saint siége, centre de l'unité, afin d'en acquérir plus de force pour s'opposer aux hérésies du seizième siècle, il poussa son dévouement jusqu'à sacrifier nos doctrines traditionnelles au triomphe de celles qui dominaient alors à la cour de Rome. Les dogmes sacrés qui forment le dépôt de la foi furent conservés dans toute leur intégrité, mais on se laissa insensiblement entraîner à confondre des prétentions très-accréditées dans cette cour avec les droits réels de la primauté divine du siége apostolique.

Les théologiens sont, de tous les hommes, ceux qui reviennent le plus difficilement de leurs

---

[1] *Defens.*, lib. VI, cap. 27.

aberrations, parce qu'accoutumés à parler au nom, de la Divinité, ils la font intervenir au soutien de leurs opinions particulières, qu'ils érigent en autant de dogmes sacrés, et veulent voir des hérésies dans toutes celles qui s'écartent des systèmes de leurs écoles. Ils remplacent par des subtilités ce qui leur manque du côté de l'autorité. L'étude de l'antiquité est négligée, parce qu'on redoute le rapprochement de ce qu'enseigne la tradition avec ce que les temps modernes ont ajouté à la doctrine des anciens temps. C'est ainsi que l'erreur s'introduit, se propage, s'affermit, et obtient dans les esprits le caractère; ou plutôt le masque de la vérité, surtout lorsque l'intérêt de parti s'est substitué à l'esprit de l'Église.

Toutes ces causes concoururent à impatroniser parmi nous tant de doctrines ultramontaines et à les maintenir, après même que les troubles pendant lesquels elles avaient pris naissance eurent disparu. Nous avons vu les intrigues des nonces et des autres agens ou émissaires de la cour de Rome auprès du gouvernement, des magistrats, du clergé, et de la faculté de théologie de Paris, pour assurer leur triomphe en France. Ce ne fut qu'après avoir été délivré de la tutelle de Mazarin que Louis XIV put s'occuper du projet de remettre en vigueur les anciennes maximes de l'Église gallicane sur les rapports des deux puissances, et que les évêques cherchèrent à rentrer en possession de leur juridiction dans toute son intégrité.

Tous les ordres de l'état concoururent à une régénération désirée depuis long-temps.

Le premier signal en fut donné par les six articles de la faculté de théologie de Paris, qui triompha, non sans beaucoup de peine, du joug des ultramontains, sous lequel la faction des Duvalistes l'avait trop long-temps retenue. Alors les prélats sortis du sein de la ligue étant morts, leurs successeurs purent débarrasser l'Église gallicane de ses encombremens. Les pasteurs du premier et du second ordre, réunis par leur commun intérêt, affranchirent la hiérarchie de ces priviléges exorbitans des moines, qui paralysaient l'exercice de leurs droits, et dont la mission avait principalement pour objet de propager, par toutes les fonctions de leur ministère, un système de gouvernement ecclésiastique dont les abus nous conduisaient à un état de servilité que repoussaient les lumières du grand siècle qui répandirent tant d'éclat sur l'horizon de la France religieuse et littéraire. Ce fut ce mouvement général qui produisit la célèbre déclaration de 1682, dont nous avons entrepris de tracer l'histoire.

CHAPITRE II.

Préliminaires de l'assemblée de 1682.

I. Cette célèbre assemblée dut son origine aux démêlés survenus entre la cour de Rome et celle de France au sujet de la *régale*. On entend par ce mot le droit qu'avait le roi de conférer les bénéfices dépendans de la collation des évêques durant la vacance du siége épiscopal, et de disposer des revenus de l'évêché jusqu'à ce que le nouveau titulaire eût fait enregistrer son serment de fidélité à la chambre des comptes. Ce droit, dont l'origine est fort obscure et la légitimité très-contestée, était particulier aux rois de France. L'abbé Fleury le dit *ancien*, mais il avoue qu'on n'en trouve aucune preuve avant la troisième race. Il l'appelle *légitime*, et cependant il le juge contraire à tout ce qui a été pratiqué dans les dix premiers siècles[1]. Bossuet ne voit, dans le canon du concile de Leptine, qu'on invoque en sa faveur, qu'une condescendance forcée; qu'une subvention accordée à la nécessité, et seulement pour un temps à titre *précaire*, lequel ne saurait fonder un droit per-

---

[1] Institut. au dr. ecclés., Ire. part., ch. 10. — IIe. part., chap. 18. — Disc. sur les libertés, § XXIII.

pétuel[1]. D'Héricourt pense que, dans la diversité d'opinions qui se trouvent combattues par des raisons solides, le meilleur parti est de dire que nous ne connaissons pas la raison de cet établissement[2].

La régale n'avait jamais été connue dans les provinces voisines des Alpes et des Pyrénées. Un premier édit pour les y soumettre, publié en 1668, éprouva une opposition presque générale. Un second édit de 1673 excita moins de réclamations parce que les évêques de ces provinces craignirent de se compromettre avec la cour, qui attachait la plus grande importance à son exécution. Les seuls évêques d'Aleth et de Pamiers y opposèrent une résistance invincible. On exigea de l'un, au bout de trente-six, et de l'autre au bout de trente-deux ans d'épiscopat, de faire clore la régale dans leurs diocèses, où elle n'avait jamais été ouverte. Le premier étant mort avant que l'affaire eût été poussée avec la chaleur que la cour y mit dans la suite, tout le poids de la résistance retomba sur le dernier, qui intéressa le pape Innocent XI dans sa cause par un appel au saint siége. Son opposition, dit M. le cardinal de Bausset, était fondée sur les intentions les plus pures et sur des considérations plausibles. Son zèle et celui du pape les entraînèrent l'un et

[1] Lettr. à M. Dirois, du 29 décembre 1681 et du 6 février 1699.
[2] Lois ecclésiast., IIe. part., chap. 6.

l'autre au delà des bornes ; mais la cour de France se porta, de son côté, à des mesures dont la régularité et la nécessité auraient été difficiles à justifier[1].

Les ministres du roi ne furent pas les seuls coupables d'avoir exagéré l'idée qu'il s'était formée des droits de sa couronne et des violences par lesquelles il les soutint. On accusa les jésuites d'avoir suscité l'affaire, par animosité et par intérêt. « Le confesseur du roi et ses confrères, est-il dit dans les procès-verbaux du clergé, étaient les principaux moteurs, dans le dessein de se venger de ces deux évêques, à qui ils en voulaient de longue main[2]. » le P. Rapin écrivait en 1683, au cardinal Cibo, que « le principal motif de ses confrères, en suggérant et soutenant cette entreprise, avait été d'empêcher des évêques jansénistes de conférer à des jansénistes les bénéfices qui vaquaient dans leurs Églises. » Ces pères y trouvèrent d'ailleurs l'occasion d'en faire réunir plusieurs à leurs colléges et à leurs séminaires ; ils n'étaient pas fâchés non plus de causer quelque mortification au pape Innocent XI, qui passait pour n'être pas favorable à leur société, et qu'ils accusaient d'accorder sa protection à des évêques jansénistes Enfin l'archevêque de Paris, entièrement dévoué au P. de La Chaise, et qui

---

[1] Hist. de Bossuet, liv. VI, § 8.

[2] Collect. des Procès verb. ; édition de 1772, tome V, pag. 362.

dans toute cette affaire, dit Bossuet, ne cherchait qu'à faire sa cour aux ministres, avait à satisfaire son ressentiment contre le pape, qui l'avait assez clairement désigné dans un de ses brefs au roi, où il disait, « que sa majesté était trompée par » des hommes sans foi qui n'avaient que des vues » et des affections terrestres, quoique leur dignité, » leur charge, et la bonté singulière dont le prince » les honorait les obligeât à une conduite tout » opposée. » M. de Harlay était trop bien désigné par ces traits pour ne pas s'y reconnaître. Aussi se servit-il du crédit que lui donna sa qualité de président de l'assemblée où se décida l'affaire de la régale, pour exercer son ressentiment contre Innocent XI, qui le mortifia, à son tour, en envoyant à M. Lecamus, évêque de Grenoble, le chapeau de cardinal, que Louis XIV avait demandé pour lui.

II. Cette assemblée, composée des évêques qui se trouvaient alors dans la capitale, ne tint que trois séances. On y étala beaucoup d'érudition pour établir le droit de régale, mais on ne leva pas la difficulté de son extension aux Églises des provinces où jusque-là elle n'avait point eu lieu. Pour trancher cette difficulté, on érigea en principe, qu'un petit nombre d'Églises particulières doivent sacrifier même des droits réels afin d'acheter la paix dans une affaire de discipline et sujette à variation. Ce fut l'avis de Bossuet, qui jugea que du train qu'allaient les choses, il fallait éviter d'entrer dans le fond de la question litigieuse, et chercher à faire sa condition la meilleur possible dans les circonstances critiques où l'on se trouvait, et sortir de ce grand procès par des voies douces[1].

D'après cette idée qu'il fit prévaloir parmi ses collègues, on se détermina à négocier avec la cour, et l'on en obtint des modifications qui faisaient disparaître de la régale ce qui avait servi de prétexte ou de motif aux oppositions. Le clergé consentit donc à son extension sur toutes les Églises du royaume, « pour céder à la nécessité » des temps, est-il dit dans le procès verbal, et » pour ne pas exposer les autres Églises aux malheurs dans lesquels celle de Pamiers était tombée. » Il fut convenu que pour les bénéfices à charge d'âmes, tels que les cures, et pour ceux auxquels était attachée quelque juridiction, comme les dignités des chapitres, les nommés par le roi devraient obtenir des ordinaires l'institution canonique, et que la régale ne pourrait être exercée que sur ceux dont la collation appartenait incontestablement aux évêques.

Telles sont les conditions sur lesquelles intervint la déclaration du mois de janvier 1682, qui consomma la paix entre le clergé et la cour. « Nous n'avons pas cru, disait Bossuet, aller jus-

---

[1]. Lettre à M. Dirois.

» qu'à trouver bon le droit du roi, surtout com-
» me on l'explique à présent. Il nous suffit que le
» nôtre, quelque clair que nous le croyions, est
» contesté et perdu ; et ainsi, que ce serait être trop
» ennemi de la paix que de le regarder comme tel-
» lement incontestable, qu'on ne veuille pas même
» entrer dans de justes tempéramens, surtout
» dans ceux où l'Église a un si visible avantage. »
C'est ainsi qu'en jetant un voile mystérieux sur la
partie litigieuse de la question, le pacifique prélat
parvint à terminer un arrangement qui conservait aux évêques la portion de leur droit qui intéressait le plus l'Église. De pareilles contestations
ne peuvent point s'élever, aujourd'hui qu'il n'existe
plus de bénéfices, et que tous les titulaires ecclésiastiques sont devenus de simples fonctionnaires
salariés par l'état.

Il ne s'agissait plus que de faire agréer au pape
l'arrangement convenu entre la cour et le clergé.
Bossuet pensait que la chose ne devait pas souffrir
de difficulté. « Nous serions ici bien surpris, écri-
» vait-il au docteur Dirois, qu'ayant trouvé dans le
» roi tant de facilité à obtenir des tempéramens,
» la difficulté nous vînt du côté de Rome, d'où nous
» devons attendre toutes sortes de soutiens. » Il se
trompa étrangement dans son calcul.

Chargé de rédiger la lettre par laquelle l'assemblée annonça cet arrangement à Innocent XI, il
s'attacha surtout à lui faire connaître l'esprit de
modération et de paix qui avait animé les évêques

dans cette circonstance ; et, après avoir exposé les raisons plausibles des régalistes, il y faisait ainsi parler les prélats : « Nous ne proposons pas ces
» choses comme indubitables : nous ne les rejetons
» pas aussi comme des opinions erronées ou con-
» traires à la foi, et nous sommes persuadés que
» c'est le cas où il faut user d'une sage condescen-
» dance, à l'exemple des hommes apostoliques qui
» nous ont précédés.... Quant à nous, nous rendons
» grâces de ce que vous avez fait pour conserver en
» leur entier les droits de quelques Églises;... mais
» nous ne souhaitons pas que quelques intérêts di-
» visent le monde chrétien et troublent la paix de
» l'Église. C'est pourquoi nous nous sommes volon-
» tiers départis de tout le droit qui pouvait nous
» appartenir pour le céder à un roi de qui nous
» recevons tant de biens. »

« On devait s'attendre, dit l'illustre historien
» de Bossuet, qu'une lettre aussi respectueuse et,
» aussi modérée, aussi forte de raison que pleine
» de sagesse, ferait quelque impression sur l'esprit
» du pape, ou du moins qu'elle obtiendrait une
» de ces réponses dignes et convenables où la dif-
» férence d'opinion est tempérée par ces égards et
» ces ménagemens que les souverains pontifes ont
» toujours affectés envers l'Église gallicane. » Mais Innocent XI, si digne d'ailleurs d'occuper la chaire de saint Pierre, la garda trois jours sans l'ouvrir; et, au lieu d'accorder la satisfaction qu'on lui demandait, ce qui aurait terminé la querelle, et pré-

venu les fâcheux événemens que son refus obstiné entraîna, n'y répondit qu'au bout de trois mois, et ce fut pour déclarer, par des reproches amers, qu'il condamnait et cassait tout ce qui avait été fait par l'assemblée.

Il était sans doute en droit de se plaindre de ce qu'on avait jugé, sans sa participation, une affaire dévolue à son siége par un appel régulier. Mais sa lenteur à répondre, le ton menaçant de ses brefs, le refus absolu des bulles aux évêques nommés suivant les formes du concordat, lui donnèrent de grands torts, et firent sentir le besoin de prendre des mesures de précaution contre ses injustes procédés, qui en provoquèrent de non moins répréhensibles de la part du gouvernement français. « On » ne voyait d'un côté qu'excommunications lancées » pour soutenir, disait-on, la définition du con- » cile général de Lyon, et de l'autre, que proscrip- » tions, exils, emprisonnemens, condamnations, » même à mort, pour soutenir ce que l'on pré- » tendait être les droits de la couronne [1].

Illiacos intrà muros peccatur et extrà.

Tous ces désordres, devenus intolérables par leur accumulation, excitaient beaucoup de rumeur dans le royaume et troublaient les consciences. Ajoutez que les émissaires de la cour de Rome cherchaient sourdement à ébranler les maximes

[1] Collect. des proc. verb. ci-devant.

sur lesquelles repose l'indépendance de la puissance temporelle, et à ruiner plus ou moins ouvertement celles qui forment la constitution particulière de l'Église gallicane, au préjudice de la juridiction divine de l'épiscopat; voilà ce qui détermina, plus que toute autre chose, à recourir au moyen de fixer les rapports des deux puissances, et à remettre en vigueur nos doctrines traditionnelles. Il est à présumer que si Innocent XI se fût prêté aux mesures adoptées par les évêques, il eût été facile d'obtenir de Louis XIV que les choses n'allassent pas plus loin; l'évêque de Tournai le fait assez entendre dans son rapport, où il s'exprime ainsi : « Ces démêlés nous ayant fait ouvrir les yeux, » pour découvrir la source de l'irrégularité des » procédures faites par les officiers de la cour de » Rome, nous avons cru qu'ils n'avaient pas assez » considéré les bornes que Dieu a données aux » puissances que sa providence a établies pour le » gouvernement de l'Église, et cela vous a obligé » de nous ordonner d'éclaircir cette matière. »

On proposa la convocation d'un concile national ou celle d'une assemblée générale du clergé, dans laquelle l'Église de France, représentée par ses députés, examinerait les griefs dont on avait à se plaindre de la part de la cour de Rome, et l'on aviserait aux moyens d'y remédier. Louis XIV préféra le dernier parti. En conséquence, les assemblées métropolitaines furent convoquées. Les députés étaient expressément autorisés par leurs procurations à traiter des différentes matières tendantes à rétablir la paix et à affermir les libertés de l'Église gallicane, afin de prendre les mesures convenables aux circonstances. Le choix des députés fut digne des graves questions dont ils devaient s'occuper.

C'est ainsi que la conduite peu mesurée d'Innocent XI dans l'affaire de la régale fit prendre à cette affaire une direction toute différente de celle qu'elle avait eue dans son principe, et qu'on l'obligea de porter son attention sur des objets beaucoup plus intéressans pour lui que ceux qui avaient d'abord excité son mécontentement. Du reste, quelles qu'aient été les vues particulières des principaux moteurs de cette assemblée, nous croyons qu'on doit se féliciter de son résultat, parce qu'elle a produit, dans la déclaration des quatre articles, un des plus beaux monumens de l'Église gallicane, et dans la défense de cette déclaration l'ouvrage le plus complet et le plus savant qui existe sur les questions qui en sont la matière. C'est à l'immortel évêque de Meaux, à son profond savoir, à son caractère éminemment pacifique et à son amour inaltérable pour l'Église que l'on fut redevable de cet heureux résultat. Ces détails nous ont paru nécessaires pour mettre le lecteur à même d'apprécier les reproches amers de quelques écrivains passionnés contre l'assemblée qui a posé les véritables bases de notre droit public ecclésiastique.

III. L'assemblée fut précédée de plusieurs conférences tenues à l'archevêché entre les évêques les plus influens, pour préparer les questions qui devaient y être décidées. Les archevêques de Paris et de Reims, l'évêque de Tournai, le P. de La Chaise et les ministres qui y figurèrent étaient persuadés que le différent que l'on avait avec Rome au sujet de la régale, offrait la vraie occasion de rétablir la doctrine de France sur l'usage de la puissance pontificale; que, dans un temps de paix et de concorde, le désir de conserver la bonne harmonie et la crainte de paraître les premiers à rompre l'union empêcheraient une telle décision. Bossuet, qui avait des vues bien plus relevées, répugnait à voir traiter cette question, qui lui paraissait hors de saison. « On augmentera la division qu'on veut éteindre, disait-il; c'est beaucoup que le livre de *l'Exposition*, où elle est traitée, ait passé avec l'approbation du saint siége. Gardons notre possession. Vous aurez la gloire de la régale, ajoutait-il, en s'adressant à l'archevêque de Reims, mais cette gloire sera obscurcie par des propositions odieuses. »

L'évêque de Tournai sentit toute la sagesse de ces considérations, et il n'hésita pas à s'y rendre. Les deux Letellier y revinrent plus tard; mais les autres persistèrent dans leurs premières résolutions. Alors Bossuet proposa, qu'avant de décider la question de l'autorité du pape, on examinât toute la tradition sur ce point important. Son dessein était évidemment de prolonger les délibérations et d'attendre du bénéfice du temps que les choses pussent s'arranger de manière à ne pas élever, par une décision précipitée, un nouveau sujet de division. Mais M. de Colbert n'en mit que plus d'insistance à la faire traiter sans délai. L'archevêque de Paris qui, dit Bossuet, ne cherchait qu'à flatter la cour et qu'à suivre à l'aveugle les volontés des ministres, aussi-bien que le P. de Lachaise, agissaient dans le même sens. Le pape nous a poussés à bout, disaient-ils, il s'en repentira. Ce fut à leur sollicitation que le roi ordonna de terminer l'affaire le plus promptement possible [1].

Les ennemis de la déclaration se sont prévalus des petites passions qui animaient quelques-uns des promoteurs de l'assemblée pour en décrier les opérations. Mais ces passions n'existaient que chez des individus, elles ne pénétrèrent jamais dans l'âme des prélats qui la composaient, bien moins encore dans celle de l'illustre évêque de Meaux, qui sut toujours les combattre avec succès, et qui, par son ascendant sur l'esprit de ses collègues, sut faire triompher la vérité au milieu des intrigues de ceux qui auraient pu entraîner les évêques dans une fausse route. Quant à la répugnance qu'il témoigne de voir traiter la question de l'autorité du pape, elle ne provenait d'aucun doute sur le

[1] Nouv. opusc. de Fleury, pag. 210. — Journ. de l'abbé Ledieu.

fond de la doctrine, mais uniquement des dispositions alarmantes qu'il croyait apercevoir dans certains esprits. Il appréhendait qu'on n'allât trop loin, et qu'en établissant les vrais principes sur les droits respectifs des deux puissances, on ne portât atteinte aux justes prérogatives du saint siége.

IV. La question générale étant résolue, on passa aux questions particulières qu'il s'agissait de proposer aux délibérations de l'assemblée. C'était à l'évêque de Tournai, en sa qualité de doyen et de président de la commission, à les dresser. L'abbé Fleury dit dans ses notes qu'il les avait rédigées *mal et scolastiquement*. Quelques-unes excitèrent même d'assez vives altercations entre ce prélat et l'évêque de Meaux, son ami. Leur première dispute eut pour objet les appels du pape au futur concile. « Les appellations, disait Bossuet, ont été nom-
» mément condamnées par les bulles de Pie II et
» de Jules II. Rome est engagée à les condamner,
» et *elle ne recule jamais*. Il ne faut pas donner
» prise à condamner nos propositions. »

Il est clair que ce n'était point par un respect superstitieux pour les bulles de ces papes qu'il s'opposait à ce qu'on traitât la question des appels dont il a depuis si bien établi la légitimité et l'ancien usage, comme étant une sauvegarde contre les abus de l'autorité pontificale[1]. Mais il jugeait que,

---

[1] *Gall. orthod.*, § 78. — *Defens.*, lib. IX, cap. 23.

dans une affaire déjà si capable par elle-même d'offenser la cour de Rome, il convenait d'avoir égard à son extrême susceptibilité, afin de ne pas compromettre la doctrine qu'on voulait établir, et de ne pas multiplier les obstacles à une réconciliation qu'il ne perdait point de vue. Il pensait en conséquence qu'il fallait éviter tout ce qui, ne tenant pas essentiellement au fond de l'affaire principale, aurait pu causer de l'ombrage et donner lieu à de nouvelles difficultés. C'est ainsi que le pape Pie IV avait recommandé à ses légats au concile de Trente d'empêcher qu'on y traitât la même question, parce que, disait-il, lorsqu'il y a à craindre un schisme, on doit tout sacrifier pour le prévenir, jusqu'à passer sous silence toutes les prétentions d'honneur, ainsi que le prescrivirent les lois, les conciles et l'enseignement commun des saints docteurs[1].

L'opposition de l'évêque de Meaux dans cette question particulière partait du même motif que celui qui l'avait fait déclarer contre le projet général de traiter les différentes matières relatives à l'autorité du pape, surtout celles qui regardent les rapports de cette autorité avec celle du concile général. Assurément, il était bien éloigné de considérer comme répréhensible, ou même comme douteuse, la doctrine de la supériorité du concile, puisqu'il la posait comme le fondement des liber-

---

[1] Pallav., *Hist. conc. Trid.*, lib. I, cap. X, § 2.

tés de l'Eglise gallicane, et qu'il reprochait à M. de Marca de l'avoir combattue par politique, pour ménager les oreilles trop délicates des Romains, et d'avoir prétendu que les appels sont contraires à l'ancienne discipline de l'Eglise[1]. L'unique motif de sa répugnance en cette occasion était donc que la question dont il s'agissait lui paraissait hors de saison et en quelque sorte étrangère à l'objet qu'on devait se proposer dans les conjonctures où l'on se trouvait.

Quant au fond de la question, il soutenait que la soumission aux constitutions pontificales n'est de devoir que lorsque les évêques, après les avoir examinées, ont confirmé le jugement du pape par leur adhésion. Jésus-Christ, disait-il, ayant établi l'Église de manière que l'autorité de juger souverainement et indéclinablement les causes importantes, fût concentrée dans elle-même, il s'ensuit que, pour ne porter préjudice à personne, il faut qu'on puisse, dans certains cas, pour trouver sa sauvegarde, attendre le jugement de l'Église catholique. Or nos pères ont cru que, par l'appel au concile, on se mettait sous sa sauvegarde et sous sa protection. Il est vrai, ajoute ce grand évêque, que les appels sont un remède extraordinaire, qu'ils doivent par conséquent être très-rares; mais ils n'en appartiennent pas moins à la

---

[1] *Defens.*, lib. II, cap. VII, § 1. — Marca, *de Concord.*, lib. IV, cap. 17.

constitution de l'Église. C'est une garantie contre l'abus que les papes pourraient faire de leur puissance; et c'est par ce moyen que l'Église a défendu le plus efficacement sa liberté [1].

Nous savons bien que l'appel est sujet à certaines restrictions; que le concile de Constance ne le permet que dans les cas qui concernent l'Église universelle, de crainte qu'ils ne la missent en danger s'ils étaient fréquens; qu'en y ayant recours pour toute sorte de causes, on mettrait perpétuellement l'Église en agitation; que l'autorité du pape serait toujours arrêtée et paralysée dans son exercice. Un pareil abus ne convient qu'à des esprits turbulens, et il n'est propre dans leur bouche qu'à fomenter des schismes, en se couvrant du nom de concile [2]. Il faut donc, en cette matière, distinguer l'appel considéré en lui-même de l'usage légitime ou illégitime qu'on en peut faire. Sous le premier rapport, bien loin d'être un mot inventé pour se soustraire au chef des pasteurs, comme le disent les ultramontains, il est, au contraire, un moyen établi pour obtenir du corps entier des pasteurs un jugement définitif qui décide absolument et en dernier ressort, même après la décision du pape. En voilà assez pour faire connaître dans quelle vue M. Bossuet témoignait de la répugnance à voir traiter la question des

[1] *Defens.*, X, 23, 26; XI, 15. — *Gall. orthod.*, § 78 et 98.
[2] *Append.*, lib. III, cap. 1.

appels dans les conférences de l'archevêché, et pour concilier cette répugnance avec ses principes sur la légitimité de ces appels.

V. Une question étroitement liée à la précédente est celle des jugemens canoniques des évêques. M. de Choiseul voulait qu'on l'examinât à fond. La chose paraissait d'autant plus à propos, que dans ce même siècle il s'était passé en France des événemens où les anciennes formes reçues dans le royaume avaient été peu respectées. Bossuet savait parfaitement, comme il le prouva depuis dans sa défense de la Déclaration, que les évêques ont de droit divin, par leur caractère, le pouvoir de juger de toutes les matières qui regardent le dépôt de la foi, la constitution de l'Église, et les questions de mœurs et de discipline. Il n'ignorait pas que le droit de juger leurs collègues avait subi divers changemens dans le cours des siècles, suivant les lieux, les temps et les circonstances, que, conformément au concordat, ces jugemens n'étaient réservés au pape que sous certaines conditions, qui les faisaient en quelque sorte rentrer dans l'ordre de l'ancienne discipline, en ce que le pape était obligé de désigner dans la province même du prévenu, ceux de ses collègues qui devaient procéder à une pareille opération. « Sur
» cela, disait-il, nous ne pouvons prétendre autre
» chose que de maintenir notre droit, en attendant
» qu'on puisse convenir d'une manière équitable

» et fixe de juger les évêques, les papes n'ayant
» rien laissé de certain, et ayant même dérogé, en
» beaucoup d'occasions, au concile de Trente [1]. »

Si le savant prélat se fût borné à écarter cette question délicate dans une circonstance où elle ne pouvait qu'augmenter la division, il faudrait louer sa prudence et ce grand amour de l'unité qui le portaient à tant de condescendance. Mais on ne conçoit pas comment, après être convenu que le droit de juger en matière de doctrine est inhérent, par l'institution de Jésus-Christ, au caractère épiscopal, il reconnaît ensuite, dans le pape, le pouvoir de priver les évêques d'une partie de ce droit qui leur a été donné sans restriction. Toutes les parties en étant également sacrées, elles sont toutes également inviolables. S'ils pouvaient être dépouillés d'une portion d'un pareil droit, rien n'empêche qu'ils ne pussent l'être insensiblement du tout, sous divers prétextes faciles à imaginer. C'est ainsi que, de conséquences en conséquences, s'est établi graduellement tout le système ultramontain. Le cas où Bossuet suppose que le jugement des évêques du pays dans lequel l'erreur est née peut être prévenu par le jugement du pape, est celui où l'on aurait à craindre quelque division dans l'épiscopat. Mais cette division reviendra toujours, puisque, suivant nos maximes, le jugement du pape ne peut être exécuté qu'après que les évêques l'ont

[1] Lettre à M. Dirois du 29 décembre 1681.

accepté par voie de jugement. Il est donc bien plus simple de s'en tenir à la grande maxime de l'antiquité, que toutes les contestations réelles ou personnelles doivent être examinées et jugées sur les lieux où elles sont nées, sauf ensuite à invoquer l'intervention du souverain pontife, pour en obtenir la révision du jugement, suivant les formes canoniques, devant un concile plus nombreux des évêques de la province, en y appelant, s'il le faut, ceux des provinces voisines, pour compléter le tribunal qui doit prononcer définitivement.

Les causes personnelles des évêques, suivant la maxime constante de toute l'antiquité, consacrée par le concile de Nicée, est qu'elles soient instruites et jugées sur les lieux, dans le concile de la province, présidé par le métropolitain. « Suivant
» l'ancienne discipline de l'église, observée pen-
» dant huit cents ans au moins, dit Fleury, les
» évêques étaient jugés par leurs confrères, chacun
» dans sa province. Ils ne recouraient que rarement
» au pape. Il faut convenir que depuis le neu-
» vième siècle, l'autorité des fausses décrétales s'é-
» tant établie par l'ignorance de l'antiquité, il
» passa pour constant, en Occident, que le pape
» seul était en droit de juger les évêques même en
» première instance [1]. » Le concile de Sardique, en 347, avait bien permis aux évêques déposés de recourir à Rome contre les sentences de leur dé-

---

[1] Nouv. opuscules de l'abbé Fleury, pag. 204.

position rendues sur les lieux. Mais ce fut uniquement dans la vue de soustraire les évêques orthodoxes aux entreprises des eusébiens. C'était là un décret provisoire et de circonstance dont on n'usa que *rarement*. Dans ce cas même, le pape n'était pas autorisé à prononcer sur le fond, mais seulement sur la forme du jugement, sauf à renvoyer le pétitionnaire devant un concile plus nombreux, pour que sa cause y fût jugée de nouveau. Si la plainte était mal fondée, la sentence s'exécutait par sa propre vertu. Ce n'était pas là un appel proprement dit fait au pape, qui ne remplissait que les fonctions d'un tribunal de révision, chargé d'examiner si les formes avaient été observées. Enfin, le décret de Sardique, dans tous les cas, n'offre qu'une loi d'exception, introduite pour honorer la chaire de saint Pierre, et nullement comme un apanage essentiel de la primauté divine du saint siége [1].

Cette nouvelle discipline demeura inconnue en Orient. L'Église d'Afrique refusa de l'adopter lorsque le pape Zozime voulut l'y introduire sous le nom du concile de Nicée. Elle n'était pas admise en France du temps de saint Hilaire d'Arles, comme cela paraît par l'affaire de Célidoine. « Nous » ne trouvons pas, dit Tillemont à ce sujet, que » l'Église gallicane eût encore admis jusqu'à ce » temps-là aucun appel au saint siége [2]. Le dé-

---

[1] Van Esp., *in can.* 5, *Conc. Sardic.*
[2] Vie de saint Hilaire d'Arles, art. XV.

» cret de Sardique ne fut inséré que dans les capi-
» tulaires d'Adrien Ier., publiés en France sur la fin
» du huitième siècle. » Fleury observe, dans son
quatrième discours, « qu'il faut absolument igno-
» rer l'histoire de l'Église pour s'imaginer qu'en
» aucun temps, ni en aucun pays, on ait jamais
» pu juger un évêque sans l'envoyer à Rome, ou
» faire venir une commission du pape. » Il cite
ces paroles remarquables de saint Cyprien écrivant
au pape saint Corneille touchant le schismatique
Fortunat. « Il est de règle parmi nous que chaque
» coupable soit examiné au lieu où le crime a été
» commis. » Il reconnaît que le saint docteur a
montré les raisons solides de ne pas déférer à ces
appels; que du temps de saint Augustin, l'Église
d'Afrique ne les recevait pas encore; que, jusqu'au neuvième siècle, on en voit peu d'exemples,
qu'Hincmar s'y opposa fortement, qu'Yves de
Chartres et saint Bernard prouvèrent que cette
procédure énervait entièrement la discipline; que
c'est là une des plus grandes plaies que les fausses
décrétales eussent faites à l'Église. « Saint Bernard,
» ajoute-t-il, qui s'éleva avec tant de vigueur, en
» supposant la nécessité de ces appellations, que
» n'eût-il pas dit, s'il eût su que l'usage en était
» nouveau et fondé sur de fausses pièces ? »

Lorsque le décret de Sardique fut introduit en
France, les évêques du royaume ne s'y soumirent
que sous la condition que l'évêque accusé choisi-
rait six de ses juges, les six autres devant être au

choix des métropolitains et des parties adverses. On évita par-là ce que les appels à Rome présentaient de plus contraire à l'ancienne discipline. Depuis il fut réglé par le concordat de 1515 et par la pragmatique de Bourges, que le pape nommerait lui-même les juges, en les prenant dans la province du délinquant, ou dans les provinces voisines, si l'on ne trouvait pas le nombre requis dans la première.

On s'écarta de cette règle dans l'affaire des quatre évêques de Languedoc, complices de la révolte de Gaston d'Orléans. Urbain VIII, à la réquisition de Louis XIII, en désigna quatre étrangers à leur province pour les juger. On suivit la même marche quelques années après à l'égard de René de Rieux, évêque de Saint-Pol-de-Léon, qui avait favorisé la retraite de Marie de Médicis hors du royaume. Mais à peine Louis XIII et son redoutable ministre furent-ils morts, que les assemblées du clergé de 1645 et 1650 déclarèrent nulle cette double procédure, par défaut de compétence des commissaires. La dernière fit signifier au nonce Bagni une protestation en forme contre le bref par lequel ils avaient été nommés ; elle écrivit au pape pour se plaindre de ce qu'avait fait son prédécesseur, et elle adressa une lettre circulaire à tous les évêques du royaume pour leur recommander de ne plus accepter de semblables commissions.

L'affaire des quatre évêques qui avaient autorisé la distinction du *fait* et du *droit* dans la si-

gnature du formulaire d'Alexandre VII, était encore toute récente. Ce pape, sur la demande de Louis XIV, ayant nommé une commission d'évêques pour faire leur procès, dix-neuf de leurs collègues, assurés de l'assentiment de vingt-quatre autres prélats, en écrivirent au pape Clément IX, successeur d'Alexandre, pour lui représenter que cette manière de procéder était contraire aux canons, et que les évêques de France ne pouvaient être jugés que suivant les formes canoniques observées de toute antiquité dans l'Église gallicane. La lettre qu'ils adressèrent à Louis XIV était encore plus positive. « Il n'y a rien, sire, de plus constamment
» établi par les canons des conciles et par les dé-
» crets des papes, disaient-ils, que l'ordre que l'on
» doit observer quand il s'agit de faire le pro-
» cès des évêques. Ils ne peuvent être jugés en pre-
» mière instance que par douze de leurs confrères
» pris dans leur province, et présidés par leurs mé-
» tropolitains. Ce nombre est tellement de rigueur,
» que lorsqu'il ne se trouve pas dans la province,
» on est obligé d'y suppléer par celui des provin-
» ces voisines. C'est ce privilége canonique dans le-
» quel Votre Majesté nous promet à son sacre,
» avec un serment solennel, de nous maintenir.
» Quand les papes y ont voulu donner attein-
» te, et se dispenser des règles ordinaires, vos
» prédécesseurs, sire, et votre parlement s'y sont
» opposés; c'est en cela qu'ils ont mis une des prin-
» cipales parties des priviléges de l'Église gallicane,

» comme le clergé l'a aussi solennellement déclaré
» dans l'assemblée de 1650. »

On voit, par cet exposé, qu'il n'eût pas été tout-à-fait hors de saison de renouveler et de fixer, par un décret, les anciens principes sur les appels et sur les jugemens canoniques des évêques. Mais on voulait éviter tout ce qui aurait pu multiplier les difficultés avec la cour de Rome. Les assemblées de 1645 et 1650 s'étaient d'ailleurs expliquées très-positivement sur cette question. Voilà ce qui la fit écarter. Celle de l'indéfectibilité de l'Eglise romaine excita une dispute bien plus vive entre les deux mêmes prélats. M. de Fénélon, qui la tenait de l'évêque de Meaux, nous en a conservé les principaux traits, dans son ouvrage posthume, *de Auctoritate romani pontificis*.

VI. Il s'agit, dans cette question, de savoir si le pape, prononçant en matière de doctrine du haut de la chaire pontificale, peut tomber dans l'erreur. L'affirmative de cette proposition tend à ruiner *l'indéfectibilité* du saint siége, et la négative semble conduire à l'infaillibilité du même siége. L'évêque de Tournai avait introduit le premier sentiment dans son projet des quatre articles, et il paraît, d'après ce qu'en dit l'abbé Ledieu, que l'évêque de Meaux avait proposé le dernier. C'est effectivement celui qu'il n'a cessé de reproduire dans son grand ouvrage sur la déclaration de 1682, et qu'il expose de la manière suivante dans la

dernière révision de cet ouvrage. « Les décrets
» contraires à la foi ne doivent jamais être im-
» putés à la chaire de Pierre, et ne portent aucun
» préjudice à l'invariabilité de l'Église et de la foi
» romaine. » Il part de la célèbre maxime de
saint Léon, *Qu'autres sont les siéges, autres ceux
qui y président;* d'où il conclut « que Jésus-Christ
» a cimenté l'Église romaine de façon que le siége,
» malgré la défection de quelques-uns de ceux
» qui l'occupent, subsiste invariablement ; et que,
» s'il échappe à un pape de faire des fautes, elles
» seront bientôt réparées par l'exactitude et la foi
» de son successeur... En effet, la foi romaine ne
» périt pas à la mort de chaque pape ; elle n'est
» pas interrompue dans les vacances du siége,
» qui durent quelquefois plusieurs années : la foi
» ne cessa pas dans l'Église romaine pendant l'in-
» famie du dixième siècle, quoique le saint siége
» fût si long-temps occupé, selon les expressions
» de Baronius, par des papes intrus, usurpateurs,
» bâtards, et qui par conséquent n'étaient point
» papes. La foi romaine et l'Église romaine que
» Jésus-Christ a établie pour être le lien et le cen-
» tre des autres Églises, n'étaient point incertaines
» pendant le schisme affreux du quinzième siècle,
» qui fit flotter l'Église entière entre plusieurs
» papes douteux. Le concile de Constance croyait
» si peu que la foi romaine eût cessé, qu'après
» avoir déposé tous les contendans à la papauté,
» il exigea des hérétiques la déclaration suivante :

» *Je conforme mes sentimens à ceux de la sainte
» Église romaine et du saint siége...* Voilà le siége
» subsistant tout entier, et auquel on ramène les
» hérétiques, quoique ceux qui l'occupaient eus-
» sent été déposés. Si donc quelquefois des hommes
» de mérite, et même des papes, ont témoigné
» des doutes au sujet des décrets faits ou à faire
» par les souverains pontifes, ils ne doutaient pas
» pour cela de l'indéfectibilité de la foi romaine[1]. »

Toute la force des argumens de M. Bossuet porte sur les paroles que Jésus-Christ adressa à saint Pierre : « *J'ai prié pour vous, afin que votre foi*
» *ne défaille pas.* Voilà, disait-il, cette foi de
» Pierre qui ne manquera jamais dans son siége
» auquel le Seigneur a promis qu'il sera toujours
» non-seulement une Église catholique, mais en-
» core la première de toutes les Églises; en sorte
» qu'il sera à jamais le fondement, le chef et le
» centre de la catholicité. » Cependant Bossuet avoue que cette preuve est susceptible d'être con- testée; que « nos anciens docteurs, conformément
» à l'interprétation commune, entendaient la pro-
» messe, non de la foi particulière de Pierre ou
» du pontife romain décidant une question de foi,
» mais de la foi de l'Église catholique, qu'on ap-
» pelait, disaient-ils, la foi de Pierre, parce que
» Pierre l'a prêchée le premier. » Il avoue bien que quelques théologiens rapportent la promesse

---

[1] *Gall. orthod.*, § LXXXV.

à l'Église particulière de Rome fondée par saint Piérre; mais il fait voir que les plus anciens théologiens ont embrassé les deux sens[1].

M. de Choiseul, considérant la question en elle-même, répondit qu'en s'attachant à l'interprétation que donnait son illustre antagoniste, « il fallait » nécessairement accorder l'infaillibilité la plus ab- » solue, sinon à l'homme assis dans le siége, du moins » au siége, et convenir par conséquent que tous les » décrets qui émanent de ce siége sont entièrement » irréformables, et appuyés sur une autorité infail- » lible. » L'évêque de Meaux, modifiant alors son système, se rejeta sur les conséquences du système opposé. Il convint que le siége peut tomber dans l'erreur, mais qu'il ne saurait y persister opiniâtrément contre la réclamation de toutes les Églises. « Répondez, s'écria-t-il d'une voix péremp- » toire, le siége apostolique peut-il devenir héré- » tique ou non, c'est-à-dire, peut-il ou non dé- » finir un dogme hérétique avec obstination, et » contre la réclamation de toutes les églises qui au- » raient un sentiment contraire au sien? Dire que le » siége apostolique peut devenir hérétique, et par sa » persévérance à soutenir l'erreur, schismatique, » c'est soutenir qu'il pourrait arriver que le chef de » l'Église soit séparé du corps, et que le corps, n'ayant » plus de chef, soit privé de la vie, par conséquent » que le centre de l'unité de la foi devienne le centre

---

[1] *Append. ad Defens.*, lib. I, cap. 7.

» de la foi corrompue et de l'hérésie. Si l'on dit,
» au contraire, que le siége ne peut pas manquer
» dans la foi, on convient, par-là même, que le siége
» est indéfectible. »

M. de Tournai, aussi peu effrayé de ces conséquences que peu satisfait de la modification que M. Bossuet mettait à son système, insista de nouveau sur la liaison nécessaire qu'il croyait apercevoir entre l'indéfectibilité et l'infaillibilité du saint siége: « Si la foi du siége est indéfectible, répon-
» dait-il, il faut reconnaître que le siége ne définit
» jamais rien contre la foi; car est-il rien qui soit
» plus une défection de la vraie foi, qu'une défini-
» tion hérétique contre la foi? Or les ultramon-
» tains, en soutenant l'infaillibilité, ne veulent
» rien de plus que cette conclusion, c'est-à-dire
» qu'ils veulent seulement que le siége apostolique
» ne puisse rien définir contre la foi catholique,
» et par conséquent, que le pape, parlant solen-
» nellement *ex cathedrá*, ne puisse jamais errer
» contre la foi. »

Cet argument obligea l'évêque de Meaux d'établir une distinction entre l'infaillibilité des jugemens dans l'enseignement de la foi qu'il refusait au saint siége, et l'indéfectibilité de ce même siége dans la profession de la foi, annoncée par la promesse de Jésus-Christ. Cette distinction parut à M. de Choiseul plus subtile que solide. « O chose
» vraiment incroyable! s'écria-t-il; comment pen-
» sez-vous qu'il puisse se faire qu'un homme qui

» ne manquerait jamais dans la foi, se trompe
» dans la déclaration de la vraie foi, laquelle, par
» hypothèse, ne manquera jamais? Quoi! ne
» manquerait-il pas dans la foi, s'il croyait que
» l'hérésie dût être reçue pour la vraie foi, et s'il
» le prononçait par une sentence définitive? Que
» s'il ne croyait jamais croire que l'hérésie dût
» être reçue pour la vraie foi, comment pour-
» rait-il errer sur la foi? Assurément, sous ce nom
» adouci d'indéfectibilité, vous nous enseignez cette
» même infaillibilité des ultramontains que vous
» niez, et vous vous faites très-dangereusement
» illusion à vous-même. Assignez donc précisé-
» ment et nettement en quoi peut différer votre
» indéfectibilité de l'infaillibilité ultramontaine. »

Cette différence, Bossuet la faisait consister en ce qu'il admettait dans le siége apostolique une erreur momentanée, et qu'il en excluait une erreur permanente. Il convenait que l'Église perpétuelle de Rome peut se tromper dans ses décisions, que quelques papes ont pu approuver des erreurs, en prononçant même *ex cathedrá*, de sorte qu'il a fallu s'abstenir pendant quelque temps de leur communion; mais il soutenait que l'erreur ne saurait jamais y jeter de profondes racines, de manière à ce qu'elle fût séparée de la vraie Église, comme cela est arrivé aux églises d'Alexandrie, d'Antioche, de Constantinople et autres; que quelles qu'aient été les fautes de certains papes, elles ont été promptement réparées par leurs successeurs immédiats, au point que l'Église romaine ne s'est jamais aperçue que les premiers eussent manqué à leur devoir, et qu'elle eût succombé sous le poids de l'erreur. Il faut, disait-il, considérer toute la succession des pontifes romains comme composant ensemble cette personne de Pierre, dont la foi ne manquera jamais entièrement. Ainsi la foi de Pierre est indéfectible en ce sens, que l'Église romaine conserve inviolablement dans son propre sein et dans la suite de ses pontifes la foi dont le saint apôtre l'a instruite. Il faut donc reconnaître que Pierre, chef de la foi, vivra éternellement dans le saint siége, et que, jusqu'à la fin des siècles, la foi de l'Église catholique et celle de l'Église romaine seront une même foi [1].

M. de Fénélon, peu satisfait de ce raisonnement, reprit cette controverse, dans son traité *de Autoritate summi pontificis*. Il y prétend que la promesse de Jésus-Christ faite à saint Pierre exclut absolument du saint siége l'enseignement de l'erreur, ne fût-ce que pour un seul jour. La foi, dit-il, ne doit jamais défaillir dans les successeurs de Pierre; il faut croire qu'ils ne décideront jamais rien qui ne soit conforme à la foi. D'où il conclut que l'indéfectibilité du saint siége se réduit, en dernière analyse, à son infaillibilité, et par conséquent que la première n'est pas simple-

---

[1] *Defens. Cler. gall.*, lib. VII, cap. 27; lib. X, cap. 4 et seq. — *Corollar.*, § VIII.

ment morale et momentanée, comme le suppose M. Bossuet, mais qu'elle est absolue, continuelle et perpétuelle, comme la dernière, ainsi que l'enseignent tous les ultramontains. La seule différence qu'on trouve entre la doctrine de l'archevêque de Cambrai et celle de l'évêque de Tournai, c'est que le premier prélat partait de l'indéfectibilité pour établir le système de l'infaillibilité du pontife romain prononçant du haut de la chaire de saint Pierre; et que le dernier combattait l'opinion de l'indéfectibilité par celle de l'infaillibilité, que Bossuet rejetait hautement.

M. le cardinal de Bausset a prétendu que l'évêque de Tournai avait fini par revenir sincèrement à l'opinion de l'évêque de Meaux, laquelle, dit-il, était devenue celle de toute l'assemblée. Il s'autorise pour cela de la lettre circulaire adressée aux évêques du royaume, qui fut rédigée par ce prélat [1]; mais le passage qu'il en cite ne regarde que l'unité qui doit exister entre tous les pasteurs réunis au successeur de saint Pierre, et nullement l'indéfectibilité de l'Église particulière de Rome. M. de Choiseul revint si peu à l'opinion de M. Bossuet, que, dans son rapport à l'assemblée, il soutint que la prière de Jésus-Christ ne regardait que la personne de Pierre; que si l'on veut qu'elle contienne un plus grand mystère, il faut dire que, comme saint Pierre représentait l'Église uni-

---

[1] Hist. de Bossuet, liv. V, § 15.

verselle, selon le sentiment unanime des pères, c'était uniquement l'indéfectibilité de la foi de l'Église universelle dont parlait Notre-Seigneur, et nullement de celle des successeurs du saint apôtre : « Car, dit-il, les exemples de Liberius, d'Hono-
» rius et d'autres papes, qui ont péché contre la
» croyance de l'Église, montrent assez que leur
» foi peut manquer, et qu'on ne saurait les ex-
» cuser d'être tombés dans l'hérésie. » Son silence sur le troisième sentiment, qui attribue l'effet de la prière de Jésus-Christ à l'Église particulière de Rome, prouve évidemment qu'il persistait dans son opinion sur l'indéfectibilité de cette Église [1].

Concluons de toute cette discussion, que l'indéfectibilité du saint siége est une de ces questions encore enveloppées de nuages, où les principes, les autorités et les faits invoqués de part et d'autre ne présentent pas cette uniformité de doctrine, qui seule peut constituer un dogme de la foi catholique; que c'est une de ces questions livrées à la dispute des écoles, dont on peut dire *adhuc sub judice lis est*. L'abbé Fleury semblait lui avoir d'abord imprimé un caractère dogmatique, en disant, dans son discours sur les libertés de l'Église gallicane : « Nous *croyons* que Dieu
» ne permettra jamais à l'erreur de prévaloir dans
» le saint siége. » Mais s'étant ensuite aperçu qu'il était allé trop loin, il substitua à l'expression *nous*

---

[1] Rapport, IIe. partie.

croyons, celle-ci, *nous espérons*, qui est beaucoup plus exacte, quoi qu'en dise son commentateur [1]. On peut supposer que le docte historien de l'Église fit cette correction, d'après l'endroit que nous avons rapporté de Bossuet, où ce prélat convient que nos anciens docteurs étaient partagés sur le sens de la prière de Jésus-Christ; peut-être aussi fut-il frappé de l'argument que les ultramontains tirent de l'indéfectibilité du saint siége, en faveur de son infaillibilité, d'autant que la première de ces opinions ne se prouve que par les mêmes textes de l'Écriture et de la tradition, et qu'elle ne se soutient que par les mêmes argumens que l'on emploie pour étayer la dernière. Ces argumens, tels qu'ils furent présentés par M. l'évêque de Tournai, parurent si forts ou si séduisans à l'évêque de Meaux, que ce dernier prélat laissa apercevoir quelque embarras dans ses réponses; ce que Fénélon indique assez, en disant, non pas qu'il répondit *péremptoirement*, mais qu'il tâcha (*conabatur*) de répondre à son illustre antagoniste. Quoi qu'il en soit, ce dernier eut raison de s'opposer à ce qu'on introduisît cette question litigieuse dans la déclaration, où elle n'aurait pu que nuire, à pure perte, au grand objet de la réunion qu'on se proposait d'opérer.

Le résultat de toute cette controverse fut que les deux savans prélats persistèrent chacun dans

---

[1] Disc. sur les Libertés de l'Église gallicane, § XI.

son opinion, sans que la bonne harmonie qui existait entre eux en éprouvât la moindre altération, et que l'évêque de Tournai se déchargea sur l'évêque de Meaux de la rédaction des propositions qui devaient être soumises aux délibérations de l'assemblée.

CHAPITRE III.

Bossuet prononce le discours d'ouverture, et présente les quatre articles, qui sont unanimement adoptés.

I. Dans la disposition où étaient alors les esprits, on avait à craindre de voir adopter des mesures propres à augmenter la division. C'est ce dont on peut juger par une lettre de l'évêque de Meaux à l'abbé de Rancé, où il lui écrivait. « Vous savez » ce que c'est que les assemblées du clergé, et quel » esprit y domine ordinairement. Je vois certaines » dispositions qui me font un peu espérer de celle- » ci ; mais je n'ose me fier à mes espérances et en » vérité, elles ne sont pas sans beaucoup de crainte[1]. » La grande difficulté était de ramener à des sentimens modérés ceux que les procédés de la cour de Rome avaient aigris, et d'écarter toutes les mesures capables d'exaspérer encore davantage cette cour qui se montrait si ombrageuse.

Il comprit donc que, dans le travail auquel il allait se livrer, il y avait deux écueils à éviter pour rallier tous les esprits à un centre commun, sans donner le moindre sujet de triomphe aux ennemis de l'Eglise. D'un côté, les ultramontains,

---

[1] Lettre du mois de septembre 1681.

en voulaient aux libertés de l'Église gallicane ; d'un autre côté, certains Français, sous prétexte de défendre ces libertés, paraissaient assez disposés à les soutenir par des voies capables de porter atteinte à la primauté divine du saint siége, ou du moins à des prérogatives inhérentes à cette primauté. Il convenait d'ailleurs de calmer les inquiétudes des protestans, qu'on se proposait de ramener à l'Église par une déclaration franche et sincère des principes qui constituent son véritable caractère. Il fallait pour cela rassurer les simples de la réforme contre les déclamations de leurs ministres, qui cherchaient à les détourner des projets de réunion par la crainte qu'on ne les obligeât à professer comme autant d'articles de foi les prétentions romaines sur le temporel des rois, l'infaillibilité des papes, et sa supériorité au-dessus des conciles généraux.

II. Ce furent ces considérations, sans doute, qui l'engagèrent à prendre pour sujet de son discours *l'unité* de l'Église. Le choix était heureux, en ce qu'il lui fournissait l'occasion de jeter dans les cœurs des sentimens de paix et de concorde, et de réunir tous les esprits au point central d'où le mouvement donné aux opinions par la vivacité des procédés qui avaient fait naître la querelle, tendait à les écarter. On sent combien la matière était délicate, combien elle demandait de prudence et de sagacité pour éviter toute confusion, et pour marcher entre deux écueils, sans aller se briser contre l'un ou l'autre, surtout en présence de l'ennemi du dehors, qui n'aurait pas manqué de profiter de la moindre aberration pour en tirer avantage. L'évêque de Meaux remplit cette tâche difficile avec autant de sagesse que de talent. Quel art, quelle discrétion dans le développement du mystère de cette unité qui forme le caractère distinctif et essentiel de l'Église catholique, comme elle en fait aussi toute la beauté et toute la force ! Ce qu'on y admire principalement c'est que, profondément affecté de cette fâcheuse dispute, il chercha tous les moyens d'en prévenir les conséquences, en rappelant toujours les parties au point central qu'elles ne devaient jamais perdre de vue dans la discussion de leurs différens, celui de maintenir dans une parfaite harmonie tous les degrés de la hiérarchie par les rapports d'une juste et canonique subordination du chef avec les membres, et par le concours des deux puissances vers la même fin.

Tout occupé d'établir les maximes de l'Église gallicane, et de mettre hors d'atteinte les augustes prérogatives du saint siége, il s'acquitta de cette mission délicate de manière à pouvoir se féliciter d'y avoir réussi à la satisfaction de tous les intérêts. « Indispensablement obligé, dit-il, à parler
» des libertés gallicanes, je me proposai deux
» choses, l'une de le faire sans aucune diminution
» de la vraie grandeur du saint siége, l'autre de

» les expliquer de la manière que les entendent les
» évêques.... Je puis dire, en général, que l'auto-
» rité du saint-siége parut très-grande à l'audi-
» toire. Je pris soin d'en relever la majesté autant
» que je pus ; et, en exposant avec tout le respect
» possible l'ancienne doctrine de la France, je m'é-
» tudiai autant à donner des bornes à ceux qui en
» abusaient, qu'à l'expliquer elle-même...: Je
» puis dire que tout le monde jugea que le ser-
» mon était respectueux pour les deux puissances,
» pacifique et de bonne intention. »

Trois choses pouvaient blesser les oreilles délicates des Romains, l'indépendance temporelle des
souverains, la juridiction épiscopale émanée immédiatement de Jésus-Christ, et la supériorité
des conciles au-dessus du pape. « Sur ces trois
» points, on ne *biaise* point en France, dit-il, et
» je me suis étudié à parler de sorte que, sans tra-
» hir la doctrine de l'Église gallicane, je pusse ne
» pas offenser la majesté romaine. C'est tout ce
» qu'on peut demander d'un évêque français,
» qui est obligé, par les conjonctures, à parler de
» ces matières. J'ai parlé net, mais j'ai parlé avec
» respect; Dieu m'est témoin que ç'a été à bon
» dessein.... Et je me condamnerais moi-même si
» je n'avais parlé d'une manière qui assurément,
» loin de scandaliser le peuple, l'a édifié. J'ai
» toujours eu dans l'esprit qu'en exposant l'au-
» torité du saint siége, de manière qu'on en ôte
» ce qui la fait plutôt craindre que révérer à

» certains esprits, cette sainte autorité, sans rien
» perdre, se montre aimable à tout le monde,
» même aux hérétiques et à tous ses ennemis. » Il
se glorifie, par exemple, d'avoir parlé de la supériorité du concile, comme il l'avait fait dix ans auparavant dans son *Exposition de la doctrine catholique*, qui avait été approuvée solennellement à Rome [1]. « J'aurais prêché ce que je dis dans
» mon sermon, ajoute-t-il, avec autant de confiance
» à Rome qu'à Paris, car je crois que la vérité se peut
» dire hautement partout, pourvu que la discré-
» tion tempère le discours, et que la charité l'a-
» nime [2]. »

M. Bossuet eut toute la satisfaction qu'il pouvait désirer des motifs qui l'avaient dirigé, et du talent avec lequel il avait exécuté son importante mission. L'assemblée du clergé lui rendit un juste hommage, par l'organe de M. de Choiseul, dans sa lettre circulaire à tous les évêques du royaume. « L'illustre
» orateur, y disait-elle, nous a tracé par avance et
» inspiré à tous cette idée de l'union qui doit être
» entre nous, et du zèle avec lequel nous devons
» concourir au maintien de l'unité de l'Église ;
» et il l'a fait avec tant d'éloquence, d'érudition
» et de piété, que tout le monde a dès lors auguré
» l'heureux succès de notre assemblée. On n'en fut
» pas moins satisfait à Rome. De grands cardi-

---

[1] Lettre au cardinal d'Estrées, 1er décembre 1681.
[2] Lettre à M. Dirois, 10 novembre 1681.

» naux, écrivait-il long-temps après, ont dit que
» le pape l'avait lu et approuvé [1]. »

Dans le dessein où il était de n'offenser aucun des partis qu'il s'agissait de réunir, pour l'intérêt de l'Église et de l'état, il ne voulut point s'en rapporter à son propre jugement. Deux jours avant de prononcer son discours, il l'avait communiqué aux deux présidens de l'assemblée, qui jugèrent qu'il n'y avait rien à changer. Après l'avoir prononcé, et avant de le livrer à l'impression, il le soumit encore à la révision des deux mêmes prélats, de l'évêque de Tournai et de trois des principaux députés du second ordre. « On alla, dit-il,
» jusqu'à la chicane, et il passa tout d'une voix. Le
» roi a voulu le voir. Sa Majesté l'a lu tout entier avec
» beaucoup d'attention, et m'a fait l'honneur de
» me dire qu'elle était très-contente, et qu'il le
» fallait imprimer. L'assemblée m'a ordonné de
» le faire, et j'ai obéi [2]. »

Malgré toutes ces précautions, on a reproché à l'orateur de s'être servi, dans ce discours, de quelques expressions, de quelques maximes favorables aux prétentions de la cour de Rome, et que les ultramontains invoquent souvent au soutien de ces prétentions. On y lit, par exemple, que l'Église romaine est la *mère* et la *maîtresse* de toutes les autres Églises; que le pape a la *plénitude*

[1] A madame de Luynes, 25 septembre 1693.
[2] Au cardinal d'Estrées, 1er. décembre 1681.

de la puissance ecclésiastique, la *conduite* de toutes les Églises du monde qui sont toutes sous sa main; que Jésus-Christ a *rangé* tous les évêques sous son autorité; qu'il est leur *pasteur*, comme ils le sont tous des brebis confiées à leurs soins. Il est certain que toutes ces expressions, toutes ces maximes, prises à la lettre, comme les prennent les ultramontains, tendent à dépouiller les évêques des droits attachés à leur institution divine, qui forme leur titre radical et essentiel, à les rendre de simples vicaires, de simples délégués du pape. Ces titres se trouvent à la vérité répandus dans le droit canon formé d'après les fausses décrétales, mais on les chercherait en vain dans les monumens de l'antiquité. Du moins on ne saurait les y montrer ainsi accumulés et groupés de manière à présenter un corps de doctrine sur lequel on ne *biaise* point en France, où l'on regarde tous les évêques comme les frères, les collègues, les coopérateurs du successeur de saint Pierre, sauf les droits de prééminence et de juridiction inhérens à sa primauté divine.

C'est avec ces restrictions qu'il faut juger des titres que le savant prélat donne au pape, et non en les prenant suivant l'exagération que leur attribuent les ultramontains; sa pensée n'est pas équivoque, puisqu'il enseigne dans son discours que la puissance du pape n'est point arbitraire, qu'elle doit être réglée dans son exercice par les saints canons et par les lois communes de l'Église;

que tous les évêques reçoivent la même juridiction, et de la même source; qu'il y rappelle avec éloge la pragmatique de saint Louis, les décrets de Pise et de Constance destinés à modérer l'usage de l'autorité pontificale; qu'il insiste spécialement sur les avis de saint Bernard, au pape Eugène III.

« Tout dépend de vous, lui disait ce saint doc-
» teur, mais c'est avec un certain ordre.... On
» ferait un monstre du corps humain, si l'on at-
» tachait immédiatement tous les membres à la
» tête. C'est par les évêques qu'on doit venir au
» saint siége ; ne troublez pas cette heureuse hié-
» rarchie; rien ne convient mieux à la puissance
» dont le pontife est revêtu que la règle. Que si l'É-
» glise romaine est la mère de toutes les Églises,
» elle n'en est pas la *maîtresse* impérieuse. Vous
» êtes, non pas le *seigneur* des évêques, mais l'un
» d'eux, paroles, dit l'orateur, que le saint n'a
» proférées que pour rappeler en la mémoire du
» successeur de saint Pierre, que Jésus-Christ,
» qui l'a élevé à une si grande puissance, n'a pas
» voulu néanmoins lui donner un caractère supé-
» rieur à celui de l'épiscopat, afin que, dans une
» si haute élévation, il prît soin de conserver dans
» tous les évêques la dignité, et un caractère qui
» lui est commun avec eux. »

On voit donc que si, dans les différens tableaux que trace Bossuet, il lui est arrivé d'employer quelques expressions, d'avancer quelques maximes dont on pourrait abuser pour exagérer outre mesure la puissance du pontife romain, elles trouvent leur modification dans la manière dont il établit les droits sacrés des évêques, et leur justification dans les circonstances du temps. C'était pour ménager les oreilles délicates des Romains que, lorsqu'il expose l'ancienne doctrine de notre Église sur les diverses questions qui touchent à leurs prétentions, il cherche les tournures les plus moelleuses, les plus propres à ménager leur extrême sensibilité, à calmer leurs ressentimens, au point qu'il semble quelquefois donner à la vérité le ton, la modestie, la timidité même d'un suppliant. S'agit-il, au contraire, des prérogatives du saint siége, il les énonce en termes pompeux, quelquefois même voisins de l'exagération, et dont on pourrait abuser pour attaquer nos précieuses maximes, s'il n'avait pas eu l'attention de mettre toujours à côté du principe, la restriction qui doit en régler l'application.

Si l'on veut examiner en particulier chacun des titres donnés à l'Église de Rome, on verra que, pour justifier celui de *mère de toutes les Églises*, on est obligé de recourir à une fausse décrétale, rapportée par Gratien sous le nom du pape Callixte Ier., qui occupait la chaire de saint Pierre au commencement du troisième siècle. Du reste ce titre ne présente qu'une filiation, un rapport de reconnaissance et de subordination de la part des diverses Églises auxquelles elle avait envoyé leurs premiers fondateurs, qui en avaient conservé l'usage de la consulter dans les grandes difficultés. Voilà pourquoi elles l'appelaient leur mère. Mais ce titre n'était pas particulier à l'Église de Rome; toutes les Églises apostoliques le possédaient, pour avoir été fondées immédiatement par des apôtres, ce qui leur donnait l'avantage de tenir de plus près à l'origine du christianisme, et aux sources de la tradition que ces Églises-mères avaient transmise aux Églises voisines qui avaient reçu la prédication de l'Évangile par les missionnaires venus de ces Églises. C'est pour cela que Tertullien les appelle *Ecclesiæ matrices et originales*. On les regardait comme les principales dépositaires de la doctrine et de la discipline. Tel est le titre sur lequel était fondée la qualification d'Église-mère.

Celle de Rome jouissait à cet égard d'une grande prééminence; elle devait son établissement à saint Pierre, chef du collége apostolique; c'est de son sein qu'étaient partis tant de missionnaires pour aller prêcher la foi dans la plupart des contrées de l'Occident, où ils avaient fondé des églises particulières. Mais ce titre ne lui appartenait pas exclusivement : celles de Jérusalem, d'Alexandrie, d'Antioche, d'Éphèse, de Corinthe, et quelques autres, toutes fondées immédiatement par des apôtres, pouvaient y prétendre également. On voit par là que l'argument qu'on veut tirer d'une pareille filiation pour établir la suprématie immédiate du pape sur toutes les Églises du monde, n'est d'aucune valeur.

C'est ce que Bossuet démontre, sans réplique.
Voyez comme il se joue de ceux qui prétendent
que Pierre seul et ses successeurs ont répandu l'é-
piscopat dans tout le monde; qu'il a seul, de son
autorité, partagé l'Église en différens diocèses, as-
signé des troupeaux à chaque pasteur; que ce
que les autres apôtres firent et ordonnèrent ne
devint valide que par le consentement exprès ou
tacite de saint Pierre. Voyez comme il se moque
de Bellarmin, qui argumente des bulles d'institution pour établir le même système; comme il
fait voir que c'est là une discipline moderne; que
l'Église a souvent admis les Grecs et les autres
Orientaux, en leur laissant leurs anciennes coutumes, sans les astreindre à demander des bulles. En
supposant, ajoute-t-il, que toutes les Églises métropolitaines eussent reçu du pape leur autorité,
que les trois grands patriarches d'Orient qui confirmaient les évêques de leurs districts, devaient
être confirmés eux-mêmes par le pape, ce qui n'a
aucun fondement solide dans l'histoire, il n'en
serait pas moins vrai que saint Paul, ayant établi
Tite métropolitain de l'île de Crète, en lui or-
donnant de consacrer des évêques dans différentes
Églises de cette île, ne mit point pour condition
que l'autorité de Pierre interviendrait dans cette
affaire. On ne peut pas dire non plus que le même
saint Pierre ait fondé les Églises matrices d'É-
phèse, de Césarée, d'Héraclée, et tant d'autres
Églises d'Orient, qui non-seulement avaient dans

leur dépendance un grand nombre d'évêques, mais encore plusieurs métropolitains, lesquels dépendaient de ces grands siéges pour l'ordination. L'Église de Carthage jouissait pareillement du droit absolu d'ordonner les évêques d'Afrique. Le même droit existait dans les Gaules et en Espagne. Or il est certain que toutes ces ordinations, faites sans l'intervention des papes, n'en étaient ni moins valides, ni moins légitimes [1]. Concluons de tout cela que, lorsque Bossuet a donné le titre de mère de toutes les Églises, à celle de Rome, il y a attaché un sens très-différent de celui des ultramontains.

Le titre de *maîtresse* des mêmes Églises est encore moins convenable, parce qu'il présente une idée de domination que Jésus-Christ interdit expressément à ses disciples, et qu'on n'en trouve pas la moindre trace dans les monumens de l'antiquité, si ce n'est à l'égard des Églises suburbicaires, dont les évêques étaient obligés de consulter l'Église où ils avaient reçu leur consécration, comme le disait saint Léon à ceux de la Sicile [2]. Jamais les pontifes romains n'ont prétendu soumettre sur ce point les Églises d'Orient, ni même celle de Milan, métropole du vicariat d'Italie. Ce ne fut que par la succession des temps, et à la suite de divers événemens, que les Églises de ce vicariat tombèrent sous leur juridiction immédiate.

[1] *Defens.*, lib. VIII, cap. 15.
[2] *Epist.* XVI.

C'est encore dans le décret de Gratien qu'on découvre pour la première fois le principe de la *plénitude de puissance* attribuée au pape. En France, on entend par-là que le pape a une primauté de juridiction dans l'Église universelle; que ses décrets touchant la foi regardent toute l'Église en général et chaque Église en particulier. A Rome on en conclut que l'autorité du pape est au-dessus de tout, même des conciles œcuméniques; qu'on ne peut examiner ses constitutions; que les évêques ne possèdent pas l'épiscopat dans toute sa plénitude, comme une dignité propre et de la même nature que celle du pape. C'est sur cette maxime que Fagnan enseigne que le pape seul a reçu immédiatement de Jésus-Christ sa juridiction, et que les évêques ne reçoivent la leur que du pape. De là sont venues ces autres expressions, qu'il est l'évêque universel, l'évêque des évêques, l'ordinaire des ordinaires, de sorte qu'il a le droit d'exercer partout les fonctions pastorales, comme ayant toute l'Église pour son diocèse.

A parler proprement c'est dans l'Église universelle et dans le concile général qui la représente, que réside la plénitude de puissance : car, au spirituel comme au temporel, la pleine puissance et une puissance subordonnée présentent des idées absolument contradictoires. C'est donc abuser des termes que d'en employer de semblables pour caractériser une puissance dont les jugemens peuvent être réformés. En vertu de sa primauté, le pape a le pouvoir d'étendre sa surveillance dans toutes les parties de l'Eglise, d'y faire observer les saints canons et exécuter les jugemens de tout le corps. Mais comme ses propres jugemens peuvent être déférés au concile général, il semble que ce n'est pas s'exprimer avec une entière exactitude, que de lui attribuer la *pleine puissance, la plénitude de puissance*, sans la restriction que les canons y mettent.

Bossuet a bien senti cette contradiction : voilà pourquoi il cherche à expliquer la plénitude de la puissance pontificale, de manière à prévenir les conséquences que les ultramontains tirent de ces expressions. Ainsi, après l'avoir relevée en termes magnifiques, il ajoute dans son discours que « le même Dieu qui a donné à Pierre cette puis-
» sance, l'a donnée aussi de sa propre bouche à
» tous les apôtres. C'est donc manisfestement,
» dit-il, le dessein de Jésus-Christ de mettre d'a-
» bord dans un seul ce que dans la suite il vou-
» lait mettre dans plusieurs. Or la puissance
» donnée à plusieurs porte sa restriction dans
» son partage, au lieu que la puissance donnée
» à un seul, sans exception, emporte la *plénitude*,
» et, n'ayant à se partager avec aucun autre,
» n'a de base que dans celle que donne la règle.
» Qu'elle soit donc réglée dans son exercice par
» les saints canons, c'est-à-dire, par les lois com-
» munes de toute l'Église; de peur que, s'élevant
» au-dessus de toutes, elle ne détruise elle-même

» ses propres décrets. » Ainsi cette plénitude de puissance qui constitue la primauté du pape consiste, comme il le dit dans la défense du quatrième article, en ce qu'elle s'étend sur toutes et chacune des Églises, au lieu que celle des évêques se borne, hors le cas de nécessité, à leurs diocèses respectifs ; en ce que tout lui est soumis rois et peuples, pasteurs et troupeaux, afin de tout réunir dans le sein de l'unité. Celle des évêques, au contraire, renfermée dans un territoire déterminé, ne regarde que les troupeaux soumis à leur juridiction; mais cette juridiction n'en est ni moins divine dans sa source, ni moins entière dans son territoire propre.

On voit donc que l'illustre orateur attachait aux expressions dont il s'agit un sens bien différent de celui que s'efforcent de leur donner quelques esprits exagérés. « Telle est, dit-il dans la
» défense du second article, la plénitude de cette
» puissance spirituelle donnée au siége apostolique
» et aux successeurs de Pierre, qu'elle laisse dans
» toute leur force inviolablement subsister les dé-
» crets des quatrième et cinquième sessions du
» saint concile œcuménique de Constance relatifs
» à l'autorité du concile général. Or ces décrets
» portent textuellement que le concile général re-
» présente l'Église catholique, qu'il tient immé-
» diatement sa puissance de Jésus-Christ, et que
» tous, de quelque état et condition qu'ils soient,
» que les papes eux-mêmes, sont tenus de lui obéir,

» d'observer ses décrets dans tout ce qui concerne
» la foi, l'extirpation du schisme, la réforme de
» l'Église, dans son chef et dans ses membres. »
En dernière analyse, la plénitude de puissance attribuée au pape consiste à le rendre le gardien, le vengeur, le dispensateur des saints canons, lorsque le besoin de l'Eglise l'exige; non pas à être le maître de la loi, le souverain législateur, le chef arbitraire de l'Église, conformément au troisième article de la déclaration du clergé. Bossuet ne fait ici que développer la pensée de Gerson. Ce célèbre chancelier de l'université, en reconnaissant la plénitude de puissance du pontife romain, subordonne l'exercice de cette pleine puissance aux besoins de l'Église, conformément aux décrets du concile de Constance, qui ne lui attribuent le droit de juger les questions de la foi que conjointement avec le concile général[1]. Dès lors c'est dans l'Église même, dans le corps des pasteurs que réside la plénitude de puissance[2].

Il était naturel qu'après avoir réduit les évêques au rang des brebis, le pape fût appelé le pasteur des pasteurs. Mais reconnaît-on dans cette expression le langage de l'antiquité? Par tout, comme nous l'avons déjà dit, ils y sont représentés comme ses frères, ses collègues, ses coopérateurs. Quelle fonction pastorale, en effet, le pape exerce-t-il à l'é-

---

[1] Tom. II, page 239.
[2] Tom. III, page 35.

gard de l'archevêque de Paris? Si ce prélat péchait grièvement contre la foi ; s'il s'écartait notoirement de ses devoirs, tels qu'ils lui sont tracés par les saints canons, le pape pourrait, en vertu de sa primauté et de sa surveillance générale, lui représenter sa faute, l'engager à la réparer ; faire assembler le concile de la province qui procéderait à sa correction, à sa déposition même, s'il y avait lieu. C'est la règle du concile de Sardique. Mais il ne pourrait prononcer contre lui aucune peine canonique, parce qu'il n'a pas une juridiction immédiate dans le diocèse de Paris. Qu'on juge si l'évêque de ce diocèse, ou de tout autre, est dans la même position vis-à-vis de ses diocésains, qui sont véritablement à sa charge pastorale, qui sont ses brebis, et dont il est le propre pasteur. Le savant prélat était si éloigné d'attribuer aux expressions dont il s'agit le sens que leur donnent les partisans outrés de l'autorité pontificale, que, comme on l'a dit ailleurs, il n'employa jamais, à la tête de ses mandemens, la formule moderne, d'évêque par *grâce* ou par *l'autorité* du saint-siége., qui suppose que c'est de là immédiatement et non de Jésus-Christ que découle la juridiction des pasteurs. Il se bornait à s'intituler par la *miséricorde* divine, seul titre convenable à la dignité épiscopale.

On doit conclure, de toutes ces réflexions, que les divers titres et les divers attributs que l'illustre orateur donne dans son discours à l'Eglise romaine et aux successeurs de saint Pierre, pris à la lettre, ne peuvent leur convenir que très-improprement. Heureusement que, forcé par les circonstances à les employer, il nous a fourni dans le même discours et dans sa défense du clergé, les moyens non équivoques de nous mettre en garde contre l'abus qu'on en peut faire. Les détails dans lesquels nous sommes entrés peuvent paraître longs, mais ils étaient nécessaires pour donner une idée juste de ce discours, destiné à préparer aux quatre articles de sa déclaration, et à en faire connaître le véritable esprit.

En posant les vrais principes sur les différentes questions qui devaient faire la matière de la déclaration, il eut l'art de comprendre en abrégé, dans quatre propositions d'une précision et d'une clarté admirables, tout ce qui se trouve longuement traité dans une foule de livres sur des matières alors très-délicates et aujourd'hui si mal présentées. Il en pesa tous les mots, afin d'écarter ceux qui auraient pu paraître, ou tant soit peu durs, ou ne pas exprimer assez exactement la pure doctrine de l'Église gallicane, dégagée de tous les systèmes de l'école; il s'abstint de tout ce qui aurait pu faire naître l'idée d'une censure, même modérée, des théologiens ultramontains; il évita de les exposer sous une forme propre à insinuer qu'on voulût les ériger en autant de dogmes, sans pourtant les reléguer dans la classe des simples opinions. C'est ce à quoi n'ont pas fait assez d'attention ceux qui les ont jugés d'après un esprit de parti très-répréhensible. Comme la déclaration doit être la pièce essentielle et fondamentale de cet ouvrage, nous allons la donner ici dans toute son étendue et dans toute son intégrité.

Déclaration du clergé de France sur la puissance ecclésiastique.

Du 19 mars 1682.

Plusieurs personnes s'efforcent de ruiner les décrets de l'Église gallicane et ses libertés, que nos ancêtres ont soutenues avec tant de zèle, et de renverser leurs fondemens, qui sont appuyés sur les saints canons et sur la tradition des Pères; d'autres, sous prétexte de les défendre, ont la hardiesse de donner atteinte à la primauté de saint Pierre et des pontifes romains ses successeurs, instituée par Jésus-Christ; d'empêcher qu'on ne leur rende l'obéissance que tout le monde leur doit, et de diminuer la majesté du saint siége apostolique, qui est respectable à toutes les nations où l'on enseigne la vraie foi de l'Église, et qui conservent son unité. Les hérétiques, de leur côté, mettent tout en œuvre pour faire paraître cette puissance, qui maintient la paix de l'Église, insupportable aux rois et aux peuples; et ils se servent de cet artifice, afin de séparer les âmes simples de la communion de l'Église. Voulant donc remédier à ces inconvéniens, nous, archevêques et évêques assemblés à Paris, par ordre du roi, avec les autres ecclésiastiques députés, qui représentons l'Église gallicane, avons jugé convenable, après une mûre délibération, de faire les règlemens et la déclaration qui suivent :

I.

Que saint Pierre et ses successeurs, vicaires de Jésus-Christ, et que toute l'Église même, n'ont reçu de puissance de Dieu que sur les choses spirituelles et qui concernent le salut, et non point sur les choses temporelles et civiles; Jésus-Christ nous apprenant lui-même *que son royaume n'est point de ce monde*, et en un autre endroit, *qu'il faut rendre à César ce qui est à César, et à Dieu ce qui est à Dieu*; et qu'ainsi ce précepte de l'apôtre saint Paul ne peut en rien être altéré ou ébranlé : *Que toute personne soit soumise aux puissances supérieures ; car il n'y a point de puissance qui ne vienne de Dieu, et c'est lui qui ordonne celles qui sont sur la terre. Celui donc qui s'oppose aux puissances résiste à l'ordre de Dieu.* Nous déclarons en conséquence, que les rois et les souverains ne sont soumis à aucune puissance ecclésiastique par l'ordre de Dieu dans les choses temporelles; qu'ils ne peuvent être déposés directement ni indirectement, par l'autorité des clefs de l'Église ; que leurs sujets ne peuvent être dispensés de la soumission et de l'obéissance qu'ils leur doivent, ou absous du serment de fidélité ; et que cette doctrine, nécessaire pour la tranquillité publique, et non moins avantageuse à l'Église qu'à l'état, doit être invariablement suivie, comme conforme à la parole de Dieu, à la tradition des saints pères, et aux exemples des saints.

II.

Que la plénitude de puissance que le saint siége apostolique et les successeurs de saint Pierre, vicaires de Jésus-Christ, ont sur les choses spirituelles, est telle que néanmoins les décrets du saint concile œcuménique de Constance, contenus dans les sessions IV et V, approuvés par le saint siége apostolique, confirmés par la pratique de toute l'Église et des pontifes romains, et observés religieusement dans tous les temps par l'Eglise gallicane, demeurent dans leur force et vertu ; et que l'Église de France n'approuve pas l'opinion de ceux qui donnent atteinte à ces décrets, ou qui les affaiblissent en disant que leur autorité n'est pas bien établie, qu'ils ne sont point approuvés, ou qu'ils ne regardent que le temps du schisme.

III.

Qu'ainsi il faut régler l'usage de la puissance apostolique, en suivant les canons faits par l'esprit de Dieu, et consacrés par le respect général de tout le monde; que les règles, les mœurs et les constitutions reçues dans le royaume et dans l'Église gallicane, doivent avoir leur force et vertu; et les usages de nos pères doivent demeurer inébranlables; qu'il est même de la grandeur du saint siége apostolique, que les lois et coutumes établies du consentement de ce siége respectable et des églises aient l'autorité qu'elles doivent avoir.

IV.

Que quoique le pape ait la principale part dans les questions de foi, et que ses décrets regardent toutes les églises, et chaque église en particulier, son jugement n'est pourtant pas irréformable, à moins que le consentement de l'Église n'intervienne.

Ce sont les maximes que nous avons reçues de nos pères, et que nous avons arrêté d'envoyer à toutes les églises gallicanes, et aux évêques que le Saint-Esprit y a établis pour les gouverner, afin que nous disions tous la même chose, que nous soyons tous dans les mêmes sentimens, et que nous tenions tous la même doctrine.

(Suivent les signatures.)

Cette déclaration fut adoptée avec une parfaite unanimité par tous les membres de l'assemblée, et adressée à tous les autres évêques du royaume, qui se firent un devoir d'y adhérer avec la même unanimité; le roi l'érigea en loi de l'état par son édit du mois de mars, rendu à la sollicitation de l'assemblée même; et enregistré dans toutes les cours.

Voici la lettre de l'assemblée; l'édit trouvera mieux sa place ailleurs.

Lettre de l'assemblée du clergé de France à tous les prélats de l'Église gallicane.

Vous n'ignorez pas que la paix de l'Église gallicane vient d'être un peu ébranlée, puisque c'est pour éloigner ce danger que votre amour pour l'union nous a députés.

Nous le disons avec confiance, nos très-chers collègues, en empruntant les paroles de saint Cyprien : *Jésus-Christ, pour montrer l'unité, a établi une seule et unique chaire, et a placé la source de l'unité de manière qu'elle descende d'un seul. Celui donc qui abandonne la chaire de Pierre, sur laquelle l'Église a été fondée, n'est plus dans l'Église, et celui qui ne conserve plus l'unité, n'a plus de foi.* C'est pour cette raison que, dès que nous avons été *assemblés au nom de Jésus-Christ*, nous n'avons rien eu de plus à cœur que de faire en sorte que *nous n'eussions tous qu'un même esprit*, comme nous ne sommes tous, selon l'apôtre, *qu'un même corps*; et que non-seulement *il n'y eût point de schisme parmi nous*, mais qu'il ne s'y trouvât pas même la plus légère apparence de dissension avec le chef de toute l'Église. Nous appréhendions d'autant plus ce malheur que, par un effet de la bonté et de la *providence divine*, nous avons aujourd'hui un pontife qui mérite, par toutes ses grandes qualités et par les vertus pastorales dont il est rempli, que nous le révérions, non-seulement comme la *pierre de l'Église*, mais encore comme *l'exemple et le modèle des fidèles dans toutes sortes de bonnes œuvres*.

L'illustre orateur qui a ouvert notre assemblée, pendant le sacrifice que nous offrions en commun par les mains de l'illustrissime archevêque de Paris, notre digne président, pour implorer la grâce et le secours de l'Esprit saint, nous a tracé par avance l'idée de cette union et du zèle avec lequel nous devons tous concourir au maintien de l'unité de l'Église, et il l'a fait avec tant d'éloquence, d'érudition et de piété, que tout le monde a dès lors auguré l'heureux succès de notre assemblée.

Nous ne doutons nullement que vous n'ayez été satisfaits, soit de ce que nous avons obtenu de la piété de notre roi très-chrétien, soit de ce que nous avons fait de notre côté, tant pour conserver la paix que pour mériter les bonnes grâces d'un si grand prince, et lui marquer en même temps notre reconnaissance, soit enfin de la lettre que nous avons eu l'honneur d'écrire à notre saint père le pape. Nous avons cependant jugé qu'il était très-important de nous expliquer encore davantage, afin qu'il n'arrivât jamais rien qui pût tant soit peu troubler le repos de l'Église et la tranquillité de l'ordre épiscopal.

En effet, chacun de nous ayant frémi d'horreur à la moindre ombre de discorde, nous avons cru que nous ne pouvions rien faire de plus propre au maintien de l'unité ecclésiastique que d'établir des règles certaines, ou plutôt de rappeler à l'esprit des fidèles le souvenir des anciennes, à l'abri desquelles toute l'Église gallicane, dont *le Saint-Esprit nous a confié le gouvernement*, fût tellement en sûreté, que jamais personne, soit par une basse adulation, ou par un désir déréglé d'une fausse liberté, *ne pût passer les bornes que nos pères ont posées*, et qu'ainsi la vérité, mise dans son jour, nous mît elle-même à couvert de tout danger de division.

Et comme nous sommes obligés non-seulement de maintenir la paix parmi les catholiques, mais encore de travailler à la réunion de ceux *qui se sont séparés de l'épouse de Jésus-Christ pour s'unir à l'adultère, et qui ont renoncé aux promesses de l'Église*, cette raison nous a encore engagés à déclarer quel est le sentiment des catholiques que nous croyons conforme à la vérité; après quoi nous espérons que *personne ne pourra plus en imposer à la société des fidèles par ses calomnies, ni corrompre par une perfide prévarication les vérités de la foi*. Nous espérons aussi que ceux qui, sous prétexte des erreurs qu'ils nous imputaient, se sont déchaînés jusqu'à présent contre l'Église romaine comme contre une Babylone réprouvée, parce qu'ils ne connaissaient pas, ou feignaient de ne pas connaître nos véritables sentimens, cesseront, maintenant que la fausseté est démasquée, de nous calomnier, et ne persévéreront pas plus long-temps dans leur schisme, que saint Augustin détestait comme un crime plus horrible que l'idolâtrie même.

Nous faisons donc profession de croire que, quoique *Jésus-Christ ait établi les douze disciples qu'il choisit et qu'il nomma apôtres*, pour gouverner *solidairement* son Église, et qu'il les ait tous *également revêtus de la même dignité et de la même puissance*, selon les expressions de saint Cyprien, il a cependant donné la primauté à saint Pierre, comme l'Évangile nous l'apprend, et comme toute la tradition ecclésiastique l'enseigne. C'est pourquoi nous reconnaissons, avec saint Bernard, que le pontife romain, successeur de saint Pierre, *possède, non pas à la vérité seul*, et à l'exclusion de tout autre, *mais dans le plus haut degré, la puissance apostolique établie de Dieu*; et, pour conserver en même temps l'honneur du sacerdoce auquel Jésus-Christ nous a élevés, nous soutenons, avec les saints pères et les docteurs de l'Église, que les clefs ont été d'abord données à un seul, afin qu'elles fussent conservées à l'unité; et nous croyons que tous les fidèles sont assujettis aux décrets des souverains pontifes, soit qu'ils regardent la foi ou la réformation générale de la discipline et des mœurs, de telle sorte néanmoins que l'usage de cette souveraine puissance spirituelle doit être modéré et réglé par les canons révérés dans tout l'univers ; et que, si par la diversité de sentimens des églises, *il s'élevait quelque difficulté considérable, il serait nécessaire alors, comme le dit saint Léon, d'appeler de toutes les parties du monde un plus grand nombre d'évêques, et d'assembler un concile général qui dissipât ou apaisât tous les sujets de dissension, afin qu'il n'y eût plus rien de douteux dans la foi, ni rien d'altéré dans la charité.*

Au reste, la république chrétienne n'étant pas seulement gouvernée par le sacerdoce, mais encore par l'empire que possèdent les rois et les puissances supérieures, il a fallu qu'après avoir obvié aux schismes qui pourraient diviser l'Église, nous prévinssions aussi les mouvemens des peuples qui pourraient troubler l'empire, surtout dans ce royaume, où, sous prétexte de la religion, il s'est commis tant d'attentats contre l'autorité royale ; c'est pour cela que nous avons déterminé que la puissance des rois n'est point soumise, quant au temporel, à la puissance ecclésiastique, de peur que si la puissance spirituelle paraissait entreprendre quelque chose au préjudice de la puissance temporelle, la tranquillité publique n'en fût altérée.

Enfin, nous conjurons votre charité et votre

piété, nos très-vénérables confrères, comme les pères du premier concile de Constantinople conjuraient autrefois les évêques du concile romain, en leur envoyant les actes de ce concile, de *confirmer par vos suffrages* tout ce que nous avons déterminé pour assurer à jamais la paix de l'Église de France, et de donner vos soins afin que la doctrine que nous avons jugée d'un commun consentement devoir être publiée, soit reçue dans vos églises, et dans les universités et écoles qui sont sous votre juridiction, ou établies dans vos diocèses, et qu'il ne s'y enseigne jamais rien de contraire. Il arrivera, par cette conduite, que, de même que le concile de Constantinople est devenu universel et œcuménique, par l'acquiescement des pères du concile de Rome, notre assemblée deviendra aussi, par notre unanimité, un concile national de tout le royaume, et que les articles de doctrine que nous envoyons seront des canons de toute l'Église gallicane, respectables aux fidèles et dignes de l'immortalité.

Nous souhaitons que vous jouissiez en Jésus-Christ d'une santé parfaite, et nous prions Dieu de vous y conserver pour le bien de son Église.

CHAPITRE IV.

Du caractère des quatre articles contenus dans la Déclaration du clergé.

I. « Celui, dit M. de Monclar, qui est ultramon-
» tain dans le cœur et Français au bout des lèvres
» a bien des moyens pour trahir la cause qu'il
» défend en apparence. Toujours d'intelligence
» avec nos adversaires, dont il paraît se détacher,
» il met toute son adresse à leur fournir des armes,
» et à affaiblir celles dont nous nous servons. Il
» présente la question comme problématique, et
» comme débattue parmi les églises, et il la dé-
» cide contre nous implicitement, en favorisant
» l'opinion de la cour de Rome. Ces faibles dehors
» imposent à une grande partie du public. On se
» débarrasse des plus clairvoyans en criant à la
» calomnie, et en les accusant de nouveauté, de
» témérité et d'hérésie. » (*Réquisitoire du* 30 *mai*
1767.) Cette réflexion doit se présenter souvent à
l'esprit du lecteur dans le cours de cet ouvrage,
et spécialement de ce chapitre.

On a porté divers jugemens de la déclaration
qui en fait le sujet. Le P. d'Avrigny regarde cet
acte célèbre comme un des plus *rudes* coups que
la cour romaine eût reçus depuis bien des siècles.

M. l'abbé Emery y voyait, au contraire, un *monument précieux* pour le saint siége, dont il était intéressé à réclamer l'autorité. Selon M. le cardinal de Bausset, tout y respire une *gravité antique* qui annonce, dans les propositions dont il est composé, des canons faits par l'esprit de Dieu. Mais, avant d'en développer le caractère, nous croyons devoir présenter quelques considérations sur les vues de l'assemblée en publiant cette déclaration. Elle y fut d'abord déterminée par le désir de fixer l'idée qu'on doit avoir de la nature des maximes de l'Église gallicane sur l'étendue et l'usage de la puissance spirituelle. C'était là son premier et principal but. Elle eut ensuite en vue d'aplanir les voies à la réunion des différentes communions chrétiennes qui partageaient alors la France. C'est par cette dernière considération que nous allons commencer.

II. Rien n'est plus capable d'inspirer un grand intérêt pour cet acte célèbre, que de le rattacher au principe fondamental de l'unité religieuse, par l'influence qu'il peut avoir sur la réunion des sociétés dissidentes, dont la plupart des membres ne persistent dans leur schisme que par la fausse idée qu'on leur a donnée de la doctrine de l'Église catholique, dans les questions qui sont l'objet de nos quatre articles. Or, l'on ne saurait douter que la doctrine de l'Église gallicane, à cet égard, ne tende, par sa nature, à dissiper les préventions auxquelles celle des ultramontains fournit tant de prétexte, et qu'elle n'ouvre une route plus propre à ramener tous les chrétiens dans le sein de leur commune mère. Ce fut là un des principaux motifs qui animèrent les auteurs de la déclaration de 1682. Pourquoi des motifs aussi purs n'exciteraient-ils pas encore aujourd'hui leurs successeurs à conserver ce précieux dépôt dans toute son intégrité ?

Si, parmi les causes qui, du côté des protestans, s'opposèrent le plus à la réunion, dans les différentes tentatives faites en divers temps pour l'opérer, on doit compter leurs injustes préventions contre les divines prérogatives du saint siége, il faut convenir aussi que, du côté des catholiques, il y en eut qui ne furent pas exempts d'exagération dans l'extension qu'ils leur donnèrent. Plusieurs, imbus des opinions ultramontaines, ne surent pas assez distinguer la doctrine à laquelle on devait uniquement s'attacher, de ces opinions modernes sur lesquelles on est partagé dans l'Église. Ils eurent tort, par exemple, de mettre en avant l'infaillibilité du pape comme un principe irréfragable de décision dans les questions importantes qui étaient débattues de part et d'autre avec tant de chaleur. Ils auraient dû se borner à soutenir l'infaillibilité de l'Église, la primauté du saint siége, ses prérogatives essentielles, et mettre à l'écart les opinions qui ne sont pas nécessaires, puisqu'elles ne sont pas de foi catholique ;

qu'elles sont contestées dans l'Église, que plusieurs sont d'une date moderne, et qu'elles fournissent matière aux déclamations de nos ennemis pour rendre odieuse l'autorité réelle du souverain pontife.

Quoiqu'on eût mis en France des limites aux prétentions exagérées des Romains, il s'y était cependant passé des événemens qui avaient empêché de tirer de nos maximes tous les avantages qu'on devait en espérer. On a vu les plaintes de l'évêque de Meaux à ce sujet. L'affaire de Richer, par exemple, avait produit un effet très-fâcheux sur l'esprit de Jacques Ier., roi d'Angleterre. Tous les documens de l'histoire attestent que, dans les premières années de son règne, il était assez favorablement disposé pour ses sujets catholiques, et qu'il ne fut détourné de ces dispositions que par l'ascendant qu'avaient pris à cette époque les doctrines ultramontaines. Baillet rapporte qu'après avoir lu le traité de Richer, *de Potestate ecclesiasticâ et politicâ*, il dit qu'il souscrirait volontiers à la doctrine qu'il contient, la jugeant très-propre à réunir les esprits, à dissiper le schisme et à rendre la paix à l'Église; mais que, lorsqu'il eut appris la censure qu'en avait faite le cardinal Duperron, il cessa toute correspondance avec lui, convaincu qu'en cela il avait agi contre sa conscience, que toute cette affaire était une intrigue de cour pour établir de plus en plus la puissance de Rome[1]. Cette censure réveilla dans l'esprit des Anglais en

[1] Vie de Richer, an. 1612.

général, et dans celui de leur roi en particulier, les funestes impressions que leur avait données la bulle *Regnans in excelsis*, par laquelle le pape Pie V avait délié les sujets de la reine Élisabeth de leur serment de fidélité, et qui s'étaient accrues par la conjuration des poudres, dans laquelle les catholiques s'étaient trouvés impliqués.

Après que Louis XIV eut formé le projet de réunir les protestans, il s'occupa sérieusement de l'idée de faire déterminer les droits respectifs des deux puissances, dont la confusion causait de grands troubles chez ses voisins, et donnait lieu à beaucoup d'altercations dans son royaume, où les émissaires de la cour de Rome s'efforçaient de propager leurs maximes par toute sorte de voies. Il trouva les dispositions les plus favorables dans le corps épiscopal, déjà très-fatigué des intrigues de ces émissaires contre les droits de la hiérarchie, et dans la magistrature, qui a toujours présenté une barrière insurmontable à l'envahissement des doctrines étrangères. Sans doute, comme il arrive souvent en de pareilles conjonctures, que des motifs moins généreux se mêlèrent à tout ce qui se passa dans cette affaire ; il n'en est pas moins vrai que tout concourut alors à la publication de l'acte solennel destiné à circonscrire dans ses justes limites la juridiction essentielle du pontife romain, et à dissiper les préventions de ceux qu'on se proposait de ramener au giron de l'Église. Voilà ce que produisit la déclaration de 1682.

La faculté de théologie de Paris, conformément aux vues du monarque, avait préludé à cette déclaration du corps épiscopal par les six articles de 1663, qui contiennent en substance la même doctrine. Ils avaient été précédés de la censure du livre de Santarel, auquel elle reprochait de mettre obstacle à la conversion des infidèles et des hérétiques, en représentant le pape comme l'arbitre souverain de leurs droits temporels. M. de Choiseul, évêque de Tournai, fit valoir la même considération dans son rapport, et proposa à l'assemblée de désabuser le ennemis de l'Église du prétendu dogme de l'infaillibilité du pape, qui les tenait éloignés de celle de Rome. Il y disait que la déclaration, en rétablissant les vrais principes sur cette matière, concourrait avec le zèle du roi pour leur conversion, et qu'elle les porterait à rentrer dans le sein de leur ancienne mère; qu'elle ferait désister du titre de chef de l'Église les princes qui l'avaient pris, quand ils verraient que l'obéissance au chef légitime doit être réglée par les canons, conformément aux maximes de l'Évangile, dont l'esprit est si éloigné de toute domination de la part des successeurs des apôtres; que les protestans, éclairés par ces maximes, auraient moins de peine à sortir des schismes, en voyant que l'autorité de l'Église romaine ne dépasse pas les bornes que nos pères lui ont prescrites.

La lettre circulaire de l'assemblée à tous les évêques du royaume, disait également que les

maximes de la déclaration avaient pour objet de ramener à l'Église ceux qui s'en étaient séparés, en leur faisant sentir l'injustice de leurs invectives contre l'Église, et de les faire renoncer au schisme. Afin qu'on ne se méprît pas sur le but de la déclaration, elle fut suivie d'un *avertissement* tendre et pathétique adressé aux religionnaires, pour les exhorter à la réunion. Le procureur général de Harlay, en la présentant à la faculté de théologie, disait encore que, « la juste mesure qu'elle donne
» à la puissance de l'Église lui en assurait l'usage
» dans les états catholiques, et qu'en rendant
» cette puissance moins suspecte aux princes hé-
» rétiques, elle pourrait diminuer l'éloignement
» qu'ils ont eu jusqu'à cette heure de rentrer
» dans le sein de leur mère. »

Nous ne nous étendrons pas davantage sur cette importante considération, qui doit être sentie par tous les vrais enfans de l'Église. Nous nous bornerons à former des vœux sincères pour que ceux qui sont appelés à étendre son empire spirituel se pénètrent bien du devoir qui leur est imposé par leur vocation, de dégager notre doctrine traditionnelle des nuages par lesquels on s'efforce de l'obscurcir, et de justifier les illustres auteurs de la déclaration de 1682, des motifs profanes que des esprits trop prévenus leur attribuent, dans la vue de décréditer leur immortel ouvrage.

III. Nos libertés, dit le savant évêque de Meaux,

ne sont pas de simples *priviléges* accordés par les papes; elles sont fondées sur le droit commun. « Notre liberté consiste à observer les droits nou-
» veaux établis par des motifs de piété et de né-
» cessité, de telle manière que nous ne perdions
» pas de vue les anciens, qui sont toujours ceux
» auxquels nous devons recourir pour arrêter le
» torrent qui nous porte vers le relâchement de
» la discipline. Conservons donc le mieux que
» nous pourrons le droit commun et les précieux
» restes de l'ancienne discipline, et soyons bien
» convaincus que le respectueux attachement pour
» l'Église catholique et pour le saint siége, con-
» siste essentiellement à rejeter les droits arbi-
» traires et le gouvernement extraordinaire et de
» caprice inconnu aux saints canons; que plus on
» a de zèle pour l'ancienne discipline, plus aussi
» on a sincèrement à cœur la majesté de l'Église
» catholique et du saint siége [1]. »

Quant aux quatres articles qui contiennent en abrégé toute la substance de nos libertés, ils sont presque tous composés, dit M. le cardinal de Bausset, des propres paroles répandues dans les écrits des pères, dans les canons des conciles, et dans les lettres même des souverains pontifes. Tout y respire une gravité antique qui annonce en quelque sorte la majesté des canons faits par l'esprit de Dieu, et consacrés par le respect général

---

[1] *Defens.*, lib. XI, cap. 14 et 15.

de l'univers [1]. Aussi, quoique la déclaration tire un grand poids de l'adoption qu'en fit tout l'épiscopat français, sa principale force consiste-t-elle dans sa conformité avec la parole de Dieu, avec le langage de toute la tradition, et avec la pratique de l'Église. C'est par toutes ces considérations que Fleury dit que nous devons conserver précieusement nos maximes comme la *prunelle de l'œil* [2]. Les nouveaux théologiens ne voient dans les quatre articles que des *opinions* théologiques ou scholastiques, des opinions douteuses, indifférentes, sur lesquelles on est absolument libre de soutenir le pour et le contre, de sorte qu'il n'y a qu'une guerre de mots entre les gallicans et les ultramontains; en donnent-ils une meilleure idée que ceux qui réduisent nos libertés ecclésiastiques à de simples *priviléges* concédés par le pape, et par conséquent révocables à leur volonté? C'est ce qu'il est très-important de discuter avec soin, et sans aucun préjugé de parti.

IV. M. l'évêque d'Hermopolis soutient que les ultramontains sont si éloignés d'en avoir une autre idée, qu'ils sont disposés à se soumettre au jugement de l'Église, si jamais elle se prononce sur ce point. Mais Bellarmin, leur oracle, ne déclare-t-il pas en propres termes, que la doctrine dont ils

---

[1] Histoire de Bossuet, liv. VI, § 14.
[2] Discours sur les libertés de l'Église gallicane.

font profession est une vérité certaine parmi les catholiques; de sorte qu'on ne saurait la mettre dans la classe des opinions, *non opinio, sed certitudo apud catholicos*. Les théologiens les plus célèbres de la même école n'en parlent pas différemment; ensuite, se sont-ils soumis à la décision solennelle du concile de Constance? Peut-on espérer d'eux une plus grande docilité, aujourd'hui que leur doctrine a acquis un nouveau degré d'autorité par la bulle *Auctorem fidei*, reconnue par eux comme ayant porté sur cette question un jugement irréfragable? D'ailleurs, s'il est vrai, ainsi que l'assure M. l'archevêque de Chartres, que la doctrine des quatre articles soit condamnée par les trois quarts de l'Église [1], on doit la regarder comme une hérésie formelle sur laquelle il n'y a pas moyen de revenir : car, selon leurs principes, la majorité des évêques réunis au pape suffit pour ériger une doctrine en article de foi. Dès lors ces théologiens, s'ils étaient conséquens, devraient nous traiter comme des hérétiques, ce qu'ils n'osent faire.

Une autre inconséquence de leur part, qu'on trouve dans des écrits devenus classiques, est de représenter nos libertés comme des *coutumes*, des *opinions* qui n'ont d'autre garantie que les quatre articles de 1682; et de nous dire ensuite, à peu de pages d'intervalle, que ces mêmes articles ont

---

[1] Le Concordat justifié, pag. 54, note 1.

affranchi les droits de l'épiscopat des abus du pouvoir que la cour de Rome avait fait prévaloir à la faveur de l'ignorance du moyen âge et du schisme d'Avignon, qu'ils rappellent la *juridiction* des ordinaires au *droit ancien*, à la discipline des *beaux siècles de l'Église*. Quel galimatias [1] ! Mais sans nous arrêter à signaler d'autres absurdités de tout genre, nous croyons plus utile pour l'instruction des lecteurs, de leur exposer les vrais principes de la matière, dégagés des vaines subtilités de l'école moderne.

L'erreur des théologiens sur plusieurs points de doctrine consiste à n'admettre aucun milieu entre une opinion et un dogme. « Il n'est pas en » mon pouvoir, dit M. l'évêque d'Hermopolis, » d'ériger les quatre articles en autant de dog- » mes [2]. » Mais qui est-ce qui l'exige de lui? Faut-il pour cela les réduire à n'être que des opinions théologiques, des opinions d'école, qu'il est indifférent d'admettre ou de rejeter ? Personne n'ignore que le dépôt sacré renferme deux sortes de vérités. Les unes ne sont pas seulement révélées, elles sont encore proposées à la foi des fidèles par l'enseignement de l'Église universelle. On ne peut les combattre opiniâtrément sans se rendre coupable d'hérésie, parce qu'elles forment autant d'articles de foi auxquels tout catholique

---

[1] Nouveaux éclairciss. sur le Concordat, pag. 9 et 12.
[2] Les vrais Principes de l'Église gallic., 3e. édit., p. 112.

est obligé de se soumettre. Les autres ont bien leur fondement dans la révélation; mais l'Église ne les ayant pas proposées distinctement à la foi des fidèles, souffrant même qu'elles soient contredites dans son sein, elles ne sauraient réclamer en leur faveur ni le caractère, ni les effets des premières. Cependant, quoique obscurcies par les nuages qu'excitent les disputes auxquelles elles sont livrées, elles n'en conservent pas moins la dignité de leur origine, et elles ne cessent pas d'appartenir au dépôt de la foi. « Les dogmes que l'Église » définit, dit Sylvius, étant de foi avant qu'elle les » eût définis, ceux qui enseignaient le contraire » erraient dans la foi, sans être hérétiques, parce que » leur erreur tombait sur des points de foi qui n'é- » taient pas généralement reconnus pour tels, soit » que l'Église ne les eût pas encore proposés comme » des dogmes de la foi catholique, soit que la foi » des définitions qu'elle en avait faites, se fût ef- » facée dans l'esprit d'un grand nombre de per- » sonnes [1]. »

On voit donc qu'il y a une grande différence entre un article formel de foi, et un point de doctrine qui appartient à la foi. Tout ce qui a été formellement décidé de foi par l'Église depuis les apôtres, était de foi avant qu'il fût décidé l'être, et n'a pourtant été formel article de foi qu'après la définition de l'Église, car il ne se fait point de

[1] *In secundam, secundæ quæst.* I, art. 7.

nouvelles révélations. Tout ce que l'Église décidera être de foi, d'ici à la fin des siècles, a été révélé par Jésus-Christ à ses apôtres. Ces vérités n'ont pas été dans tous les temps aussi distinctement connues, elles ont souffert des obscurcissemens et occasioné de grands combats dans l'Église; c'est ce qui tient la décision comme en suspens; mais elles n'en appartiennent pas moins au dépôt de la foi, sans quoi l'Église ne pourrait jamais les décider.

Il ne faut donc pas s'imaginer que, lorsque les théologiens catholiques sont partagés sur certains points de doctrine, ces points, avant la décision de l'Église, ne sont que de simples opinions. L'Église tolère, mais elle n'approuve pas qu'on les soutienne ou qu'on les abandonne indifféremment. Elle cesserait d'être indéfectible dans son enseignement; car elle transmet, en vertu de la promesse de Jésus-Christ, toutes les vérités dont le dépôt lui a été confié, et elle ne cesse de les enseigner comme des vérités révélées par un nombre plus ou moins grand de ses ministres, qui réclament en son nom contre les nouveautés. Environnée d'une quantité de paille, dont les fausses doctrines ne sont pas les moins affligeantes, elle se voit contrainte de tolérer bien des maux dont elle gémit. Jamais néanmoins, dit saint Augustin, elle ne donne la moindre approbation à ce qui s'écarte de la vérité; jamais elle ne prend part à l'erreur, jamais elle ne dissimule l'opposition qu'elle y met, *nec approbat, nec tacet, nec facit* [1].

Telle est l'idée qu'on doit avoir des vérités énoncées dans la déclaration du clergé de France. Fondées sur la parole de Dieu, clairement établies dans la tradition, elles font partie du dépôt de la foi; mais comme elles n'ont pas encore recouvré tout leur éclat, et que les erreurs opposées ont acquis beaucoup de partisans dans l'Église, elles ne sont point des dogmes de foi catholique, quoiqu'elles appartiennent à la révélation. N'est-ce pas les dégrader, que de les reléguer dans la classe des simples opinions? Cette distinction, si simple et si naturelle, si l'on voulait s'en bien pénétrer, préviendrait beaucoup de disputes en théologie, et épargnerait beaucoup de scandales dans l'Église; elle contribuerait surtout à donner la juste idée qu'on doit avoir des maximes dont il est question. Mais, dit-on, c'est l'assemblée elle-même, c'est Bossuet, qui ont caractérisé la doctrine des quatre articles par le terme d'*opinion*. Il ne nous sera pas difficile de montrer l'illusion de cette difficulté.

V. L'assemblée avait chargé ses commissaires d'examiner, par l'autorité de l'Écriture et de la tradition, quelle est la doctrine révélée de Dieu, et confiée à l'Église, sur la matière des quatre articles. C'est uniquement dans ces deux sources que l'é-

[1] *Epist. ad Januar.*, cap. XIX, § 35.

vêque de Tournai puisa les preuves de son rapport. Il y montra que les quatre articles contiennent autant de vérités consacrées par l'Ancien et le Nouveau-Testament, enseignées distinctement par les apôtres, confirmées par le témoignage des pères, des papes, des conciles, par tous les monumens de l'histoire, comme formant la croyance perpétuelle de l'Eglise, qui en a fait le sujet d'une décision solennelle dans le concile général de Constance. Sont-ce là les caractères d'une simple opinion ?

Le préambule de la déclaration porte que l'objet du clergé, en la faisant, est de s'opposer aux entreprises de ceux qui s'efforceraient de détruire les décrets de l'Église gallicane, d'en renverser les fondemens, et d'ôter tout prétexte aux calomnies des hérétiques; que, dans cette vue, elle a fait un mûr examen des quatre articles; qu'elle les a trouvés conformes à la parole de Dieu, consacrés par le respect général de tout le monde, par les constitutions reçues dans le royaume et dans l'Eglise gallicane. Elle rappelle en conséquence, et déclare subsistans dans toute leur force, les décrets de la quatrième et de la cinquième session du concile œcuménique de Constance.

Dans sa lettre circulaire à tous les évêques du royaume, elle les exhorte à faire recevoir la doctrine des quatre articles, chacun dans leurs Églises, dans les universités, et dans les écoles confiées à leurs soins, en leur recommandant d'empêcher qu'on n'y enseigne jamais rien de contraire, afin que lesdits articles soient pour tous les fidèles des canons vénérables de l'Église de France, et qu'ils subsistent à perpétuité. Enfin elle prie le roi d'ordonner à tous les professeurs de théologie de souscrire la déclaration, et d'exhorter tous les évêques à employer leur autorité pour en faire enseigner la doctrine dans l'étendue de leurs diocèses.

Conçoit-on qu'une assemblée qui renfermait dans son sein un si grand nombre de prélats et d'ecclésiastiques du second ordre renommés pour leur zèle, leur piété et leur science, eût mis tant d'importance à faire prévaloir de pures opinions, de simples prétentions? Aurait-elle pu s'exprimer de la sorte, si elle n'avait été persuadée que c'était la doctrine de l'Église même fondée sur la révélation, et par conséquent appartenant à la foi? A quoi pensait tout le clergé de France, de s'assembler avec tant de solennité, de multiplier ses délibérations, de faire tant de déclarations qui fixaient l'attention de la cour de Rome et de toutes les autres églises, si ce magnifique appareil devait aboutir à l'adoption de quelques opinions qui n'eurent jamais de place dans le sacré dépôt de la foi, et qui par-là même sont indifférentes à la religion?

Quel était le but de Bossuet, dans sa Défense des quatre articles, d'appeler en témoignage toute la tradition, de réunir tant de textes de l'Écriture-Sainte et des Pères, si tous ses travaux ne devaient aboutir qu'à l'établissement de quelques opinions humaines? Est-ce donc que ce grand homme ignorait que l'Église est appelée par l'Apôtre la colonne, non des opinions, mais de la vérité; qu'elle ne prend d'intérêt qu'au dépôt sacré dont elle est la gardienne et la dépositaire; que tout ce qui est étranger à ce dépôt, ne peut mériter son attention, ni sa sollicitude? Son but était donc de prouver que les quatre articles ne contiennent que la doctrine enseignée par Jésus-Christ; qu'ils sont l'expression de la doctrine ancienne et constante, non-seulement de l'école de Paris, mais encore de toute l'Église gallicane, *imò ecclesiæ totiùs gallicanæ*, puisée dans les sources les plus respectables [1].

Il est vrai que Bossuet a appliqué aux quatre articles le mot *opinion*; mais ce fut dans une occasion dont il suffit de rappeler les circonstances, pour montrer qu'il y attachait un sens bien différent de celui qu'on lui donne dans la nouvelle école. Les cardinaux Sfondrate, d'Aguirre, Roccaberti, archevêque de Valence, et autres, faisaient retentir l'Europe de leurs clameurs contre la déclaration, en accusant les prélats français de la proposer comme un *décret de foi*, une *formule de doctrine catholique*, à laquelle ils prétendaient assujettir tous les fidèles. Il rapporte à ce sujet, que M. de Brias, archevêque de Cambrai, qui avait été

---

[1] *Defens. Cler. gall.*, lib. VI, cap. 27.

élevé hors du royaume, et dans des principes différens de ceux de l'Église gallicane, avait d'abord témoigné quelque répugnance à y souscrire, parce qu'il s'était imaginé qu'on voulait effectivement en faire une règle de foi à laquelle tous les fidèles seraient obligés d'adhérer; mais qu'ayant été convaincu, par le rapport de l'évêque de Tournai, qu'il ne s'agissait que d'une doctrine dans laquelle l'Église gallicane s'est toujours maintenue, tous ses scrupules se dissipèrent, et il ne fit point difficulté de joindre sa souscription à celles de ses collègues. C'est là-dessus que M. Bossuet dit, « que
» l'assemblée ne s'était point proposée de faire une
» décision, ni formule de foi, mais seulement
» d'adopter la doctrine des quatre articles, comme
» l'*opinion* la plus importante, la mieux prouvée
» et la meilleure de toutes [1]. » Quelques réflexions suffiront pour lever l'équivoque du mot sur lequel roule la difficulté.

Le mot *opinion*, dans sa signification propre et naturelle, s'applique à un sentiment qui n'est appuyé sur aucun fondement certain, mais uniquement sur des raisons plus ou moins plausibles; or cela ne pourrait convenir à la doctrine des quatre articles, que le savant évêque a prouvé prendre sa source dans l'Écriture-Sainte, et qui nous est parvenue par le canal de la tradition. Le même terme se prend souvent dans un sens plus étendu

---

[1] *Defens. Cler. gall.*, cap. 12. — *Gall. orthod.*, § 6.

pour exprimer les points de doctrine sur lesquels les docteurs ne sont pas d'accord, soit que ces points n'aient pas encore été décidés par un jugement irréformable de l'Eglise universelle, soit que la décision, supposé qu'il y en ait eu une, se trouve obscurcie, ignorée ou contestée.

On voit un exemple de la première espèce dans le concile général de Vienne, lequel se détermina, sur l'autorité de l'Écriture et de la tradition, à embrasser le sentiment des théologiens qui enseignaient que le baptême n'efface pas simplement le péché originel dans les enfans, mais qu'il répand encore en eux les vertus et la grâce sanctifiante. Les pères de Vienne emploient, à la vérité, le mot *opinion*, pour exprimer ce sentiment; mais comme ils ne l'adoptent que parce qu'ils le jugent le plus conforme à l'enseignement des saints docteurs interprètes de l'Écriture-Sainte, on doit en conclure qu'ils le mettaient au rang de ces doctrines qui, sans être des articles de foi catholique, n'en appartiennent pas moins à la révélation. Aussi le concile de Trente en a-t-il fait la matière d'un de ses décrets dogmatiques; ce qu'il n'aurait pu faire, si ce sentiment n'eût appartenu de tout temps au dépôt de la foi.

La définition du concile de Constance, dont nous avons parlé, offre un exemple de la seconde espèce par le sort qu'elle a eue. Bossuet dit que nos anciens docteurs n'hésitaient pas, en vertu de cette définition, à traiter d'hérétique la doctrine

de la supériorité du pape au-dessus du concile. Il fait voir que cela dérive évidemment de la forme du décret ainsi conçu. « Le saint concile, faisant
» un concile général légitimement assemblé dans
» le Saint-Esprit, *règle, définit, déclare*, etc.; ce qui
» suffit, dit-il, pour prouver que ceux qui résis-
» tent à ce décret résistent au Saint-Esprit, par
» l'autorité duquel il a été porté, et n'éviteront pas
» les peines canoniques qu'il décerne. Il est d'ail-
» leurs de telle nature, que tous les actes de ce
» grand concile en dépendent; de sorte qu'en dé-
» truire l'autorité, c'est renverser du même coup
» tout ce que le concile de Constance a fait pour
» l'extirpation du schisme et pour la réformation
» des abus. » Il conclut de là que tous ceux qui contredisent la doctrine de ce décret, et par conséquent celle du second article de la déclaration du clergé, s'égarent sur un point de foi formellement défini par un concile œcuménique, et qu'ils ne peuvent trouver d'excuse que dans leur bonne foi. Mais, ajoute-t-il, depuis le concile de Constance, les ultramontains étant parvenus à répandre des nuages sur le sens de son décret, et même à contester sous divers prétextes l'œcuménicité de ce concile, il est arrivé qu'une décision si solennelle n'a pas été révérée universellement comme elle l'avait été dans les temps les plus voisins de sa publication ; de sorte qu'on peut aujourd'hui n'en pas avoir la même idée, en contester le sens propre et naturel par une suite des préjugés dans lesquels on a été

élevé, sans encourir le crime d'hérésie et de révolte contre le jugement de l'Église; mais on ne doit pas en conclure que la matière de ce décret ne doive être considérée que comme une opinion humaine, étrangère à l'enseignement de l'Église et au dépôt sacré de la révélation.

Ainsi, ni la prévention des hommes qui rejettent les vérités certaines en elles-mêmes, ni la faiblesse de ceux qui n'y tiennent que d'une manière chancelante, ne peuvent rien changer à la nature des choses : ces défauts humains ne feront jamais que des vérités contenues dans le dépôt sacré n'appartiennent pas à la révélation; qu'elles cessent de faire partie de l'enseignement perpétuel et indéfectible de l'Église; en un mot, qu'elles ne doivent plus être considérées que comme des opinions humaines. Il faut donc en revenir à reconnaître qu'il existe des vérités qui, sans être de foi catholique, appartiennent réellement au dépôt de la foi, et auxquelles il ne manque, pour devenir irréfragables, que d'être proposées distinctement comme telles, par le jugement solennel de l'Église. C'est donc se jouer des mots que de n'y voir que de simples opinions.

En appliquant ces réflexions aux quatre articles, il est évident que la doctrine qu'ils contiennent ne saurait être reléguée dans la classe des opinions d'école, puisqu'on la suppose fondée sur la parole de Dieu, expliquée par la tradition. Ainsi quand M. de Brias dit qu'il adhérait d'autant plus volontiers au sentiment de l'assemblée, qu'elle ne prétendait pas en faire une décision de foi, mais seulement en adopter l'opinion, il ne voulait dire autre chose, sinon qu'encore qu'il fût convaincu par la force de la vérité établie dans le rapport des commissaires, que la doctrine des quatre articles soit clairement appuyée par l'Écriture et la tradition, il ne prétendait pas cependant recevoir la déclaration comme une décision de foi catholique, ni taxer d'hérésie la doctrine opposée. S'ensuit-il que Bossuet, pour s'être servi du mot *opinion*, en rapportant cette anecdote, n'ait regardé les quatre propositions que comme des opinions indifférentes, et qu'il ne les ait plus soutenues comme faisant partie du dépôt de la foi? Non, assurément. C'eût été renoncer à sa doctrine la plus constante, telle qu'il l'a soutenue dans tout ce qui est sorti de sa plume sur cette question. C'est ce que nous allons encore confirmer par l'examen de chacune de ces propositions.

VI. C'est un principe établi à chaque page de sa Défense de la déclaration, que les quatre articles ont la même origine; qu'ils sont fondés sur les mêmes autorités; qu'ils ont été transmis par le même canal; qu'ils ne forment, dans leur ensemble, qu'un seul et même corps de doctrine, positivement défini par le concile général de Constance, et dont on ne peut détacher un seul sans ruiner le corps entier de sa doctrine. Il dit du pré-

mier, « Que si les évêques de France n'eussent pas
» aimé ardemment la paix, rien ne pouvait les
» empêcher de flétrir l'opinion contraire à leur
» doctrine, qui est proscrite par l'Écriture-Sainte
» et par la tradition, et dont une longue suite de
» malheurs ont été les fruits amers; que rien donc
» ne pouvait les empêcher de les condamner avec
» les mêmes qualifications employées par la fa-
» culté de Paris contre la doctrine de Santarel;
» mais qu'ils avaient cru qu'une déclaration épisco-
» pale, étant par elle-même d'un plus grand poids,
» devait être aussi caractérisée par une plus grande
» modération; que, contens d'en dire assez pour
» faire tomber cette opinion dangereuse, nou-
» velle, et propre à rendre l'Église odieuse, ils s'é-
» taient abstenus non-seulement de tout terme
» outrageant, mais encore de prononcer une juste
» censure [1]. »

Autant l'idée que Bossuet donne ici de la doctrine réprouvée par le premier article de la déclaration est propre à nous faire sentir combien il était important que l'assemblée se prononçât fortement contre cette doctrine, autant la manière dont en parle M. l'évêque d'Hermopolis est capable d'insinuer que cet article était sans objet, ou du moins hors de saison, ce qui, contre son intention, tend à diminuer l'intérêt qu'on doit y prendre : il avoue bien que la doctrine dont il

---

[1] *Defens.*, lib. IV, cap. 17.

s'agit est répréhensible, et qu'on doit la repousser avec force; mais il prétend qu'à Rome on est bien éloigné de ne pas respecter la mémoire des papes qui l'ont suivie ; que, lorsqu'ils exerçaient à cet égard la plus excessive puissance, ils ne l'ont pas érigée en dogme de foi; qu'on aime à rappeler les grands et vertueux personnages qui l'ont défendue [1].

Il y a du vrai et du faux dans toutes ces allégations. D'abord, on ne peut pas disconvenir que la bulle de Paul IV., où cette doctrine est positivement établie, ne réunisse tous les caractères d'un jugement prononcé *ex cathedrâ*, et par conséquent irréfragable, selon les principes des ultramontains. Elle fut rendue, du consentement unanime des cardinaux, au nombre de trente-un, après la plus mûre délibération, et avec la clause d'irrévocabilité perpétuelle. Il est dit dans le préambule que le pontife romain a la plénitude de puissance sur les royaumes et sur les nations; qu'il juge tout le monde, et n'a lui-même aucun juge sur la terre : elle définit, *definimus*, que tous ceux qui seront tombés dans l'hérésie ou le schisme, seront par-là même privés de leurs biens et de leurs états, sans pouvoir y être jamais rétablis; que cela regarde les rois, les empereurs, les ducs, les magistrats et autres; qu'on ne pourra leur donner le moindre secours sans encourir l'excommunication, *ipso facto*, etc. N'est-ce pas lui imprimer

---

[1] Les vrais Principes, pag. 72 et suiv.

un caractère dogmatique, et l'ériger en article de foi? Il n'est pas question de contester ici les vertus personnelles des papes qui ont suivi cette doctrine. Mais n'est-il pas certain que dans les légendes et dans la liturgie pour la fête de saint Grégoire VII, et dans celles de saint Pie V, les entreprises du premier contre l'empereur Henri IV, et celles du dernier contre la reine Élisabeth, sont célébrées comme ayant servi de titre à leur canonisation?

Nous savons bien que le pape Pie VII, dans les conférences de Savone, en 1811, déclara qu'il n'aurait pas de répugnance à admettre le premier article de la déclaration, et qu'il pourrait aisément tomber d'accord avec nous sur la doctrine de cet article [1]. Mais cette concession, arrachée au triste état dans lequel se trouvait alors le vénérable pontife, n'excluait pas le regret de voir que son siége en fût privé, comme cela paraît par ce qu'il en dit dans ses instructions secrètes, données en 1805 au nonce résidant à Vienne. « A l'égard des princi-
» pautés et des fiefs, y est-il dit, c'est une règle
» du droit canon, que les sujets d'un prince héré-
» tique demeurent affranchis de tout devoir envers
» lui, dispensés de toute fidélité, de tout hom-
» mage. Pour peu qu'on soit versé dans l'histoire,
» on ne peut ignorer les sentences de déposition
» prononcées par les pontifes et par les conciles

---

[1] Mémoires hist. sur les affaires ecclés. de France, t. I, pag. 414.

» contre les princes obstinés dans l'hérésie. A la
» vérité, nous sommes tombés en des temps si
» calamiteux et d'une si grande humiliation pour
» l'épouse de Jésus-Christ, qu'il ne lui est ni pos-
» sible de pratiquer, ni expédient de rappeler de si
» saintes maximes, et qu'elle est forcée d'inter-
» rompre le cours de ses justes rigueurs contre les
» ennemis de la foi. Mais si elle ne peut exercer
» son *droit* de déposer de leurs principautés et
» de déclarer déchus de leurs biens, les partisans
» de l'hérésie, pourrait-elle [1], etc. »

Ainsi ce n'est pas la volonté qui manque aux papes d'exercer leur prétendu droit de déposer les princes, c'est les moyens de le faire. Ce n'est point à la doctrine qu'ils renoncent absolument dans les temps difficiles, ce ne sont que des concessions provisoires dues aux circonstances. Il ne s'agit

[1] Per quel che riguarda i principati, feudi, è pure regola del diritto canonico, chè subditi di un principe manifestamente eretico rimangono assoluti da qualunque omaggio, fedeltà ed ossequio verso del medesimo; e niuno che sia alcun versato nella storia puo' ignorare le sentenze di deposizione pronunciate dai pontifici et dai concili contro de' principi ostinati nell' eresìa. Se non chè siamo ora pur troppo giunti in tempi così calamitosi e di tanta umiliazione per la sposa di Giesu-Cristo, che siccome a lei non è possibile usare, così neppure è spediente ricordare queste sue *santissime massime di giusto rigore* contra i nemici e i rebelli della fede. Ma se non può esercitare il suo *diritto* di deporre da loro principati, di dichiarare decaduti, ecc *Essai sur la puissance temporelle des papes*, tome II, pag. 303.

point ici d'une doctrine surannée ; elle existe encore aujourd'hui dans toute son ancienne vigueur, du moins en principe. Ce ne sont point d'obscurs théologiens qui la glissent dans leurs traités, ce sont des pontifes recommandables à tant d'autres titres qui la professent, en témoignant le regret de ne pouvoir plus en faire usage.

Enfin, dans le moment où nous écrivons, les nouvelles de Rome nous apprennent tout le chagrin qu'on y a ressenti des poursuites dirigées en France contre M. de Lamennais, le grand apôtre de la suprématie temporelle du pontife romain, et de la condamnation de ceux de ses écrits où elle est étalée ; les mêmes nouvelles rapportent que le chef de l'Église a été très-affecté du jugement rendu dans cette affaire, et que sa sainteté a honoré de son suffrage la défense de cet auteur et de ses principes, composée par l'avocat Fea. Cette doctrine n'est donc pas aussi *surannée* au delà des monts qu'on voudrait nous le persuader. Tout ce qu'on peut dire, c'est qu'on n'y met pas aujourd'hui la même chaleur qu'autrefois à la défendre, et qu'on n'use pas des mêmes procédés pour la faire prévaloir. Mais elle tient toujours un rang distingué dans le symbole des Romains ; elle respire sans le moindre déguisement dans les ouvrages qui forment la base de l'enseignement public, dans ceux de Bellarmin, de Suarez, de Busembaum, et autres théologiens renommés de la même école.

Non-seulement elle n'y a jamais été condamnée, mais encore le fait suivant prouve que les considérations les plus intéressantes pour la religion ne sauraient y faire apporter la moindre modification. Le P. Léandre de Saint-Martin, savant religieux anglais de l'ordre de Saint-Benoît, ayant été envoyé en Angleterre par le pape Urbain VIII, pour traiter de la réunion des deux Églises, y trouva les ministres de Charles I*er*. très-favorablement disposés. Il proposa, de leur part, d'insérer dans le serment d'allégeance, le renoncement au pouvoir du pape de déposer les rois. Cette clause fut rejetée à Rome. Le P. Wilford, son correspondant, lui écrivit à ce sujet : « Les
» papes sont en possession, depuis tant de siècles,
» du droit de déposer les princes, qu'il serait im-
» possible de leur faire approuver une clause telle
» que celle dont il s'agit. Faites donc aux sermens
» en usage dans les différens pays catholiques les
» changemens que vous jugerez à propos pour sa-
» tisfaire sa majesté ; mais ayez soin de les rédiger
» de manière à les concilier avec le pouvoir des
» papes sur la déposition des princes, sans quoi
» jamais ce que vous proposez ne passera ici[1]. »
On ne doit pas être étonné, d'après cela, de ce que

---

[1] Having stood for her rights so many ages in the cause of deposing princes will be very unwilling permitt the oath of the words lie. Look with the oath which usually is exhibited to catholics in the catholic countries. Add to them, augment them; and endeavour to form them in

ce fut le premier article de la déclaration du clergé qui exaspéra le plus les Romains, au point que le pape Innocent XI parut d'abord disposé à le flétrir par une censure spéciale, comme s'en plaignit M. Bossuet.

VII. Considérée dans toute son étendue, « la
» question du pouvoir du pape sur le temporel
» des rois n'est pas une question purement théo-
» logique, c'est aussi une question civile, qui doit
» être décidée par le droit universel des nations.
» Avant la révélation et l'institution du sacerdoce,
» il y avait des gouvernemens, et ces gouverne-
» mens étaient légitimes. L'ordre politique, les
» droits de la société humaine, ne reconnaissent
» d'autre auteur que l'Auteur même de la nature.
» Par conséquent, le gouvernement civil est en soi
» indépendant de quelque autre puissance que ce
» soit...... La puissance publique est partout la
» même : elle est parfaite, et elle se suffit à elle-
» même ; elle porte dans son sein et dans sa pro-
» pre constitution, indépendamment de tout se-
» cours étranger, les pouvoirs nécessaires pour
» conserver la société au dedans et pour la défen-
» dre au dehors. C'est Dieu lui-même qui l'a armée

that kind and in those words which may secure and content his majesty, as is most just and reasonable to be done, Yet take heed of meddling them with disponibility of princes. For that will never pass here. *Historical Memoirs*, etc., by *Ch. Butler*, vol. II, pag. 330.

» de tous les pouvoirs nécessaires à une fin si
» noble. Prétendre que quelque ecclésiastique que
» ce soit ait quelque pouvoir sur le temporel des
» rois, c'est faire injure au christianisme, ou plu-
» tôt c'est travestir une religion sainte, obéissante,
» fidèle, en une secte turbulente et séditieuse;
» c'est autoriser le Japonais idolâtre à repousser
» la prédication de l'Évangile ; enfin, c'est attaquer
» Dieu même, qui a donné aux enfans des hom-
» mes la puissance qu'on ose lui disputer. C'est
» donc sur le droit universel des gens, qui ne reçoit
» point d'exception, parce qu'il est fondé sur le
» droit naturel, qu'est appuyée la maxime de l'in-
» dépendance absolue des rois dans le temporel.
» Nier cette indépendance, c'est être criminel d'é-
» tat. Chercher à l'affaiblir, c'est rompre les liens
» qui unissent les sujets aux souverains.... C'est
» une règle générale et sûre que l'Église chré-
» tienne n'a augmenté ni diminué les droits de
» l'empire... On peut n'être pas hérétique en at-
» taquant l'indépendance des rois, mais on est
» séditieux, mais on est criminel d'état. Et qui-
» conque veut ébranler cette maxime doit être
» châtié comme perturbateur du repos public. »

Pendant que M. de La Chalotais publiait ces grandes maximes en Bretagne, M. de Castillon, avocat général au parlement d'Aix, les proclamait à une autre extrémité du royaume. « Regarder
» l'indépendance des couronnes comme une ques-
» tion purement théologique dont l'Église est l'ar-

» bitre, disait-il, c'est laisser aux ecclésiastiques
» une ressource pour l'attaquer. Jésus-Christ n'a
» pas donné à ses ministres le pouvoir de mettre
» en question cette vérité qui a devancé le chris-
» tianisme, et de s'en constituer juges. Il ne leur
» a laissé que le parti de l'obéissance, dont il a
» lui-même donné l'exemple. Il serait presque
» égal pour l'état que la puissance ecclésiastique
» possédât le pouvoir indirect sur les souverains,
» ou qu'elle eût le droit de s'en investir. Le trône
» est ébranlé, si le sujet peut douter de la foi in-
» violable du serment qui le lie à son roi ; et celui
» qui douterait serait déjà criminel. Le doute sur
» cette matière est presque aussi funeste que l'er-
» reur. L'Église est étrangère sur la terre, et n'a
» aucun droit de troubler l'harmonie des états. »

Cette doctrine n'est que le développement de celle que Louis XIV avait établie dans son édit du mois de mars 1682. Il y dit que le clergé, par le premier article de la déclaration, n'avait fait que rendre hommage à la vérité, qui n'était pas moins sacrée auparavant que depuis. « Bien
» que l'indépendance de notre couronne, de
» toute autre puissance que de Dieu, y lit-on,
» soit une vérité certaine et incontestable, établie
» par les paroles de Jésus-Christ, nous n'avons
» pas laissé de recevoir avec plaisir la déclara-
» tion où les évêques ont expliqué les sentimens
» que l'on doit avoir sur ce sujet. » Le même principe a toujours servi de texte aux magistrats

qui ont eu occasion d'exercer leur ministère sur cette question.

Le procureur général de Harlay, en présentant la déclaration de 1682 à l'Université de Paris, disait que la doctrine du premier article ne pouvait pas être agitée dans le royaume comme une question problématique. C'était pour le conserver dans toute son intégrité que M. d'Aguesseau ajoutait que les magistrats devaient combattre jusqu'à la mort, parce que la doctrine contraire est non-seulement une erreur contre celle de l'Église, mais encore un crime contre l'état. « Quelles funestes consé-
» quences pour la religion et pour l'état, disait
» encore en 1763 M. Joly de Fleury, si l'indé-
» pendance du roi et de la couronne n'était regar-
» dée que comme une opinion libre ; et de quelle
» conséquence ne serait-il pas que l'on inspirât une
» pareille idée au peuple? » Voilà, cependant, ce que l'on proclame aujourd'hui dans des écrits très-répandus, en s'autorisant de la liberté de publier son opinion, établie dans la Charte; comme si cette liberté pouvait être confondue avec la licence, et donner la faculté de professer publiquement des doctrines subversives de l'ordre public.

Mais, parce que l'indépendance des rois, question essentiellement de l'ordre politique, est encore une question de théologie, en ce qu'on y invoque l'autorité de l'Écriture Sainte, on a voulu en conclure que la suprématie temporelle du pape, se rapportant à la foi, rentrait dans le domaine de l'Église, et que les tribunaux séculiers ne pouvaient s'en emparer qu'après que les tribunaux ecclésiastiques avaient, à cet égard, exercé leur juridiction. On a cru pouvoir s'autoriser d'une réponse assez ridicule, faite en 1627 par Louis XIII, au recteur de l'Université de Paris, dans l'affaire de Santarel. Ce prince défendit à ce corps de s'en mêler, parce que la question de l'indépendance des rois *touchait à la foi*. Certes, toutes les questions le plus intimement liées avec la sûreté des états touchent à la foi; parce que les vérités, sur lesquelles repose la tranquillité des peuples, ont Dieu pour garant et sont positivement enseignées dans les livres saints; mais elles n'en appartiennent pas moins essentiellement au droit des gens, au droit naturel. Par-là elles sont indépendantes de la diversité des religions positives, et doivent être décidées par les autorités établies pour maintenir l'ordre social. Dieu n'aurait pas suffisamment pourvu à la sûreté et à la conservation des peuples, s'il ne les avait pas revêtus des pouvoirs nécessaires pour proscrire, par le seul poids de leur autorité, toute doctrine contraire à leur institution, conformément à l'ordre naturel des sociétés régulièrement organisées.

La religion chrétienne donne, il est vrai, par ses préceptes, une sanction auguste et sacrée aux maximes inviolables de la loi naturelle; mais elle ne les fait pas sortir de l'ordre auquel elles appartiennent primitivement. Conçoit-on en effet que, parce que toutes les questions de morale les plus importantes pour la sûreté des états tiennent à la foi sous certains rapports, il s'ensuivra qu'elles doivent être retirées du domaine de l'autorité temporelle; et que, lorsque des théologiens téméraires les auront mises en problème, il faudra que les tribunaux aient les mains liées, jusqu'à ce que l'autorité spirituelle les ait solennellement condamnées? C'est cependant sur cet absurde paradoxe que des avocats ont prétendu soustraire à la juridiction des magistrats, dans un procès fameux, quelques fanatiques écrivains qui, dans leur délire, avaient attaqué les bases fondamentales de l'ordre social, sous prétexte que leurs erreurs présentaient un côté sous lequel ils pouvaient aussi être justiciables des tribunaux ecclésiastiques? Croyons, pour l'honneur des avocats qui se sont appuyés sur un pareil moyen, qu'ils n'y croyaient pas eux-mêmes.

On a cherché à diminuer l'intérêt qu'excite la même question, en disant que c'est une question purément spéculative, qui ne peut avoir aujourd'hui aucune influence sur l'état de la société. Cette manière de la présenter revient au système de ceux qui veulent la faire passer pour une question surannée. Je sais bien qu'on n'a pas beaucoup à redouter aujourd'hui de la puissance du pape sur le temporel; mais les mêmes circonstances qui l'ont rendue autrefois si importante, peuvent se représenter encore. M. de Fitz-James, évêque de Soissons, signalant dans son mandement du 21 mars 1757,

publié à l'occasion de l'attentat de Damien, les écoles où l'on enseigne des principes d'où découlent assez naturellement ces affreuses conséquences, disait, « que ceux qui se persuadent que l'Église
» peut délier les sujets directement ou indirecte-
» ment du serment de fidélité, ne sont pas si loin
» qu'on le pense des plus grands excès. » M. de Mestre fait à ce sujet une réflexion assez singulière. « La politique romaine, dit-il, est *ombra-*
» *geuse, lente et sournoise.* » Il avait sans doute quelques idées dans l'esprit sur le danger de cette politique, lorsqu'il s'est occupé de donner une formule pour l'exercice de la suprématie temporelle du pape, lorsqu'il a libellé un projet de remontrances pour être adressées au souverain pontife par les états généraux, dans le cas où les peuples seraient mécontens de leur souverain. Ces remontrances se terminent d'une manière assez remarquable. « C'est à vous, T. S. P., comme représen-
» tant de Dieu sur la terre, que nous adressons
» nos supplications pour que vous daigniez nous
» délier du serment de fidélité qui nous attache à
» cette famille royale qui nous gouverne, et trans-
» mettre à une autre famille des droits dont le
» possesseur actuel ne saurait plus jouir que pour
» son malheur et pour le nôtre [1]. » Ce n'est là, nous dira-t-on, qu'une hypothèse; mais cette hypothèse a trouvé sa réalité dans nos histoires. L'idée seule

---

[1] Du Pape, Disc. prélim.; et page 396.

d'en renouveler le souvenir n'est pas sans danger, et elle peut suggérer des pensées qu'on doit chercher à écarter de l'esprit des peuples.

VIII. Les trois derniers articles de la déclaration du clergé, considérés en eux-mêmes, sont, par leur nature, du ressort de la puissance spirituelle, parce que leur décision dépend spécialement de l'interprétation de l'Écriture Sainte sur les droits et l'usage de l'autorité de l'Église. Mais, par leur liaison intime avec le premier, tous les quatre ensemble forment, comme nous l'avons dit, un seul corps de doctrine, dont on ne peut détacher un membre sans nuire au corps entier; sous ce rapport ils ne sauraient point être étrangers au ressort de la puissance temporelle. M. d'Aguesseau explique très-bien cet enchaînement, qui établit la compétence du magistrat séculier sur l'acte qui les contient. « Si le concile n'est pas au-dessus du
» pape, dit-il; si le pape est infaillible; si ses dé-
» cisions doivent être nécessairement suivies de
» celles de toute l'Église, la couronne des rois n'est
» pas en sûreté sur leur tête. Les papes ont décidé
» plus d'une fois qu'ils pouvaient disposer du tem-
» porel des souverains, transférer les trônes et les
» empires, absoudre les sujets des anciens ser-
» mens qui les attachaient à leurs princes, et leur
» imposer la nécessité de prendre de nouveaux
» engagemens. Si les papes sont infaillibles, toutes
» ces maximes deviennent indubitables; et le saint

» siége est non-seulement au-dessus de toute l'É-
» glise, mais au-dessus de tous les royaumes de la
» terre, et les auteurs ultramontains ne craignent
» pas de le dire. Ainsi nous ne saurions attaquer
» solidement une doctrine contre laquelle nous
» devons combattre jusqu'à la mort. Si l'on souffre
» que l'infaillibilité du pape ou sa supériorité au-
» dessus du concile soient enseignées dans ce
» royaume, nous devons regarder toutes les pro-
» positions qui tendent à établir cette doctrine,
» non-seulement comme une erreur contre la tra-
» dition de l'Église, mais comme un crime contre
» l'état [1]. »

Ainsi, de même que tout se tient étroitement lié dans le système ultramontain, de même aussi, nous devons faire un faisceau de nos maximes pour les opposer, dans leur ensemble, aux attaques de nos adversaires. Les séparer, c'est les affaiblir. C'est dans cette vue que l'assemblée de 1682 les avait dressées, pour en former un code qui devait durer à perpétuité dans l'Église gallicane. C'est ainsi que celle de 1782 les avait proclamées, sans qu'aucune de ces deux assemblées y eût insinué la moindre distinction. Louis XVIII n'en a de même admis aucune, lorsque dans son discours d'ouverture des chambres en 1817, il prit l'engagement de soutenir de tout le poids de son autorité [1] « ce précieux héritage de nos pères, dont

---

[1] Tome XIII, page 519.

» saint Louis, et nos prédécesseurs, disoit-il, se
» sont montrés aussi jaloux que du bonheur de leurs
» sujets. » En renouvelant le même engagement
à l'ouverture de la session de 1819, il déclara qu'il
était déterminé à conserver *intactes* les mêmes
libertés ; et il se rendit garant du zèle et du patriotisme des nouveaux évêques, pour les faire respecter dans leurs diocèses comme des *lois de l'état*.
La pensée de ce prince, ainsi que celle de l'ancien
épiscopat, ne se bornait pas à un seul des quatre
articles, elle s'étendait sur le corps entier de nos
maximes héréditaires. Le nouvel épiscopat a-t-il
rempli dans toute son étendue l'engagement pris
en son nom par le monarque, auteur de la Charte ?
C'est ce que nous examinerons ailleurs. Nous devons nous occuper pour le présent à développer
le sens de chacune des trois dernières propositions
en elles-mêmes.

Le pape Alexandre VIII défendit, sous peine
d'excommunication encourue *ipso facto*, de soutenir, soit en public, soit en particulier, que la doctrine de la supériorité et de l'infaillibilité du pontife romain, a été cent fois réfutée, et que c'est là
une proposition futile [1]. Cette censure n'a pas
arrêté les Français. Bossuet, entre autres, dit que
ce n'est pas donner une juste idée du second ar-

---

[1] Futilis et toties convulsa est assertio de romanâ pontificis suprà concilium œcumenicum autoritate, atque in fidei quæstionibus decernendis infaillibilitate.

ticle de la déclaration du clergé, qui établit la supériorité du concile, que de la renfermer dans les opinions de l'école; que c'est là une doctrine solidement appuyée sur les décrets du concile général de Constance, ainsi que les autres propositions qui forment le corps de nos libertés; qu'elle est contenue dans les canons des anciens conciles œcuméniques; que pour bien les affermir, il convient de poser une règle fixe; savoir : qu'il y a dans les canons dressés par l'autorité de l'Église, des lois certaines et invariables qui prouvent qu'elle peut arrêter l'autorité du pape, s'il lui arrive d'entreprendre au delà des bornes prescrites, et même qu'elle a le pouvoir de le punir en certains cas graves, où il scandaliserait les fidèles [1].

Le savant prélat examine ailleurs si cette doctrine appartient à la foi, *an ad fidem pertineat*. « On ne peut pas douter, répond-il, qu'il ne s'agisse » d'une interprétation d'un droit divin, puisqu'il » s'agit de déterminer quelle sorte de puissance » Jésus-Christ a donnée à Pierre et à ses successeurs, et par conséquent d'un point de foi, » d'une doctrine catholique révélée de Dieu. Bellarmin et ses partisans n'en disconviennent » pas [2]. » M. l'évêque d'Hermopolis soutient au contraire « que ceux qui se permettraient d'avancer que la supériorité du concile général ap-

Defens., lib. III, cap. 7.
[2] Lib. VI, cap. 19.

» partient à la foi, tomberaient dans un excès peu
» digne d'un théologien [1]. »

Voilà donc, non-seulement M. Bossuet, mais encore M. de Choiseul, qui a soutenu la même doctrine dans son rapport, rayés d'un seul trait de plume de la classe des théologiens dignes de quelque confiance, ainsi que leurs disciples qui se glorifient de combattre sous leur illustre patronage. M. de Choiseul dit effectivement que le second et le quatrième articles sont inséparablement liés ensemble, et que l'un ne peut être compris dans la révélation que l'autre n'y soit renfermé; « parce que, s'il est vrai que le concile soit
» supérieur au pape en ce qui touche la foi, les
» mœurs et la discipline, il est constant que le
» concile peut réformer les décrets du pape, et
» que le pape peut faillir, puisque pouvoir faillir
» et pouvoir être réformé est la même chose. »
L'évêque de Meaux emploie le même argument, pour prouver que le quatrième article n'est pas une simple conséquence tirée du décret de Constance; mais que c'est une chose définie par ce concile: « Car, dit-il, définir qu'une puissance est soumise à une autre, n'est-ce pas définir que la puissance qui est soumise peut s'écarter du vrai, et être corrigée et réformée par l'autre? d'où il faut conclure que la doctrine de ce dernier article est chose jugée, par l'accord unanime de tous les conciles aussi-

---

[1] Les vrais Principes, page 82.

bien que celle du second; de sorte que le clergé de France était bien fondé à regarder les deux articles, celui de la supériorité et celui de l'infaillibilité accordées au corps des pasteurs, comme faisant partie du dépôt de la foi [1].

Il en est de même du troisième article; car si la supériorité du concile œcuménique impose au pape l'obligation de se conformer, dans l'usage qu'il fait de sa puissance, à ce qui a été prescrit par les conciles généraux, on doit en conclure que son autorité n'est pas un pouvoir indépendant; qu'il n'en peut légitimement user que suivant les lois établies par les conciles; que le propre caractère de la suprématie des pontifes romains est d'observer eux-mêmes, et de faire observer aux autres les saints canons; qu'ils n'ont droit ni de s'en affranchir, ni de les abolir; que leur droit se borne à en dispenser au besoin, parce que les conciles, établissant des lois générales, n'ont pu prévoir ni déterminer tous les cas particuliers qui exigeraient exception : mais ils ne le peuvent faire que dans les cas de nécessité et d'utilité réelles, dans ceux où l'Eglise elle-même accorderait la dispense si elle était assemblée en concile.

Concluons de cette discussion, que les quatre articles de la déclaration du clergé ont entre eux une étroite liaison; qu'ils sont tous également inviolables; qu'ils appartiennent tous au dépôt de

---

[1] *Defens.*, lib. VII, cap. 2; lib. X, cap. 32.

la révélation, et par conséquent de la foi ; que c'est donner une fausse idée des trois derniers, que de les reléguer dans la classe des opinions théologiques ou scolastiques, et leur faire perdre tout l'intérêt qu'ils doivent inspirer. M. Émery a imaginé un autre moyen pour affaiblir cet intérêt, c'est de les représenter comme rentrant les uns dans les autres, et de les expliquer de manière à réduire toute la dispute entre les gallicans et les ultramontains à une dispute de mots [1] ; ce qui ne donnerait pas une idée bien avantageuse de la sagacité de leur célèbre auteur. Arrêtons-nous au commentaire du critique sur le troisième article.

IX. Cet article est composé de deux parties, dont la première est ainsi conçue : « L'usage de la » puissance catholique doit être réglé par les ca- » nons, etc. » Les anciens papes, nous dit-on, ont enseigné la même chose ; personne n'en disconvient. Mais il s'agit de savoir si les papes modernes en ont fait la règle de leur conduite et de leurs décisions ; et, dans le cas contraire, s'il n'était pas à propos de les y rappeler. Il est certain, dit Fleury, dans son quatrième discours, que les plus grands papes, comme saint Léon et saint Grégoire, n'ont jamais exercé l'autorité marquée dans les décrétales et dans le décret de Gratien qui, enchérissant sur la doctrine de ces fausses pièces,

---

[1] Nouveaux Opuscules, pag. 299 et suiv.

soutient que l'autorité des papes n'était point soumise aux canons; que de là se forma dans l'Église latine une idée confuse que la puissance du pape était sans bornes. Il en est résulté que les nouveaux théologiens n'ont pas assez distingué les opinions d'avec l'essentiel de la foi catholique touchant la primauté du pape et les règles de l'ancienne discipline.

Innocent III, par exemple, professe souvent dans ses écrits la même maxime que le clergé de France; mais il l'oublie entièrement dans l'exercice de sa puissance, par l'extension illimitée qu'il donne à son autorité. On le voit, mettant en pratique toutes les mauvaises maximes des fausses décrétales, frapper d'interdit tout le royaume à cause du divorce de Philippe Auguste, établir Pierre sur le trône de Portugal, déclarer les sujets du roi d'Angleterre déliés de leur serment de fidélité, juger tous les intérêts des couronnes, sous prétexte que, dans les démêlés des princes, il y avait des péchés qui ressortissaient à son tribunal. Ses successeurs suivirent les mêmes erremens chaque fois que l'occasion s'en présenta, et que la fermeté des gouvernemens ne savait pas y mettre obstacle. Ces doctrines étaient répandues dans plusieurs ouvrages contre lesquels on avait été obligé de sévir. Elles étaient très-accréditées à la cour de Rome, et avaient des partisans en France: il était donc important de remettre sous les yeux des papes les règles destinées à contenir leur autorité dans ses justes bornes. Tel fut le motif très-plausible de la première partie de ce troisième article.

La seconde, qui a plus particulièrement rapport à nos libertés, porte que, « les règles, les » mœurs et les coutumes reçues dans le royaume, » doivent être maintenues, etc. » M. Emery, afin de distraire l'attention du véritable objet de cette maxime, dit que les libertés dont il est ici question, ne sont pas celles qu'on a poussées au delà des bornes. Mais les prélats de l'assemblée avaient prévenu cette observation, en déterminant d'une manière très-précise qu'ils n'avaient en vue que celles qui sont fondées sur les lois et les coutumes établies du consentement du saint siége, avant que les fausses décrétales fussent devenues la règle des papes modernes. On voit, par ces courtes observations, combien il était important d'insister sur la maxime contenue dans la seconde partie du troisième article, que la cour de Rome venait de méconnaître dans l'affaire de la Régale, par des mesures contraires à nos coutumes et à toutes les formes canoniques.

Ce critique ne traite pas mieux le quatrième article, sur lequel il prétend avoir fait une découverte de la plus haute importance, et qui doit étonner ses lecteurs. Elle aurait, dit-il, prévenu bien des troubles, si ceux qui l'ont précédé dans cette recherche eussent pénétré le véritable sens de l'article. Elle consiste dans ce principe, que le consentement de l'Église étant nécessaire pour donner aux décrets de Rome, comme à ceux des conciles généraux, le caractère d'une règle de foi, cet article peut se concilier en rigueur avec l'opinion de l'infaillibilité du souverain pontife parlant *ex cathedrâ*; de sorte qu'en résultat, les deux sortes de décrets ont la même autorité, et qu'il n'y a là-dessus qu'une dispute de mots entre les gallicans et les ultramontains.

Cet argument roule sur l'équivoque du mot *consentement*, qui, appliqué aux décrets du saint siége, a non-seulement pour objet de constater qu'ils ont été rendus *ex cathedrâ*, mais encore de s'assurer que la doctrine qu'ils contiennent est conforme à la tradition. C'est de ce double examen qu'ils tirent toute leur autorité. Le même mot, quand il s'agit des décrets du concile général, se réduit à marquer qu'ils ont été rendus par un concile qui a réuni toutes les conditions pour être œcuménique, c'est-à-dire pour représenter l'Église universelle. Dès lors ils n'ont pas besoin de subir l'examen de la doctrine qu'ils renferment : ils sont irréfragables par leur propre poids, en vertu de l'autorité infaillible qui les a prononcés. Dans ce dernier cas, il n'y a qu'une simple question de *fait* : dans le premier, il est question de *fait* et question de *droit*.

Le système de M. Émery est le dernier refuge des ultramontains. En abandonnant l'infaillibilité personnelle du pape, ils l'ont attachée à ceux de ses décrets qui sont revêtus de certaines formalités propres à les garantir de toute erreur. Tels sont ceux qu'il prononce du haut de la chaire de saint Pierre, avec l'assentiment de son consistoire : mais cette distinction se décrédite par sa nouveauté. Il n'y a rien dans les monumens de l'antiquité, dit M. Bossuet, qui l'indique; et, quoique les ultramontains soient d'accord entre eux sur l'infaillibilité du pape, parlant *ex cathedrá*, ils cessent de l'être sur ce qui la constitue, et sur l'idée qu'on doit y attacher [1]. Van-Espen pense qu'elle n'a été imaginée, dans les derniers temps, que pour accréditer, sous cette forme, l'infaillibilité du pape dans la foi et dans les mœurs [2].

Bossuet a tracé des règles sur le caractère des décrets émanés de chacun des tribunaux ecclésiastiques : elles nous apprennent la différence qui existe entre ceux du saint siége et ceux de l'Église universelle, ce qui achève de lever la difficulté du mot *consentement*. « Nous mettons, dit-il, une
» grande différence entre ce que nous *espérons*,
» fondés sur de pieuses présomptions, et ce que
» nous *croyons* d'une foi ferme qui ne laisse au-
» cun doute. Si des évêques ou des conciles par-
» ticuliers décident une question de foi, nous
» présumons pieusement que leur décision est con-
» forme à la vérité, parce que Jésus-Christ dit :
» *Lorsque deux ou trois sont assemblés en mon*

---

[1] *Corollarium*, § VIII.
[2] *Jus Ecclesiasticum universum*, tom. III, page 663.

» *nom, je suis au milieu d'eux*. Nous avons donc
» lieu de présumer qu'avec un secours si puissant,
» ils ne manqueront point au devoir de leurs
» charges, et ne s'écarteront pas de l'ancienne tra-
» dition de leurs églises, dont ils sont les dépo-
» sitaires et les gardiens. Si la même question est
» ensuite déférée au pape, et si le pape, centre
» de la communion de toutes les églises, à qui,
» pour cette raison, toutes les affaires doivent être
» rapportées, prononce du haut de cette chaire
» de Pierre, nous avons des raisons *plus fortes*
» encore de présumer que son jugement est con-
» traire à l'équité, à la prédication de Pierre, à la
» tradition commune des églises. Mais si l'Église
» catholique décide ou consent à une décision, ce
» n'est plus alors une *pieuse croyance*, c'est
» l'*assurance* d'une foi *pleine, entière* et *par-*
» *faite*, comme l'appelle l'apôtre [1]. »

Telle est la règle qui gradue l'autorité des divers tribunaux de l'Église, et qui détermine le degré de confiance qu'on doit avoir en chacun d'eux. Celui du pape forme une grande présomption en sa faveur; il est au-dessus du jugement des évêques réunis en conciles particuliers. Mais il n'y a que l'Église universelle ou assemblée en concile général, ou dispersée dans tout l'univers, et d'accord sur un point de doctrine, qui puisse donner une assurance capable de bannir toute espèce de

[1] Lib. X, cap. 15.

doute. Aussi les lettres dogmatiques des papes les plus authentiques, leurs décisions les plus solennelles, n'étaient-elles point regardées comme des règles de foi irréformables. On les remettait encore en question. Le jugement qu'ils avaient prononcé était suspendu par la seule convocation du concile qui devait l'examiner de nouveau, qui le confirmait ou l'infirmait, suivant qu'il se trouvait conforme ou contraire à la tradition. Bien loin que les décrets des conciles eussent besoin de subir une pareille épreuve, ils obligeaient dès le moment qu'ils étaient publiés canoniquement. Or, quelle pouvait être la cause de cette différente manière de procéder, si ce n'est, dit Bossuet, qu'on regardait les décrets des papes comme pouvant être réformés, et ceux des conciles comme absolument irréformables [1]? Pouvait-on marquer d'une manière plus claire et plus précise la ligne de démarcation entre les deux espèces de décrets? C'est ce que le cardinal Bessarion avait très-bien fait sentir dans la neuvième session du concile de Florence, où il déclara solennellement, sans être contredit de personne, que, quelque pouvoir dont puisse se prévaloir l'Église romaine, elle en a moins cependant que le concile œcuménique [2].

---

[1] Non aliâ de causâ tanti discriminis quam quod illa decreta retractabilia, hæc irretractabilia viderentur. *Lib. X, cap.* 15.

[2] Quantâcumque facultate polleat romana ecclesia, minùs tamen pollere synodo œcumenicâ.

Pour revenir maintenant à l'objection qui fait le sujet de cette discussion, nous ferons observer que Bossuet, après avoir clairement déterminé la nature de chacune des deux espèces de décrets, chercha cependant à concilier les Romains avec le quatrième article de la déclaration du clergé. On y a, disait-il, évité avec soin les expressions dont on se sert dans les écoles : on s'est contenté de prescrire des règles de pratique, sans entrer dans la question spéculative de l'infaillibilité du pape. On s'est réduit à établir ce principe avoué par tous les catholiques, qu'un décret du saint siége n'est pas censé irréformable, à moins que le consentement de l'Eglise n'y soit intervenu. Tel est le point de réunion auquel il veut ramener les ultramontains, en laissant de côté la partie litigieuse de la question. Il l'examine dans le rapport de ce que les deux opinions ont de commun, et non dans celui où elles diffèrent. Néanmoins il indique assez cette différence, en disant que la plus belle prérogative du pontife romain consiste, non pas à être mis au niveau, mais presque au niveau, *pari ferè loco*, des conciles généraux dans ses jugemens, de manière cependant, comme on l'a fait voir il n'y a qu'un moment, que lorsqu'ils renferment quelque erreur, ils peuvent être réformés par le concile, qui jouit seul de la prérogative d'être infaillible et irréformable dans les siens.

En dernière analyse, on doit regarder le *mezzo termine* du quatrième article, comme une concession faite par complaisance au désir de la paix, que Bossuet ne perdit jamais de vue dans cette affaire, où il chercha toujours à ramener les Romains: *Si Romæ placeat pacique profuturum sit*. Mais cette concession, ce ménagement de circonstance, ne sauraient détruire la doctrine constante de l'évêque de Meaux sur l'infériorité du pape dans ses jugemens, relativement à la supériorité du concile. Il reste toujours pour incontestable que le jugement du saint siége n'est que provisoire, lors même qu'il est rendu *ex cathedrá*, et que celui du concile est absolu, lorsqu'on s'est assuré de l'œcuménicité de cette assemblée. Il suit de cette discussion que l'étonnante découverte de M. Emery, n'est dans le fond qu'un réchauffé des argumens de Bellarmin et de Duval, que Bossuet avait péremptoirement réfutés dans son grand ouvrage.

XI. On doit être convaincu, par tout ce qui a été dit dans ce chapitre, que les maximes publiées par l'assemblée du clergé de 1682, ne sont ni des priviléges concédés par le saint siége, ni des opinions scolastiques ou théologiques livrées aux disputes de l'école; que, quoiqu'elles ne soient pas des articles de foi catholique, elles font néanmoins partie du dépôt de la révélation, et par conséquent qu'elles appartiennent à la foi; que si l'on ne se rend pas coupable d'hérésie en les rejetant, on n'est pas exempt d'erreur dans des points importans de doctrine; que ceux qui ont l'avantage de les connaître et de pouvoir en apprécier la vérité, doivent s'y attacher fortement, sans toutefois se permettre de censurer, de leur autorité privée, les personnes qui les méconnaissent, ou même qui les combattent ; enfin que nous Français nous devons les regarder comme le précieux héritage de nos pères, comme le patrimoine de l'Église gallicane, que nous sommes chargés de transmettre à nos neveux dans toute son intégrité. Par quelle triste fatalité, leur publication put-elle si fortement exaspérer les Romains ? C'est ce que nous allons examiner dans le chapitre suivant.

CHAPITRE V.

Des effets que la déclaration du clergé produisit sur l'esprit des Romains.

I. On a écrit de très-belles pages pour justifier le pouvoir que les papes exercèrent dans le moyen âge sur l'état politique et civil de l'Europe, pour y faire naître et pour y établir le seul système de gouvernement dont les hommes de cette époque fussent susceptibles. Sous ce rapport, on doit les regarder comme ayant jeté une planche de salut qui sauva le monde du naufrage dont il était menacé par les désordres de ces siècles barbares. Mais ce système de gouvernement convient-il à l'époque présente où la ligne de démarcation entre les deux puissances est mieux connue et où l'on redoute toute confusion dans les limites qui les séparent? Doit-on désirer de le voir renaître, et surtout de voir la puissance ecclésiastique reprendre son ascendant sur la puissance civile? C'est le vœu de quelques hommes de bien, qui cherchent à se consoler du présent par le souvenir du passé, qui croient qu'on ne peut réorganiser la société que par l'intervention d'un pouvoir divin et qui préféreraient un despotisme sans garantie, à un état où les lois ne s'exécutent que selon l'intérêt des partis, et qui comptent pour rien l'établissement régulier de l'ordre social.

Nous laissons à d'autres le soin de méditer sur un aussi grave sujet. La nature de cet ouvrage ne nous permet de considérer le chef de l'Église que comme le premier vicaire de Jésus-Christ sur la terre, que comme le grand modérateur de la société chrétienne, que comme revêtu d'une puissance divine, toute spirituelle, pour conduire les fidèles au port de salut, encore plus par ses exemples que par l'autorité de ses ordonnances. Sous ce rapport, nous devons savoir que s'il a des droits à exercer, il a aussi des devoirs à remplir; que les uns et les autres sont déterminés par les saints canons; et que rien, dans ses procédés, ne doit se ressentir de l'empire que les rois de la terre exercent sur les nations qui leur sont soumises. C'est pour en assurer le maintien et pour en régler l'usage que fut publiée avec tant de solennité la déclaration des quatre articles du clergé.

Nous n'avons pas pu dans cette histoire, déguiser les fautes et les aberrations des pontifes qui ont fait la guerre à cet acte célèbre, les uns par préjugé d'éducation, les autres en se livrant quelquefois à des passions dont les plus hautes dignités n'affranchissent pas toujours et dont les vertus les plus recommandables n'exemptent pas entièrement. Nous sentons qu'en remplissant cette pénible tâche de notre travail, nous ne devons pas oublier le respect dû aux qualités personnelles de ceux que d'injustes préventions ont pu égarer dans l'expansion de leur zèle, ni ce qu'exigent de nous les augustes prérogatives attachées au poste éminent qu'ils occupent à la tête de la hiérarchie. Mais ces considérations, quelque puissantes qu'elles soient, ne sauraient nous priver du droit d'examiner ces prérogatives, dans ce qu'elles ont d'étranger aux intérêts de la primauté divine des pontifes, et d'attentatoire à nos maximes traditionnelles que nous devons conserver comme *la prunelle de l'œil*. Nous avons dans cette mission deux modèles et deux garans bien respectables, Bossuet et Fleury. Nous souhaitons qu'on n'ait pas à nous reprocher d'avoir dépassé la ligne de conduite que ces célèbres défenseurs des droits de notre Église nous ont tracée.

II. La déclaration du clergé qui, suivant les vues de son illustre auteur et celles de l'assemblée dont il fut l'oracle, devait servir de point de réunion entre Rome et la France, devint par l'événement une pomme de discorde, et fournit aux ultramontains la matière d'une foule de mauvais procédés qui auraient pu conduire à un schisme déplorable, si la religion de Louis XIV et la modération de l'épiscopat français n'en eussent arrêté l'explosion et prévenu les suites funestes. On aurait une idée bien peu exacte de ce qui se passa dans cette longue et orageuse contestation, si l'on s'en tenait à celle qu'on en a donnée dans un discours célèbre, où l'on s'est borné à dire que Innocent XI eut *quelque déplaisir* de la déclaration ; qu'il en résulta seulement *quelques différens*, qui furent terminés par *quelques explications*. La vérité est que, de part et d'autre, on se porta à des excès et à des scandales qui ne ne firent honneur ni au pontife, d'ailleurs très-recommandable par ses vertus, mais qui oublia en cette occasion la modération que sa dignité aurait dû lui inspirer, ni au monarque, qui ne sut pas d'abord mettre des bornes à son ressentiment.

Le mauvais accueil que la déclaration reçut au delà des monts, et l'éclat du mécontentement qu'elle y excita affectèrent sensiblement l'évêque de Meaux. Il en prévit les funestes suites, et il en témoigna vivement ses inquiétudes à M. Dirois qui était son correspondant à Rome. « Votre lettre,
» lui écrivit-il, me fait une peinture de l'état pré-
» sent de la cour de Rome, qui me fait trembler.
» Quoi, Bellarmin y tient lieu de tout, et y fait seul
» toute la tradition ! Où en sommes-nous si cela est,
» et si le pape va condamner ce que condamne cet
» auteur ? Jusqu'ici on n'a osé le faire ; on n'a osé don-
» ner cette atteinte au concile de Constance ni aux
» papes qui l'ont approuvé. Que répondrons-nous
» aux hérétiques quand ils nous objecteront ce
» concile et ses décrets répétés à Bâle avec l'ex-
» presse approbation d'Eugène IV et toutes les
» autres choses que Rome a faites en confirmation ?
» Si Eugène a bien fait, en approuvant authen-

» tiquement ces décrets, comment peut-on les
» attaquer? Et s'il a mal fait, où était, diront-
» ils alors, cette infaillibilité prétendue? Faut-il
» sortir de cet embarras, et se tirer de l'autorité
» de tous ces décrets et de tant d'autres anciens et
» modernes par des *distinguo* et par les chicanes
» scolastiques de Bellarmin? Faudra-t-il dire,
» aussi avec lui et Baronius, que les actes du
» concile sixième et les lettres de saint Léon sont
» falsifiées? Et l'Église, qui jusqu'ici a fermé la
» bouche des hérétiques par des réponses solides,
» n'aura-t-elle plus de défense que dans ces pi-
» toyables tergiversations? Dieu nous en préserve.
» Ne cessez donc, monsieur, de leur représenter
» à quoi ils s'engagent, et à quoi ils nous engagent
» tous... Il ne faut plus que condamner l'article
» de l'indépendance des rois pour achever de tout
» perdre. Quelle espérance peut-on avoir jamais
» de ramener les princes du Nord et de convertir
» les rois infidèles, s'ils ne peuvent se faire catho-
» liques sans se donner un maître qui puisse les
» déposséder quand il lui plaira? Cependant, je
» vois, par votre lettre et par toutes les précédentes,
» que c'est sur quoi Rome s'émeut le plus. On
» perdra tout par ces hauteurs. Dieu veuille don-
» ner des bornes à ces excès. Ce n'est pas par ces
» moyens qu'on rétablira l'autorité du saint siége.
» Elle ne le fut jamais tant au fond que sous saint
» Léon, saint Grégoire et les autres papes qui ne
» songèrent pas à une telle domination. Selon ce

» que vous mandez, je vois bien qu'il ne faut guè-
» re espérer. Accommodons-nous au temps, mais
» sans blesser la vérité, et sans jeter encore de
» nouvelles entraves aux siècles futurs. La vérité
» est pour nous; Dieu est puissant ; il faut croire,
» *contrà spem in spem*, qu'il ne la laissera pas
» éteindre dans son Église[1]. »

Cette lettre donne lieu à plusieurs réflexions. On y voit d'abord que, quoique l'évêque de Meaux eût éprouvé, dans le principe, des inquiétudes sur le résultat de l'assemblée, il s'en félicita après qu'il eut vu l'unanimité avec laquelle tout l'épiscopat avait reçu les quatre propositions qui y furent proclamées ; qu'il était intimement convaincu de la vérité de la doctrine qu'elles expriment ; que, quelque disposé qu'il fût à entrer dans des tempéramens pour prévenir l'orage qui s'élevait du côté de Rome, il pensait qu'on devait rester ferme sur la doctrine. On voit encore que le même esprit qui avoit fait rejeter sous Urbain VIII toute modification au serment d'allégeance proposée de la part des ministres de Charles Ier, roi d'Angleterre, y régnait dans toute sa force, tant le pouvoir du pape sur le temporel tenait à cœur aux Romains. Ce n'était donc pas alors une doctrine *surannée*. Le système de Bellarmin dirigeait toujours l'enseignement des écoles sur ce point important, ce qui prouve que le premier article

[1] Lettre du 28 octobre 1682.

de la déclaration n'était pas intempestif, d'autant qu'on cherchait à répandre la même doctrine dans le royaume, et qu'on craignait de la voir mettre à exécution, à l'occasion de l'affaire de la régale. Ce qui est le plus digne de remarque, ce sont les censures dont la déclaration était menacée. Heureusement que le pape était revenu de cette idée que de mauvais conseillers lui avaient inspirée dans les premiers momens de son irritation. Mais il prit occasion de l'acte émané de l'assemblée pour publier celle qu'il tenait en réserve depuis trois mois contre la régale, dans laquelle les évêques qui avaient conclu l'arrangement sur ce point étaient fort maltraités.

On vit en même temps paraître dans l'arène une légion de petits auteurs armés de tous les préjugés ultramontains qui mêlèrent de plats sarcasmes aux argumens d'une mauvaise scolastique. Ils furent suivis de plusieurs graves théologiens qui, également prévenus des opinions exagérées de leur école, donnèrent dans une foule de faux raisonnemens, et imputèrent sans preuves aux auteurs de la déclaration des sentimens outrés, absolument étrangers à cet acte et à leur intention. Le zèle de quelques-uns fut magnifiquement récompensé; il y en eut même d'élevés à la pourpre romaine. Mais ce qui causa le plus grand mal, c'est que le pape refusa des bulles aux députés qui avaient été nommés à des évêchés, même à ceux du second ordre qui n'avaient point eu voix délibérative, à moins qu'ils ne retractassent ce qui s'y était passé, tant sur la régale que sur la puissance ecclésiastique. Le roi, choqué de ce refus, ne voulut pas que ses autres sujets nommés à des prélatures en reçussent, si le pape ne consentait d'en donner à tous purement et simplement. Il fit en même temps signifier au pontife que s'il persistait dans sa résolution, la France serait obligée de chercher d'autres moyens de pourvoir aux besoins des Églises dont les siéges étaient vacans.

Cependant toute communication entre les deux cours ne fut pas absolument rompue. Celle de Rome continua d'expédier des brevets de la pénitencerie, des dispenses pour les mariages et pour les bénéfices non consistoriaux. Le pape donna même, en 1686, le chapeau de cardinal au prince de Furstemberg, évêque de Strasbourg, présenté par le roi; mais il le refusa à M. de Harlay, à cause du rôle qu'il avait joué dans l'assemblée; et en même temps il l'envoya, de son propre mouvement, à M. Le Camus, évêque de Grenoble. M. de Saint-Vallier n'éprouva aucune difficulté pour ses bulles, parce qu'il s'agissait de remplir le siége de Quebec, placé au delà des mers. Le prince Guillaume de Furstemberg ne put en obtenir pour l'archevêché de Cologne, quoique élu à la presque unanimité des suffrages; et le prince Clément de Bavière, déjà évêque de Ratisbonne, âgé seulement de dix-sept ans, et qui n'avait eu que quatre voix, lui fut préféré. La mésintelligence s'accrut par le refus que fit Innocent XI de recevoir l'agent confidentiel du roi, porteur d'une lettre particulière de sa majesté; par l'ordre signifié au nonce Ranucci de sortir de France, puis retenu en surveillance dans le royaume; par la bulle d'abolition des franchises du quartier de l'ambassadeur de France, et par la bravade de Lavardin, qui alla communier en grande pompe, le jour de Noël, à l'Église de Saint-Louis; ce qui fut suivi le lendemain de l'interdit lancé sur cette Église, par le cardinal-vicaire.

Dans ces circonstances, l'avocat-général Talon fit un réquisitoire virulent contre Innocent XI, et provoqua un appel comme d'abus de toutes les procédures faites ou à faire par la cour de Rome contre la France. On proposa d'en revenir, au moins provisoirement, à l'ancienne discipline de l'institution des évêques par les métropolitains. On fondait cette mesure sur ce que le refus du pape était contraire au concordat, qui formait le principal titre de son droit à cet égard. Mais ce parti présentait des difficultés insurmontables, parce que, d'un côté, Rome paraissait disposée à rompre entièrement avec la France, plutôt que de se relâcher de ses prétentions; et que, d'un autre côté, les évêques répugnaient à un coup d'éclat qui aurait eu les plus funestes suites. Louis XIV jugea donc que le pape, vu son grand âge, ne pouvait tarder de descendre au tombeau; et il espéra de le voir remplacé par un successeur plus accommodant; c'était le parti le plus sage.

IV. Ce successeur fut le cardinal Ottoboni, qui prit le nom d'Alexandre VIII en montant sur le saint siége. Coulanges, qui paraît avoir été très-instruit de tout ce qui se passa sous le nouveau pontificat, raconte dans ses mémoires que, durant le conclave, cette Éminence avait témoigné au cardinal de Bouillon des dispositions très-pacifiques, et même qu'il lui avait laissé entrevoir que le différent entre les deux cours était de nature à pouvoir être terminé moyennant quelques cessions de part et d'autre; ce qui lui valut les suffrages de la faction française, à laquelle il dut son élection; qu'aussitôt après son exaltation, il dit en confidence, au même cardinal, que, pour tout accommoder, il suffirait d'une déclaration par laquelle le roi annoncerait que la mort d'Innocent XI ayant mis fin aux mauvaises volontés de Rome envers la France, les mesures de rigueur prises à cette occasion devenaient inutiles sous un pape aussi bien disposé que l'était celui qui venait d'être élu; qu'en conséquence, l'intention de sa majesté était que les choses fussent remises sur le pied où elles étaient avant la brouillerie. Alexandre s'engageait, de son côté, à donner des bulles sans exiger des évêques d'autres lettres que dans la forme ci-devant usitée. Le courrier, porteur de ces propositions à la cour de Versailles, en revint promptement avec une lettre du roi, dans laquelle Louis XIV marquait à sa sainteté, que, pour lui donner des preuves effectives de sa satisfaction, il se désistait des franchises, et rendait au saint siége le comtat Venaissin qui avait été saisi pendant la querelle. Le pape répondit à ce procédé par des bulles accordées *gratis* pour diverses abbayes; et il envoya le chapeau de cardinal à M. de Janson, évêque de Beauvais, présenté par le roi de Pologne; ce qui avait souffert de grandes difficultés sous le précédent pontificat.

Selon le rapport de M. de Coulanges, la négociation n'échoua que par la faute du duc de Chaulnes, qui, jaloux d'avoir l'honneur du succès, adressa secrètement un contre-projet à la cour de France, où il fut bien accueilli. On croyait qu'il avait été concerté avec le pape, qui cependant n'en avait point eu connaissance; de sorte que, lorsque ce projet revint à Rome avec l'approbation du roi, sa sainteté ne voulut point l'agréer. On crut en France qu'il y avait, ou inconstance, ou mauvaise foi de sa part. A son retour en France, le cardinal expliqua toute l'intrigue. On chercha à reprendre la négociation sur le plan qu'il avait d'abord proposé; mais, soit que le pape eût été circonvenu par les cardinaux, soit que sa dernière maladie l'eût mis hors d'état de s'en occuper, il n'y eut plus moyen de traiter.

Quoi qu'il en soit, la relation de Coulanges diffère en un point essentiel de celle de M. d'Aguesseau. Suivant la première, il ne devait pas être question de *rétractation* de la part des évêques nommés. Selon la dernière, ce fut cette condition exigée par le pape, et rejetée par le roi, qui fit tout manquer. Louis XIV, voyant qu'il n'y avait pas moyen de l'en faire désister, lui déclara qu'un plus long refus des bulles obligerait la France de recourir à d'autres moyens pour donner des pasteurs aux Églises vacantes; qu'il n'était pas de la prudence de sa sainteté de forcer le clergé, les parlemens et les universités à demander, qu'attendu que la cour de Rome ne voulait pas satisfaire au concordat, sa majesté pourrait rester dans la possession où elle était de nommer aux prélatures; que pour le surplus, on se remettrait au même état où l'on était avant ce traité; que telle était l'opinion des plus grands personnages du royaume.

Ce fut alors que le pape se réduisit à demander que le roi cessât de tenir la main à l'exécution de l'édit qui obligeait tous ses sujets à soutenir les quatre propositions du clergé, et que les évêques lui écrivissent individuellement une lettre qui pût être regardée à Rome comme une satisfaction, par laquelle ils lui déclareraient qu'ils n'avaient eu intention de rien définir ni régler qui fût capable de déplaire au saint siége. « Sa majesté, dit M. d'A-
» guesseau, voulut bien se prêter à ce tempéra-
» ment, et l'on traita pour concerter la rédaction
» de la lettre. Cette négociation, qui semblait ne
» dépendre que du choix de quelques expressions

» qui pussent également convenir de part et d'au-
» tre, traîna en longueur, la cour de Rome voulant
» toujours que les lettres des évêques nommés
» continssent au moins deux ou trois termes qui
» pussent être regardés comme une réparation
» de l'offense prétendue; et le roi avait un grand
» intérêt à rejeter ces expressions qui auraient été
» interprétées comme une renonciation aux an-
» ciennes maximes du royaume et aux libertés de
» de l'Église gallicane [1]. »

V. Alexandre VIII, désespérant d'obtenir soit une rétractation, soit quelque chose qui pût en tenir lieu, dressa la constitution *Inter multiplices*, qu'il garda pendant six mois sans la communiquer à personne. Ce ne fut que trois jours avant sa mort, que, sentant sa fin approcher, il convoqua dans sa chambre les douze plus anciens cardinaux. Là, assis sur son lit, revêtu de ses habits pontificaux, il leur déclara qu'il ne lui était plus possible de résister au scrupule que lui causait le silence qu'il avait gardé, dans l'assurance de voir rétablir les choses sur le pied où elles étaient avant l'assemblée de 1682; qu'en ayant été frustré, il se croyait obligé en conscience de faire une constitution pour témoigner à quel point il improuvait ce qui s'était passé. Les douze cardinaux présens, après en avoir entendu la lecture, y adhérèrent unanimement; et elle fut affichée le même jour au Champ-de-Flore.

[1] OEuvres de d'Aguesseau, tome XIII, pag. 418.

Que d'explications n'a-t-on pas imaginées pour prouver que cette constitution n'emporte pas la censure de la déclaration de 1682! M. d'Aguesseau dit qu'elle atteste la faiblesse d'esprit d'un homme mourant. Il ignorait sans doute qu'elle avait été composée six mois avant la mort de son auteur, et même avant qu'il fût atteint de la maladie qui le conduisit au tombeau. M. Émery prétend qu'elle n'était dirigée que contre le refus d'une simple *satisfaction* de la part des évêques. Mais on a vu que le pape s'était constamment obstiné à exiger une *rétractation*, ou quelque chose d'équivalent, et que c'est ce qui avait fait échouer la négociation. M. l'évêque d'Hermopolis se prévaut de ce qu'elle ne traite pas la déclaration d'*attentatoire à la foi*, d'où il conclut qu'elle ne touche point à la doctrine. Mais ne lui reproche-t-elle pas d'attenter à la puissance *divine* du siége apostolique? C'est bien là toucher à la doctrine de la foi. M. l'évêque de Chartres affirme qu'elle n'oblige point à abjurer les sentimens exprimés dans la déclaration; mais, en déclarant nuls et de nul effet les quatre propositions qu'elle renferme, n'oblige-t-elle pas d'abjurer les sentimens qu'ils contiennent?

Toutes ces explications ont pris leur source dans le jugement que Bossuet a porté de la constitution *Inter multiplices*. Le savant prélat part de ce principe, très-vrai en lui-même, mais mal appliqué; « que des propositions peuvent être reje-

» tées, ou parce qu'elles renferment des dogmes
» faux, ou parce qu'elles pêchent dans la manière
» d'assurer et de proposer la doctrine; » et il pense
que c'est uniquement en ce dernier sens qu'il faut
entendre la censure portée par Alexandre VIII
contre la déclaration, ce qui était de sa part une
erreur de fait. « On avait, ajoute-t-il, fait en-
» tendre aux souverains pontifes que nous avions
» voulu dresser une profession de foi particulière
» pour la France, ou au moins faire un décret, et
» le publier comme un jugement épiscopal, afin
» d'obliger les consciences à s'y soumettre, et cela
» sans nous mettre en peine de l'autorité du saint
» siége; ce qui n'a jamais été fait dans l'Église, et
» ce qu'il n'a jamais été permis de faire. » M. Bossuet défie ensuite les adversaires des quatre articles, de trouver dans la bulle un seul mot qui
tende à imputer aux Français une doctrine fausse.
« Cependant, ajoute-t-il, si nous avions enseigné
» une doctrine, ou suspecte dans la foi, ou er-
» ronée, ou hérétique, ou schismatique, il était
» essentiel de ne pas supprimer cette circon-
» stance principale de l'accusation. Or, l'auteur de
» la constitution évite avec un soin particulier les
» différentes qualifications dont on a coutume de
» flétrir les doctrines erronées ou perverses [1] »

Voilà bien l'objection dans toute sa force. Mais
d'abord, est-ce que les éclaircissemens et les pro-

---

[1] *Gall. orthod.*, § X.

testations si souvent réitérées que les évêques n'avaient jamais eu l'intention de dresser une profession de foi, que leur but était seulement de donner une déclaration ou une exposition des maximes constamment professées dans l'Église gallicane, ne suffisaient pas pour bannir de l'esprit du pontife toute espèce d'inquiétude, tout doute sur la nature de la déclaration et sur l'intention de ses auteurs? Ensuite son obstination à exiger une rétractation ne prouvait-elle pas que la bulle avait réellement la doctrine pour objet? La doctrine était contenue dans les quatre articles. Or, la censure ne tombe pas moins sur ces articles que sur le titre de l'acte qui les renferme. « Nous improu-
» vons, y est-il dit; nous cassons, nous dé-
» clarons nuls, et de nulle valeur, la déclara-
» tion de la puissance ecclésiastique, et les
» quatre articles qu'elle renferme; nous les décla-
» rons entièrement dénués de toute force et de
» tout effet, et nous protestons devant Dieu de
» la nullité, tant de la déclaration que des susdits
» articles [1]. » C'était donc ces deux choses très-distinctes entre elles, et confondues dans le même acte, qu'Alexandre VIII avait voulu condamner, après avoir échoué dans le projet d'en obtenir la

---

[1] Declarationem de potestate ecclesiasticâ et quatuor in eâ contentas propositiones improbamus, cassamus, irritamus et annullamus, viribusque et effectu penitùs et omninò vacuamus, et contrà illam deque illorum nullitate coram Deo protestamus.

rétractation. A la bonne heure qu'il n'ait pas taxé d'hérésie la doctrine qu'ils contiennent, il les a du moins regardés comme des erreurs qu'il fallait proscrire. S'il n'a pas employé le mot de *condamnation*, c'est par ménagement; mais la chose n'en résulte pas moins des autres qualifications. Nous verrons que Pie VI ne crut pas devoir user du même ménagement.

L'explication de Bossuet peut bien servir à justifier l'intention des prélats de l'assemblée et le véritable sens de la déclaration, mais elle ne suffit pas pour déterminer le but précis de la constitution d'Alexandre VIII. Comment, en effet, aurait-on pu dire d'un simple titre, après que la prétendue équivoque avait été levée, qu'il donnait atteinte à l'autorité du saint siége et de l'Église universelle? comment le pape aurait-il eu besoin de déployer toute son autorité divine et apostolique, pour proscrire un simple titre sur le sens duquel il ne pouvait plus lui rester la moindre difficulté? comment, enfin, aurait-il pu demander une rétractation de la part de ceux qui avaient signé cet acte, si la doctrine l'eût mis à l'abri de toute censure [1]?

Mais, dit M. de Barral, on ne proteste pas contre une hérésie, on l'anathématise : on ne casse pas une doctrine suspecte, on défend de l'enseigner; on n'annule pas une proposition dangereuse, on

---

[1] Ut potestate divinitùs nobis vindicatâ et commissâ apostolici partes salubriter exequi valeremus — præfata ab iis aut qui ea peregerunt ex animo retractentur.

en proscrit l'usage [1]. N'est-ce donc pas équivalemment anathématiser une doctrine, que de défendre de l'enseigner? n'est-ce pas en proscrire l'usage, que de développer tout l'appareil d'une autorité divine, contre l'acte qui la renferme? n'est-ce pas l'annuler, que de lui appliquer des qualifications dont on ne peut justifier la rigueur qu'en les attachant à des erreurs sur lesquelles il n'est pas permis de garder le silence, sans se rendre coupable de trahir les devoirs qu'impose la charge apostolique? Restreindre des qualifications aussi sévères à un simple défaut de forme, c'est abuser d'une autorité sacrée qui ne doit se déployer avec tant d'éclat que contre des doctrines dignes de toutes les foudres de l'Église. Si la clause d'anathème ne se trouve pas en propres termes dans la constitution, nous en avons donné la raison; et l'on ne peut disconvenir qu'elle n'y soit contenue implicitement.

Heureusement que Louis XIV eut la sagesse de prévenir l'explosion qu'elle ne pouvait manquer de causer dans le royaume; «car, dit M. d'Agues-
» seau, elle attaquait non-seulement les maximes
» de l'Église gallicane, mais encore les droits les
» plus sacrés de la couronne, ce qui supposait dans
» la personne du pape une autorité supérieure à
» celle de nos rois. Sa majesté fit venir le premier
» président du parlement, et lui dit qu'il y avait
» lieu de croire que les cardinaux assemblés pour

---

[1] Défense des libertés de l'Église gall., pag. 368.

» l'élection d'un nouveau pape, qui eût les qualités
» propres pour bien gouverner l'Église, ne don-
» neraient leurs suffrages qu'à celui d'entre eux qui
» aurait toutes les dispositions nécessaires pour ré-
». tablir au plus tôt une parfaite intelligence entre
», la France et la cour de Rome, et que ce digne
» chef serait bien éloigné de laisser subsister un
» acte aussi insoutenable; qu'ainsi sa majesté sou-
» haitait que le parlement gardât pour lors le si-
» lence sur les copies informes qui s'en étaient ré-
» pandues. »

VI. Le cardinal Pignatelli, ayant été élu pape sous le nom d'Innocent XII, annonça, dès le commencement de son pontificat, des dispositions plus pacifiques que celles de son prédécesseur, et il s'empressa d'en assurer le roi par un bref écrit de sa propre main, où il lui témoignait le désir de renouer la négociation. Louis XIV, de son côté, n'avait rien tant à cœur que de terminer à l'amiable cette longue contestation qui pouvait dégénérer en un schisme formel, et qui mettait dans un état de viduité le tiers des Églises du royaume. Pour aplanir les voies au succès de la négociation, il suspendit l'exécution de l'édit par lequel il était ordonné de n'enseigner et de ne soutenir dans toutes les écoles du royaume d'autre doctrine que celle des quatre propositions, en laissant toutefois une entière liberté sur les questions qui en font la matière.

Il ne s'agissait plus que de trouver un moyen de satisfaire la cour de Rome, sans abandonner les maximes de l'Église gallicane. On n'eut pas de peine à s'accorder sur l'expédition des bulles pour les évêques nommés qui n'avaient pas assisté à l'assemblée de 1682. Quant à ceux qui en avaient été membres, il fut convenu qu'ils écriraient individuellement au pape pour lui donner toute la satisfaction qu'il pourrait désirer et qui serait compatible avec les maximes adoptées dans l'assemblée de 1682.

Tel était l'état des choses lorsque Innocent XII tint, le 9 janvier 1692, un consistoire dans lequel il annonça sa résolution, « de n'admettre parmi
» les sujets désignés que ceux qui n'avaient pas
» assisté à la fameuse assemblée de 1682, et qui
» n'avaient souscrit aucun des actes réprouvés
» avec justice par le saint siége ; qu'il espérait de
» la piété du roi que l'édit qui confirmait la décla-
» ration serait regardé comme non avenu. » Il ajouta : « Nous avons dû vous faire connaître
» toutes ces choses afin que vous sachiez par-là,
» que rien ne peut nous faire départir de ce qui
» a été résolu pour la liberté ecclésiastique et pour
» la défense de l'autorité du saint siége, et que
» nous sommes fermement attachés aux rescrits
» rendus par nos prédécesseurs, principalement
» par Innocent XI, et par Alexandre VIII, et
» que nous y serons attachés jusqu'au dernier sou-
» pir, voulant ainsi conserver la puissance pon-

» tificale telle que nous l'avons reçue de notre
» Seigneur. »

Il faut convenir que cette aallocution n'annonçait pas des dispositions très-conciliantes, puisque le pape y persistait à maintenir la constitution d'Innocent XI contre la régale, et celle d'Alexandre VIII contre les quatre articles. C'est une preuve, ajoutée à tant d'autres, de ce que disait Bossuet, que *Rome ne recule jamais*. Louis XIV dut s'apercevoir qu'il s'était trompé dans sa présomption que le successeur d'Alexandre VIII serait bien éloigné de laisser subsister la bulle de son prédécesseur. Sans doute que d'Aguesseau n'avait pas connaissance de cet acte lorsqu'il assurait qu'Innocent XII ne fit rien qui pût être regardé « comme une confirmation, ou même comme » un aveu de cette bulle. » Tout annonce, au contraire, qu'il persistait dans la résolution de la maintenir et par conséquent dans le système de ne négocier que sur le pied d'un rétractation à exiger des prélats nommés, comme une condition préalable à l'expédition de leurs bulles. C'est ce qui jeta tant d'embarras dans la négociation, qui y mit tant de longueurs, et fit proposer tant de différens projets pour la rédaction de la lettre, avant d'en pouvoir trouver un qui convînt aux deux cours. Enfin, après beaucoup de discussions, on s'arrêta à celui qui contient la clause suivante : « Nous protestons du fond de notre cœur, que » nous sommes affligés, au delà de tout ce qu'on

» peut dire, de ce qui s'est passé dans l'assemblée,
» et qui a si fort déplu à votre sainteté et à ses
» prédécesseurs; nous déclarons en conséquence,
» que nous regardons comme non décrété et non
» avenu, ce qui a pu être censé décrété dans la-
» dite assemblée sur la puissance ecclésiastique et
» l'autorité pontificale, notre intention n'ayant
» jamais été de rien décréter[1].

Tout le monde n'est pas d'accord sur le sens de cette lettre. Les uns y voient une abjuration formelle de la doctrine des quatre articles; les autres, un simple désaveu de la forme dans laquelle cette doctrine y est énoncée. Les premiers se fondent sur le texte même de la lettre, qui, disent-ils, présente à l'esprit une proposition absolue en ce qu'on y tient pour *nul* et *non avenu* tout ce qui, dans la déclaration, a pu être regardé comme donnant atteinte à l'autorité du saint siège; ce qui ne peut tomber que sur la doctrine des quatre articles mêmes, dont Rome exigeait expressément la rétractation. Les derniers soutiennent que ce n'est qu'un acte conditionnel,

---

[1] Profitemur nos vehementer quidem, et suprà omne id quod dici potest, ex corde dolere de rebus gestis in comitiis prædictis quæ sanctitati et ejus prædecessoribus summopere displicuerunt, ac proindè quidquid in iis comitiis circa ecclesiasticam potestatem et pontificiam autoritatem decretum censeri potuit, pro non decreto habemus et habendum esse declaramus; mens nempe nostra non fuit quidquam decernere.

par lequel les prélats protestent que, supposé que la déclaration pût être interprétée comme faite au préjudice de l'autorité pontificale, ils y renoncent, attendu que leur intention n'avait point été de rien faire de semblable.

C'est en ce dernier sens que Bossuet, d'Aguesseau, et la plupart des écrivains français entendent cette lettre. « Il y a deux choses à distinguer dans » cette lettre, dit l'évêque de Meaux, le style qui » est toujours fort humble, et le fond qui, à le bien » prendre, n'est qu'un compliment qui laisse la » doctrine en son entier. On appellera cela une » rétractation parmi ceux qui veulent toujours » tourner tout à l'avantage de Rome [1]. »

Il fait observer que le pape n'entendit pas autrement la lettre des prélats, puisqu'il n'exigea point qu'ils renonçassent à aucune erreur, ni même qu'ils rétractassent leur doctrine comme étant erronée, fausse ou schismatique; qu'il lui suffit de savoir par leur lettre qu'ils n'avaient eu aucun dessein de faire une décision; que dès lors, convaincu qu'ils ne regardaient point la déclaration comme un jugement épiscopal, la paix n'éprouva plus de difficulté, et que les bulles furent expédiées [2]. D'Aguesseau en donne la même idée : « Les termes de cette lettre, dit-il, étaient mé- » nagés de manière qu'elle ne pouvait être consi-

---

[1] Lettre à Mme. de Luynes, du 15 septembre 1793.
[2] *Gall. orthod.*, §§ VI et X.

» dérée que comme un témoignage de la douleur
» que les évêques avaient ressentie, en apprenant
» les préventions où le pape était entré à leur
» égard, à l'occasion de ce qui s'était passé dans
» l'assemblée du clergé, mais ils n'avouent pas que
» ces préventions fussent fondées [1]. »

Il paraît cependant que cette lettre et celle de Louis XIV donnèrent des scrupules à des personnes timorées qui se repentaient d'avoir adhéré à la déclaration. On peut en juger par la lettre suivante de M. Tronson, à un directeur du séminaire de Clermont : « Ce que le clergé de France, ou
» plutôt quelques évêques ont témoigné au pape
» dans la lettre qu'ils lui ont écrite, ne doit vous
» donner aucun scrupule sur ce que vous avez fait.
» Qu'y a-t-il de plus juste que des enfans qui ont
» déplu à leur père, lui en témoignent du regret?
» Tout ce qu'ils disent ne touche point la vérité
» des propositions et laisse les choses dans l'état
» où elles étaient avant la déclaration du roi et
» les propositions du clergé. Vous avez eu assez de
» fondement et de raison pour agir comme vous
» avez fait. Ainsi ne songez plus au passé; et,
» pour l'avenir, arrêtez-vous à des sentimens que
» l'on enseigne communément en Sorbonne [1]. »
Ces scrupules subsistèrent encore dans quelques âmes pieuses, plusieurs années; c'est ce qu'on peut

[1] Tom. XIII, page 422.
[2] Histoire de Bossuet, liv. VI, § 22.

conjecturer de la lettre de Bossuet à madame de Luynes, où il semble répondre à ses difficultés, en disant qu'il n'avait *rien signé*, et par conséquent qu'il n'en était pas responsable.

IV. La tournure embarrassée de cette lettre venait de l'obstination des Romains qui, pour rendre la déclaration odieuse, la présentaient comme une décision dogmatique qui érigeait les quatre articles en autant d'articles de foi; et de la résolution constante des Français, qui n'avaient eu d'autre intention que de faire une simple exposition des maximes de l'Église gallicane. « Du » reste, dit Bossuet, cette lettre n'est rien, puis» qu'elle ne touche pas au fond de la doctrine, et » elle n'a aucun effet, puisqu'elle n'est que de » quelques particuliers contre une déclaration » prise en commun dans une assemblée générale » du clergé et renvoyée dans toutes les Églises et » dans toutes les Universités, sans qu'il se soit rien » fait au préjudice [1]. »

Le seul titre de *déclaration*, et les mots qui la terminent, nous avons cru *déclarer*, devaient écarter toute idée d'une définition synodale, et ne laisser apercevoir qu'une simple exposition des sentimens du clergé, que des règlemens particuliers à l'Église de France. Si l'on avait employé le mot *décret*, c'était dans le sens le plus étendu pour désigner une simple délibération touchant les

[1] Journal de l'abbé Ledieu, 19 janvier 1700.

maximes reçues dans le royaume, et non dans le sens rigoureux d'un décret dogmatique qui dût obliger toute l'Église. Le rapport de l'évêque de Tournai ne parlait également que d'une délibération à prendre d'une déclaration des sentimens de l'assemblée. Le procès verbal dit expressément qu'elle n'avait pas voulu faire des quatre articles une décision de foi, mais seulement en adopter l'opinion. Dans sa lettre circulaire à tous les évêques du royaume, en exprimant le vœu que ces quatre articles devinssent un jour des canons de l'Eglise gallicane, elle ne leur en attribuait pas d'avance le caractère et l'autorité : elle ne les proposait que comme une explication de certains points destinés à ramener toutes les opinions divergentes à un centre commun de doctrine, afin qu'on ne pût dépasser les bornes posées par les anciens Pères, et comme un moyen de détromper ceux qui avaient défiguré l'enseignement des anciens docteurs de l'école de Paris et de toute l'Église gallicane, sans rien insinuer qui obligeât de les prendre pour une règle de croyance, et de condamner la doctrine contraire des autres écoles. Enfin, si elle eût pensé à faire des articles de foi, elle n'aurait pas manqué, conformément à l'usage constant de l'Église gallicane, de les envoyer au saint siége pour avoir. son approbation.

D'après cette explication qui découle naturellement du texte de la lettre, il ne pouvait plus être question de la déclaration qui avait été la pomme de discorde, et que les Romains affectaient de présenter comme une définition doctrinale; c'est dans cet état de choses, que Bossuet dit: que la déclaration devienne ce qu'elle voudra, *Abeat ergo declaratio quò libuerit*; la doctrine de l'école de Paris n'en est pas moins incontestable et à l'abri de toute censure; *manet inconcussa et censuræ omnis expers prisca illa sententia Parisiensium*; ce qui doit s'entendre de toute l'Église gallicane, comme il le dit ailleurs. C'était céder sur la forme pour conserver le fond; aussi le même prélat, qui devait mieux connaître que personne le véritable sens de la lettre des évêques, assurait-il plusieurs années après qu'elle eut été écrite, que, dans l'intervalle, il ne s'était rien passé *au préjudice* de la délibération prise en commun dans l'assemblée[1]. Il n'existait, en effet, aucun acte émané du corps épiscopal, d'où l'on pût conclure qu'il eût été porté de sa part, la moindre atteinte à sa déclaration. Voyons maintenant si la lettre du roi à Innocent XII est plus favorable à la prétention des ultramontains, que celle des évêques.

VI. Dans la clause de cette lettre qui donne lieu à la dispute, Louis XIV s'exprimait ainsi. « J'ai
» donné les ordres nécessaires pour que les choses
» contenues dans mon édit du 2 mars 1682 tou-
» chant la déclaration faite par le clergé de France,

---

[1] Journal de l'abbé Ledieu, 19 janvier 1700.

» à quoi les conjonctures passées m'avaient obligé,
» n'aient point de suite. » — « Cette lettre, dit
» d'Aguesseau, fut le sceau de l'accommodement
» entre la cour de Rome, et, conformément à
» l'engagement qu'elle contenait, sa majesté ne
» fit plus observer l'édit du mois de mars 1682 qui
» obligeait tous ceux qui voulaient parvenir aux
» grades de soutenir la déclaration faite en cette
» même année par le clergé de son royaume sur
» l'étendue de la puissance ecclésiastique, sa ma-
» jesté cessant, à cet égard, d'imposer l'obligation,
» comme pendant le temps de l'exécution de cet
» édit, et laissant au reste, comme avant cet
» édit, toute liberté de soutenir cette doctrine[1]. »
En conséquence, Innocent XII tint, au mois d'octobre suivant, un consistoire où il annonça cette
heureuse nouvelle au sacré collége, et il préconisa
les évêques qui avaient assisté à l'assemblée de
1682. Ainsi fut terminé ce long différent, qui du-
rait depuis onze ans.

Des hommes trop prévenus contre la mémoire
de Louis XIV, ont traité cette lettre d'*ignomi-
nieuse ;* ils ont prétendu y découvrir la preuve de
*l'affaiblissement de ses facultés morales et intel-
lectuelles*[2]. D'autres ont accusé Bossuet de s'être séparé en cette occasion de la déclaration regardée

[1] Tome XIII, page 421.
[2] Essai sur la puiss. temporelle des papes, tome II,
pag. 194. — Essai sur les libertés de l'Église gall., seconde
édit., page 118.

comme son plus beau titre de gloire[1]. M. le cardinal de Bausset même pense que quelques expressions de la lettre pourraient faire croire que le monarque consentait effectivement à la renonciation de la doctrine des quatre articles[2]. L'auteur du discours préliminaire qui est à la tête de la nouvelle édition de l'ouvrage de Dumarsais, y voit une défense positive d'enseigner cette doctrine.

L'erreur de tous les censeurs de la démarche de Louis XIV, vient de ce qu'ils supposent que, par cette lettre, il avait formellement révoqué son édit, et renoncé à la doctrine des quatre articles, quoiqu'il se fût borné à ne pas donner de suite à l'édit, ce qui ne présente que l'idée d'une suspension provisoire et de circonstance. Pour qu'une loi soit révoquée, il ne suffit pas d'un simple acte de la volonté du souverain, qui, à raison de certains inconvéniens, en suspend l'exécution ; il faut que la révocation soit positivement exprimée dans l'acte révocatoire, et que la nouvelle loi soit investie de toutes les formalités requises pour lui imprimer le caractère d'une loi de l'état, sans quoi ce n'est qu'un acte particulier de la volonté du souverain, qui perd toute sa force par la mort de celui qui l'a émis. C'est là une des maximes les plus constantes de notre droit public. Or, la lettre

---

[1] Les quatre Concordats, tome I, page 360.
[2] Histoire de Bossuet, première édition, pag. 213.

confidentielle dont il s'agit ne fut ni signifiée au parlement, ni publiée par aucune autorité. Voilà pourquoi les magistrats n'en tinrent aucun compte, et qu'ils se réglèrent toujours dans leurs arrêts, d'après l'édit conservé dans leurs registres; et il est sans cesse rappelé dans tous les actes émanés de nos rois sur cette matière.

Quant au fond de la doctrine, on voit par la lettre de Louis XIV, écrite deux ans avant sa mort, au cardinal de la Trimouille, dans l'affaire de l'abbé de Saint-Aignan, qui sera rapportée ailleurs, que, si, pour sortir de l'embarras où les Romains l'avaient mis, il consentit à ne pas tenir rigoureusement la main à l'exécution de son édit, il n'avait pas prétendu pour cela renoncer à la doctrine des quatre articles, ni empêcher ses sujets de la soutenir; qu'il la regardait toujours, non comme une simple opinion, mais comme un corps de maximes *fondamentales*, qui exprimaient celle de l'*Église primitive*, conservée *inviolablement* dans le cours des siècles, par l'Église gallicane, sans aucune altération, et qu'il protesta de ne l'*abandonner jamais tant qu'il vivrait*. En voilà sans doute plus qu'il n'en faut pour justifier ce prince contre les assertions de Duclos et de d'Alembert, qui l'accusent d'avoir changé de doctrine après la mort de Bossuet, et d'avoir promis à Clément XI de faire rétracter les quatre articles, et de faire adopter par les évêques le dogme ultramontain de l'infaillibilité du pape.

Si ses détracteurs voulaient faire attention à l'état où se trouvait le royaume à l'époque de l'accommodement, peut-être traiteraient-ils moins sévèrement la mémoire de ce grand prince. Il s'agissait d'arrêter la consommation d'un schisme déjà commencé, de rétablir la bonne harmonie entre le saint siége et l'Église de France, de mettre un terme aux procédés scandaleux des deux cours qui alarmaient les consciences, de procurer des pasteurs au tiers des églises qui gémissaient depuis long-temps dans une désolante viduité, d'ôter aux ennemis de la religion catholique un prétexte plausible de lui insulter. Tous les moyens de conciliation avaient été épuisés sans succès. En vérité c'est se montrer par trop injuste, que de censurer avec tant d'amertume la conduite que Louis XIV tint dans cette occasion.

Arnauld croyait que le pape avait raison pour le fond, dans l'affaire de la régale et dans celle des franchises. Mais il tenait fortement à la doctrine des quatre articles; il désapprouvait hautement le refus des bulles, comme n'étant propre qu'à jeter l'Église de France dans la confusion. Il trouvait que Rome, disposée à se contenter sur la régale d'un compliment qui sauvât le point d'honneur, se montrait trop inflexible sur la question des quatre articles; qu'exiger que la France renonçât à sa doctrine, c'était vouloir dominer sur la foi d'une grande Église, plus savante et plus éclairée qu'aucune autre Église particulière. Son opinion était

qu'on se montrât d'une fermeté inflexible sur ce point; et il blâmait la France de ce qu'elle était trop portée à se relâcher sur cet article, et à satisfaire à cet égard la cour de Rome. Il s'en prenait, là-dessus, aux deux principaux conseillers du roi, l'archevêque de Paris et le P. La Chaise, qui ne faisaient entrer pour rien l'intérêt de l'Église dans cette affaire. « Quelque indignes sujets, di-
» sait-il, et quelque corrompus dans les mœurs
» que les rois aient nommés depuis le concordat,
» tout a passé à Rome sans difficulté: il n'y a que
» quelque intérêt de la cour romaine qui fasse re-
» fuser des bulles. Il ne suffit pas de s'imaginer
» avoir raison, et d'avoir ensuite une fermeté de
» pilier qui n'avance ni ne recule; il faut se rendre
» à des accommodemens raisonnables, il faut to-
» lérer de moindres maux pour en empêcher de
» beaucoup plus grands. »

Du côté de la France, les choses ne se présentaient pas sous un meilleur aspect; au lieu de se borner à nommer aux Églises vacantes par mort, on faisait des transactions doubles, triples, que le peuple appelait par dérision des *cascades*; ce qui avait le grand inconvénient de multiplier considérablement le nombre des églises veuves. Les nommés se transportaient dans leurs nouveaux siéges, avec des ordres de la cour pour se faire donner, par les chapitres, des lettres de grands-vicaires-administrateurs, et ils abandonnaient celles dont ils étaient titulaires. De là une foule de désordres, auxquels il était impossible d'appliquer un remède efficace, tant que la division subsisterait. On savait bien en théorie qu'une grande Église a le droit de revenir à l'ancienne discipline des institutions épiscopales par les métropolitains, quand il n'y a pas d'autre moyen pour donner des pasteurs au peuple ; que la possession moderne des papes n'est fondée que sur les fausses décrétales ; mais on ne croyait pas pouvoir employer ce moyen sans le faire adopter dans un concile. Mais les deux cours, par des motifs différens, ne voulaient pas entendre parler de concile. Le cardinal d'Estrées avait proposé d'en faire au moins la menace, afin d'intimider les Romains, et de les obliger de se désister de leur obstination. Mais la cour de France y répugnait, et celle de Rome y pouvait faire naître des obstacles insurmontables, tant elle tenait fortement au droit de faire dépendre les institutions épiscopales des bulles pontificales, et de tenir par-là toutes les Églises dans sa sujétion. Le chapitre suivant nous en fournira bien des preuves, ainsi que de l'attachement irrésistible à ses maximes, au préjudice des intérêts des autres Églises.

CHAPITRE VI.

Les Romains persistent, après l'accommodement, dans leur système d'opposition à la doctrine des quatre articles.

I. Il résulta un grand bien de l'accord fait entre les deux cours : les Églises, qui gémissaient depuis long-temps dans une désolante viduité, furent pourvues de pasteurs ; les fidèles se virent délivrés des scrupules de conscience que faisait naître le titre contesté des administrateurs ; la bonne harmonie entre le clergé de France et le saint siége reprit sa marche ordinaire, et les deux puissances rentrèrent dans leurs anciennes relations ; enfin, on jouit du bonheur de la paix, et les deux parties conservèrent chacune leur doctrine ; ce qui fit comparer cette paix à la bataille de Sénef, où l'on chanta le *Te Deum* dans les deux camps, c'est-à-dire, que, sans juger le fond du procès, on transigea sur les formes. On doit dire, à la louange de Louis XIV, qu'il eut la sagesse de dissimuler un procédé d'Innocent XII, qui aurait pu empêcher la conclusion de ce traité, si ce prince n'eût pas été animé d'un profond sentiment de modération : je veux parler de deux brefs, l'un du 10 janvier 1693, l'autre du 21 novembre 1694, par lesquels le pontife accepta l'hommage du volumi-

neux ouvrage de Roccaberti, archevêque de Valence, en Espagne, avec une extrême bienveillance. Ce fougueux ennemi de la déclaration l'y traitait d'impie, d'hérétique et de schismatique; le roi et les évêques de France y étaient accablés d'injures. « Il est fâcheux, dit Bossuet, de voir à la
» tête de cet amas d'invectives, deux brefs du
» pape à la louange de celui qui les étale avec tant
» d'aigreur. » Heureusement que le roi, qui ne l'ignorait pas, usa de dissimulation, et la paix ne fut point troublée. Il ne fit pas non plus d'attention à l'allocution que le même pape avait faite au consistoire, en montant sur le trône pontifical; peut-être même l'ignorait-t-il! elle annonçait le projet bien formel de maintenir la constitution *Inter multiplices*, et de se conduire en conséquence.

Avant d'entrer dans le récit des faits qui vont faire la matière de ce chapitre, nous ferons observer, qu'après l'arrangement consommé, les procédés les plus répréhensibles vinrent de la part de Rome, et qu'ils eurent leur principe dans l'animosité que cette cour a toujours conservée contre la déclaration, et surtout contre la doctrine qu'elle contient. Elle persévéra obstinément dans le système de regarder la lettre du roi et celle des évêques comme une renonciation formelle à la doctrine des quatre articles, quoique ces lettres n'eussent rapport qu'à la forme de la déclaration. C'est de là que naquirent tous les différens.

Tout ce chapitre roule sur l'extrême opposition des souverains pontifes aux libertés de l'Église gallicane, et principalement aux quatre articles de 1682. Plusieurs de ces pontifes furent distingués par d'éminentes vertus personnelles et par leur zèle pour le maintien de la discipline ecclésiastique. Dans ce nombre se trouvent les papes Pie VI et Pie VII, dont la mémoire doit être bien chère aux Français, par l'intérêt qu'ils prirent au sort de notre Église dans ses jours de désolation, et par l'horrible persécution qu'ils souffrirent dans cette terrible lutte. Forcés, par la nature de notre ouvrage, de parler de leur prévention contre nos maximes, et des actes émanés de leur autorités pour soutenir celles de leur cour, nous déplorons leurs procédés, et le malheur qu'ils eurent de confondre souvent de simples prétentions avec les droits sacrés du saint siége; mais c'est toujours sans nous écarter du respect dû à leur personne, et des devoirs que nous impose leur haute dignité. Hommes, ils participèrent aux faiblesses de l'humanité; chefs de l'Église, qui a son centre dans leur siége, ils ont droit à notre vénération, lors même qu'il leur est arrivé de s'écarter de la gravité de leur auguste ministère : telles sont nos dispositions en entrant dans cette partie délicate de notre histoire.

II. On a vu le pape Innocent XII, dès les premiers jours de son pontificat, témoigner la plus ferme résolution de maintenir les maximes contestées de son siége, protester de son adhésion à la constitution de son prédécesseur contre celle de l'Église gallicane, et se borner, dans la négociation avec la France, à exiger des mesures qui ne touchaient point au fond de la doctrine. C'est sur ce pied que la paix fut conclue. Voilà ce qui explique ses deux brefs à Roccaberti. Clément XI trouva donc que rien n'avait été changé dans le système des Romains, lorsqu'il fut élevé au souverain pontificat, et personne ne devait mieux le savoir que lui, puisqu'il avait été un des principaux agens de la paix; mais il ne mit pas, à cet égard, la même prudence qu'Innocent XII, dans les divers événemens qui arrivèrent de son temps.

L'assemblée du clergé de 1705, en recevant la bulle *Vineam domini*, avait établi en principe que les évêques ont, par leur divine institution, le droit de juger en matière de doctrine; que les constitutions des papes n'obligent toute l'Église qu'après qu'elles ont été acceptées par le corps des pasteurs; que cette acceptation doit se faire par voie de jugement, et que c'est conformément à ces maximes que la bulle avait été reçue. Clément XI en témoigna le plus vif ressentiment dans deux brefs qu'il adressa, l'un au roi, l'autre aux évêques de l'assemblée, où il réduisait les évêques au rôle de simples exécuteurs passifs des décrets du saint siége. Dans le premier, il s'élevait fortement contre ce qu'il appelait les odieuses entreprises de l'as-

semblée de 1682, faites au détriment des droits du siége apostolique, et se plaignait de ce que les évêques de l'assemblée actuelle paraissaient s'être moins réunis pour recevoir sa constitution, que pour mettre des bornes à l'autorité du saint siége, ou plutôt pour l'anéantir. « Qu'ils n'aient pas l'au-
» dace, ajoute-t-il, d'usurper la plénitude attri-
» buée à notre chaire; qu'ils apprennent à révérer
» et à exécuter les décrets de ce siége touchant la
» foi catholique; qu'ils ne présument pas avoir
» le droit de les disputer et de les juger[1]. »

Le second bref était sur un ton bien plus impérieux encore. « C'est une chose tout-à-fait intoléra-
» ble, y disait-il, de voir un petit nombre d'évêques,
» et surtout de ceux dont les églises ne tiennent
» leurs priviléges et les honneurs dont elles sont
» décorées, que de la faveur et de la munificence du
» pontife romain, lever la tête, et méconnaître les
» droits du premier juge, fondés, non sur l'auto-
» rité humaine, mais sur l'autorité divine. Vos an-
» cêtres étaient bien éloignés de s'arroger le droit
» de discuter les constitutions du siége aposto-
» lique, qu'ils recevaient comme le symbole de la
» foi. Apprenez que dans la question présente,
» nous n'avons pas besoin de vos conseils, nous ne
» demandons pas vos suffrages, nous n'attendons

---

[1] Plenitudinem potestatis huic cathedræ attributam usurpare non audeant; et ejusdem sedis de catholicâ fide decreta venerari et exequi discant, non discutere aut judicare præsumant.

» pas vos avis, nous ne vous enjoignons que l'o-
» béissance [1]. »

Ces deux brefs ne furent pas plus tôt devenus publics, que le parlement de Paris s'empressa de les supprimer par un arrêt dont la cour empêcha l'impression et la publication. Les gens de bien gémirent de cette faiblesse du gouvernement. Mais on avait besoin d'user de ménagement envers la cour romaine; parce qu'on s'occupait déjà d'en obtenir la condamnation du livre des *Réflexions morales*. « Aurait-on cru, dit le chancelier d'A-
» guesseau, qu'il ne se passerait pas plus de six ou
» sept années, sans que des maximes si autenthi-
» quement et si unanimèment déclarées, et qu'on
» publiait sur les toits, fussent presque aban-
» données, ou du moins déguisées et palliées en
» France? Mais nous sommes dans un pays où
» l'on peut moins que partout ailleurs hasarder
» des prophéties pour l'avenir le plus prochain [2]. »

On sentit enfin qu'il fallait prendre des mesures

---

[1] Intoleranda planè res est paucos episcopos, et illarum potissimum ecclesiarum quorum privilegia et decora non nisi romani pontificis favore ac beneficio constant, caput attollere ac primæ sedis jura corradere, quæ non humanâ, sed divinâ autoritate nituntur.... Longè aberrant (majores vestri) ab arrogando sibi jure discutiendi apostolicæ sedis constitutiones, quas ut ipsum fidei symbolum recipiebant.... Nos in hâc causâ non vestrum consilium exposcere, non rogare suffragia, non expectare sententiam, sed obedientiam injungere...

[2] Tome XIII, page 181.

contre les invasions de l'ultramontanisme que les émissaires de la cour de Rome s'efforçaient de faire prévaloir, en discréditant les quatre articles du clergé. Le P. Buffier avait insinué dans sa *Pratique de la mémoire artificielle*, que les prélats de l'assemblée de 1682 n'avaient obtenu leurs bulles qu'après avoir *rétracté* ces quatre propositions. C'était attaquer Louis XIV par un endroit très-sensible, parce qu'il s'était toujours opposé à toute espèce de rétractation, sous quelque forme qu'on pût la déguiser : aussi l'ouvrage fut-il supprimé par arrêt du conseil. On ne se borna pas à cette mesure assez insignifiante. Le docteur Lebas, syndic de la faculté de théologie, eut ordre d'engager les bacheliers en licence à insérer les quatre articles dans leurs thèses, sur lesquels on gardait le silence par ménagement pour la cour romaine. Tournely les fit entrer dans son *Traité des sacremens*; il fut récompensé par l'abbaye de Meymac. Dupin, pour en rendre l'étude plus facile, composa, à la sollicitation du chancelier de Pontchartrain, son *Traité de la puissance ecclésiastique et temporelle*, qui en est le commentaire [1].

Lorsque quelques bacheliers se conformaient aux intentions de la cour, le nonce ne manquait guère d'envoyer leurs thèses à Rome. On les conservait à la Daterie, dont les portes leur étaient fermées quand ils y avaient recours pour quelque

---

[1] Hist. du cas de conscience, tom. VII, pag. 162 et suiv.

bénéfice. L'abbé de Mérainville s'était trouvé dans ce cas; mais on n'y fit pas d'attention, et ses bulles pour l'évêché de Chartres ne souffrirent aucune difficulté. Peut-être le nonce avait-il négligé d'envoyer sa thèse. L'abbé de Saint-Aignan, qui avait inséré les quatre articles dans celle qu'il soutint en 1705, ayant été nommé en 1713 à l'évêché de Beauvais, le pape lui fit signifier qu'il n'obtiendrait pas les siennes, à moins qu'il ne rétractât les propositions de sa thèse. Ce refus était motivé par la lettre des évêques de l'assemblée de 1682 et par celle de Louis XIV, regardées à Rome comme des actes révocatoires de la déclaration des quatre articles. Ce prince écrivit à ce sujet une lettre très-vigoureuse au cardinal de La Trimouille, son ambassadeur, avec l'injonction expresse d'en faire lui-même la lecture au pape.

Sa Majesté y protestait qu'elle n'avait jamais pris l'engagement dont le pape se prévalait; qu'elle s'était bornée à ne pas presser l'exécution de l'édit du 2 mars 1682, qui obligeait tous ses sujets à soutenir les quatre articles, leur laissant d'ailleurs toute liberté à cet égard; que le pape Innocent XII avait compris qu'il était de sa sagesse de ne pas attaquer en France des maximes que l'on y regardait comme fondamentales, que l'on y suivait comme celles de l'Église primitive, et que l'Église gallicane avait conservées inviolablement sans souffrir qu'on y fît aucune altération pendant le cours de tant de siècles; que son prédécesseur n'avait pas demandé de les abandonner; que le pape actuel devait connaître mieux que personne l'engagement que Sa Majesté avait contracté, puisqu'il était un des ministres d'Innocent XII, et qu'il avait eu une principale part dans l'accommodement; qu'ainsi on ne pouvait admettre aucun expédient pour une prétention toute nouvelle [1].

Cette dépêche ayant été lue toute entière au pape, il ne jugea pas à propos d'engager plus avant une affaire qui pouvait avoir des conséquences fâcheuses aisées à prévoir. Les bulles furent expédiées sans que l'abbé de Saint-Aignan eût besoin d'envoyer le désaveu demandé. Il ne faut pas croire, néanmoins, que ce pas rétrograde ait été, de la part de Clément XI, l'effet d'aucun changement dans sa manière de considérer le fond de l'affaire; car on le voit, quelques années après, déclarer à l'évêque de Sisteron, qu'il ne lui serait jamais permis de ne pas s'élever contre le mandement du cardinal de Noailles, sur la bulle *Unigenitus*, où se trouvaient rappelés les articles de 1682, dont, disait-il, les évêques français, et même Louis XIV, avaient fait satisfaction au saint siége [2]. Le principal motif de son désistement doit être attribué à la crainte de compromettre le sort de cette bulle qu'il se disposait à publier. Il appréhendait que son acceptation n'en éprouvât des obstacles, à cause de

---

[1] Note.
[2] Mémoires secrets du card. Dubois, tom. I, pag. 362.

la division qu'un plus long refus pourrait mettre dans les esprits. La lettre de Louis XIV lui avait fait envisager cet inconvénient, que M. de Fénélon lui faisait encore représenter par le P. d'Aubenton, son agent confidentiel à Rome : « Un refus plus » prolongé, mandait l'archevêque de Cambrai, se- » rait très-dangereux dans la conjoncture présente, » où il s'agit d'accepter simplement une constitu- » tion du saint siége apostolique. » Cette clause, qui ne se trouve pas dans les imprimés, a été prise de l'exemplaire autographe, conservé aux archives du Vatican. On voit, par la contestation élevée au sujet du refus des bulles fait à l'abbé de Saint-Aignan, que Clément XI ne se départit jamais de l'idée qu'il s'était formée de la lettre des évêques et de celle du roi. Cette idée y domine encore aujourd'hui. Il y eut du temps de la régence des refus de bulles qui donnèrent lieu à de vifs démêlés entre les deux cours. Mais ce refus n'a rien de commun avec la doctrine des quatre articles; il appartient à l'histoire du jansénisme : ainsi nous ne nous y arrêterons pas. Mais cet incident est une nouvelle preuve des torts qu'on avait eus de rendre l'institution des évêques dépendante des bulles de Rome.

III. Les successeurs de Clément XI ne donnèrent pas dans les mêmes écarts; mais ils se conduisirent d'après les mêmes maximes. M. de Rastignac, ayant été transféré, en 1723, de l'évêché de Tulle à l'archevêché de Tours, éprouva de grandes difficultés pour ses bulles de la part d'Innocent XIII. Son crime était d'avoir présidé à une thèse où se trouvaient les quatre propositions du clergé; et il ne les obtint qu'après avoir écrit une lettre de satisfaction qui fut regardée à Rome comme un désaveu de ces propositions.

Ce fut en 1729 que parut en France, dans quelques bréviaires, la fameuse légende de Grégoire VII, où on alléguait, pour un des motifs de sa canonisation, le zèle intrépide avec lequel il avait excommunié l'empereur Henri IV, et l'avait déclaré déchu de ses états, en déliant ses sujets de leur serment de fidélité [1]. M. de Caylus s'étant élevé contre la légende, son mandement fut censuré par Benoît XIII, dans un bref en forme de bulle. Alors, cependant, la fausseté des titres était généralement reconnue.

Dès qu'on eut connaissance dans cette ville de la *défense* de la déclaration, les plus habiles théologiens d'Italie convinrent que la doctrine de l'Église gallicane y paraissait établie par des preuves imposantes; ils virent à regret que les opinions ultramontaines ne s'y montraient que sur un fondement ruineux. L'ouvrage fut cependant dénoncé au pape Clément XII. On trouvait mauvais que

---

[1] Contrà Henrici imperatoris conatus fortis, per omnia athleta impavidus permansit..... ac eumdem.... fidelium communione regnoque privavit, atque subditos populos fide ei datâ privavit. *Sect. V, 2 noct.*

l'auteur niát tout pouvoir direct ou indirect du pontife romain sur le temporel ; qu'il lui contestât l'infaillibilité de ses jugemens prononcés *ex cathedrâ*, et sa supériorité au-dessus du concile. Mais, après un mûr examen, le pape déclara qu'il n'était pas convenable de renouveler les disputes sur ces questions, et que le mérite personnel de l'auteur, qui avait rendu de si grands services à l'Église, exigeait toutes sortes d'égards pour sa mémoire ; ce qui fit mettre au néant la dénonciation.

Nous remarquons que Benoît XIV, qui atteste cette anecdote dans sa lettre du 31 juillet 1748, au grand inquisiteur d'Espagne, y professe la doctrine proscrite par les quatre articles. Il le devait par égard pour la doctrine toujours dominante à Rome, quelle que pût être son opinion personnelle.

Clément XIII, son successeur, ne mit pas la même discrétion dans l'expansion de son zèle à cet égard. Dans son allocution en faveur des jésuites, il se plaignit avec beaucoup d'amertume de ce que la magistrature française voulait les astreindre à prendre l'engagement de soutenir les quatre articles, malgré la condamnation qu'en avait faite le pape Alexandre VIII. Il fit censurer par l'inquisition le mandement de M. de Fitz-James, évêque de Soissons, au sujet du livre des *Assertions*, parce qu'il y avait attribué aux quatre propositions les mêmes caractères que l'assemblée de 1682 leur avait donnés ; et en adressant le décret au roi, il l'appuya, fortement par une lettre à Louis XV, pour le prier de le rendre exécutoire[1].

IV. Pie VI n'était pas moins prévenu contre nos quatre articles. Le synode de Pistoie les avait insérés dans un décret intitulé : *Della fede e della chiesa*. C'est contre cette insertion que fut lancée la bulle *Auctorem fidei*, qui ne se borna pas à renouveler la constitution *Inter multiplices* : elle prononça formellement la condamnation, *damnamus*, ce que n'avait pas fait Alexandre VIII, quoique les termes dont il s'était servi pour les réprouver fussent équivalens. Les invectives qu'on a reprochées à la nouvelle censure venaient de ce qu'on supposait que le synode, en les insérant dans un décret de foi, *de fide*, avait prétendu les mettre au rang des articles de foi, ce que l'on convenait n'avoir pas été dans l'intention des auteurs de ces articles [2]. En conséquence de cette asser-

---

[1] OEuv. posth. de M. de Fitz-James, tom. I, pag. LX.

[2] Insignis ea fraudis plena synodi temeritas, quæ pridem improbatam ab apostolicâ fide conventûs gallicani declarationem an. 1682, ausá sit, non amplissimis modò laudibus exornare, sed quò majorem illi auctoritatem conciliaret, cam in decretum *de fide* inscriptum insidiosè includere, articulos in illâ contentos palàm adoptare, et quæ sparsim per hoc ipsum decretum tradita sunt horum non solum articulorum publicâ et solemni professione obsignare. Quæ sanè gravior longè se nobis offert de synodo quàm prædecessoribus nostris fuerit de comitiis illis expostulandi ratio, sed ipsiusmet gallicanæ ecclesiæ non levis injuria irro-

tion, Pie VI croit que, pour remplir ce qu'exige
de lui la sollicitude pastorale, il ne doit pas se
borner à renouveler les censures de ses prédécesseurs, et qu'il ne peut se dispenser de les condamner expressément [1].

Malheureusement la fourberie reprochée au synode de Pistoie, porte sur une altération faite dans le titre de son décret par le rédacteur de la bulle. Ce rédacteur, quel qu'ait pu être son motif, était le cardinal Gerdil, qui avait poussé la préoccupation contre la déclaration du clergé, jusqu'à contester l'authenticité de l'ouvrage de Bossuet pour sa défense. Dans le décret du synode, comme on l'a dit, le titre était : *De fide et ecclesiâ*; tandis que dans la bulle on n'a mis que la première partie

gatur, quam dignam synodo existimaverit, cujus auctoritas in parte vocaretur errorum quibus illud est contaminatum decretum.

[1] Quamobrem quæ acta conventûs gallicani, mox ut prodierunt prædecessor noster ven. Innocentius XI, per litteras in formâ brevis, die 11 aprilis an. 1682, post autem expressiùs Alexander VIII constitutione *inter multiplices*, die 4 augusti an. 1690, pro apostolici sui muneris ratione, improbarunt, resciderunt, nulla et irrita declarârunt. Multò fortiùs exigit à nobis pastoralis sollicitudo recentem horum factam in synodo tot vitiis affectam adoptionem, velut temerariam, scandalosam, ac præsertim, post edita prædecessorum nostrorum decreta, huic apostolicæ sedi summopere injuriosam reprobare ac *damnare*, pro ut eam præsertim hâc nostrâ constitutione reprobamus et *damnamus*, ac pro reprobatâ et *damnatâ* haberi volumus.

de ce titre : *De fide*; de manière à faire croire qu'il avait uniquement pour objet des articles de foi, quoiqu'on y trouve plusieurs autres questions controversées dans l'Église, et qui appartiennent à la partie retranchée, *de ecclesiâ*, telles que celles qui sont la matière des quatre articles. C'est à la faveur d'une pareille équivoque, que la déclaration avait autrefois excité contre elle les clameurs des Romains; mais, du moins, alors l'équivoque roulait sur le mot *déclaration*, qu'on voulait absolument prendre pour celui de *définition*, afin d'accuser les Français d'avoir introduit une nouvelle formule de foi; au lieu qu'ici la condamnation vient d'une altération difficile à excuser. Notre explication rentre évidemment dans l'ordre des questions, telles qu'elles sont rangées dans le décret du synode.

On y expose d'abord les vérités que l'Église enseigne comme de foi, et l'on ajoute, immédiatement après : Voilà en abrégé tout ce que les fidèles doivent *croire*. On passe ensuite aux prérogatives de l'Église, et aux différentes interprétations qu'elles ont subies de la part des théologiens. C'est dans cette classe que se trouvent les quatre articles, où ils sont présentés comme des moyens propres à déterminer le caractère et les bornes de ces prérogatives, sans leur donner plus d'importance que ne l'avait fait l'assemblée du clergé. Voici de quelle manière est conçue cette partie du décret. « Nous » croirions, au reste, omettre un des *moyens* les

» plus efficaces et les plus précieux pour fixer ces
» bornes, si nous n'adoptions pas les quatre cé-
» lèbres articles du clergé de France, qui ont fait
» tant d'honneur aux lumières et au zèle de la res-
» pectable assemblée de 1682. » On transcrit ensuite les quatre articles qui terminent le décret.
En vérité, il faut être bien tourmenté de la manie
de censurer, pour trouver un sujet de condamnation dans un pareil décret. M. de Ricci, qui devait mieux connaître que personne le sens du décret de son synode, n'en donne pas une autre idée
dans son apologie. « Quant à ce qui regarde la
» déclaration du clergé de France, dit-il, nous n'en
» avons pas prescrit les articles comme des *dogmes*,
» mais nous les avons reçus comme un excellent
» *moyen* pour marquer l'union entre les deux
» puissances. » C'est dans cet esprit que le clergé
français les avait adoptés, et que Bossuet les a expliqués et défendus. Quel crime peut-on faire au
synode de les avoir loués et de les avoir adoptés
dans les mêmes vues? que signifie ensuite les invectives lancées à ce sujet contre la personne de
l'évêque de Pistoie? pourquoi lui faire un crime
de les avoir invoqués pour justifier son ouvrage [1] ?
Toute cette affaire ressemble assez à celle du docteur Richer, qui a été rapportée dans le premier chapitre de notre ouvrage.

[1] Lettre de M. l'évêque de Chartres à un de ses diocésains, pag. 47 et suiv.

L'argument tiré de l'altération faite au titre du décret, n'est, dit-on, qu'une *misérable carillation jansèniste*. Avec le mot magique de *jansénisme*, on répond à tout aujourd'hui; c'est un masque dont on est convenu d'affubler les défenseurs des libertés gallicanes, afin de les rendre odieux, pour se dispenser de les réfuter. Ce léger vernis d'hérésie opère des effets merveilleux. Le *vieux Romain*, qui nous l'a mis sur le visage[1], en a ressenti lui-même les atteintes; et c'est sans doute pour se laver de cette horrible souillure, qu'il a affecté d'en faire un si fréquent usage dans ses derniers cahiers. Du reste, en nous renvoyant au *mémoire* que le prélat de Piétro, secrétaire de la congrégation, chargé de dresser la bulle *Auctorem fidei*, remit aux cardinaux et aux théologiens pour les diriger dans ce travail, il nous rappelle une pièce très-curieuse, pour confirmer tout ce que nous avons dit de la ténacité des Romains au dogme ultramontain, de la suprématie temporelle des papes.

On y donne d'abord, comme un fait certain, qu'avant la déclaration de 1682, l'opinion la plus générale en France avait toujours été contraire à la doctrine des quatre articles, spécialement à celle du premier; que cet article, ainsi que les trois autres, n'avait été adopté que dans un esprit de haine et de ressentiment, sans aucun égard pour la vérité, et par la seule crainte de déplaire à Louis XIV;

---

[1] La *France catholique*, tom. IV, pag. 45.

que c'était l'ouvrage d'un petit nombre d'évêques désavoués par la majorité de leurs collègues, réprouvé par toutes les écoles, par tous les docteurs catholiques de l'Europe, rétracté par ses propres auteurs, par Louis XIV lui-même, et solennellement condamné par le saint siége. Ce premier aperçu est suivi d'une tradition de faits tendans à prouver que, de temps immémorial, les papes ont exercé leur suprématie sur le temporel ; ce qui n'offrirait que des actes de possession, sans qu'on pût s'en prévaloir pour établir un droit. Cette tradition ne remonte pas d'ailleurs au delà du huitième siècle, temps où commençaient à se répandre des pièces apocryphes, mais regardées comme authentiques, devant lesquelles disparaissait l'ancienne constitution de l'Église. La plupart des faits allégués dans le mémoire sont altérés ou mal appliqués, et réduits à leur juste valeur dans le grand ouvrage de Bossuet.

C'est dans cet état qu'il fut remis à la congrégation de la part du pape, pour être la base de ses délibérations, et lui tracer le plan sur lequel devait être rédigée la bulle. On s'y conforma. Les quatre articles furent considérés, non-seulement suivant la forme que leur avait donnée l'assemblée du clergé, et sous le rapport de leur insertion dans le décret de Pistoie, mais encore en eux-mêmes, et relativement au fond de la doctrine, tels qu'Alexandre VIII les avait proscrits, tels que Rome les a toujours considérés, avec cette différence que leur insertion dans un décret de foi parut mériter une censure plus sévère[1].

Nous omettons quelques autres événemens du même pontificat, qui concourent à prouver combien le pape Pie VI était opposé à nos maximes, entre autres son allocution du jour de Noël 1778, dans dans laquelle il combla d'éloges la rétractation de de M. de Hontheim, où le pontife romain était *souverain juge* des controverses, et où les appels de ses jugemens au concile général étaient condamnés; son bref du 28 novembre 1786, contre le livre du professeur Eybel, où les prétentions romaines sont mises au rang des *dogmes catholiques*, quoique Eybel eût rendu hommage aux prérogatives du saint siège.

Avant de terminer cet article, nous devons prévenir le reproche qu'on nous fera peut-être d'accuser le pape Pie VI d'avoir altéré le titre du décret de Pistoie, pour servir de prétexte à la censure lancée contre cette partie du synode. Je n'examine pas le motif de l'altération, et je ne lui applique point de note offensante. Il s'agit d'un fait matériel qu'on ne saurait contester : ce qu'il peut avoir de répréhensible n'est point à la charge du vénérable pontife, mais à celle du rédacteur. C'est

---

[1] È dunque evidente che prima del 1682 in Francia era commune, e non contraditta la sentenza che sosteneva il diritto del papa *in temporalia regum*, la superiorità sul concilio generale, la facoltà su i canoni dei concilii generali e l'infallibilità.

ainsi que dans le bref contre le livre intitulé : *Qu'est-ce que le pape ?* que je viens de citer, on a relevé des propositions tronquées. Eybel y disait, par exemple, qu'il y a du fanatisme à dire que le pape est juge suprême et infaillible « des « croyans; » on a retranché de la proposition le mot *infaillible*, ce qui en altère le sens. On a également remarqué que dans la bulle *Auctorem fidei*, le bref d'Innocent XI, dirigé uniquement contre l'accommodement de la Régale, est appliqué à la déclaration des quatre articles, qui vraisemblablement n'était pas encore parvenue à Rome à l'époque où le bref en partit. Nous nous sommes permis de relever différentes erreurs assez graves du même genre, échappées à l'illustre auteur des histoires de Bossuet et de Fénélon [1], sur lesquelles il a pu être égaré par ceux qui lui fournissaient des matériaux pour son ouvrage. Dans cette sorte de discussion on est à l'abri de tout reproche, lorsqu'en relevant les fautes matérielles on n'attaque pas les intentions. C'est dans le même esprit et avec la même réserve que nous allons examiner les événemens du pontificat de Pie VII.

V. Quand on se rappelle les fâcheuses circonstances où ce vénérable pontife s'est trouvé, il y aurait de l'injustice à juger en rigueur quelques-

---

[1] Supplément aux histoires de Bossuet et de Fénélon, chap. 2.

unes de ses démarches. Celle qu'il fit en venant sacrer le nouvel empereur des Français est de ce nombre. Ce ne fut qu'après s'y être long-temps refusé qu'il s'y résolut, dans la vue d'épargner de grands malheurs à la religion. Le dessein de ressaisir les anciennes prétentions de ses prédécesseurs sur la disposition des couronnes, ou d'imprimer un caractère de légitimité au titre de l'usurpateur, n'y entrèrent pour rien. Mais on ne peut disconvenir qu'il n'ait cru pouvoir profiter de cette occasion pour obtenir la révocation de la déclaration du clergé, dont il avait vu avec douleur le renouvellement et la confirmation dans les articles organiques du concordat de 1801. Quel autre motif pourrait-on donner à la précaution qu'il eut de porter avec lui la lettre de Louis XIV à Innocent XII, de la présenter à Buonaparte pour lui demander la confirmation de la révocation que les Romains se sont toujours obstinés à y voir ? Il crut pouvoir parvenir au même but après la restauration, en faisant insérer dans le troisième article du concordat de 1817, une clause qui portait l'abrogation des lois organiques du précédent, en ce qu'elles ont de contraire à *la doctrine et aux lois de l'Église*; ce qui ne pouvait s'entendre que de l'article où nos maximes sont remises en vigueur, car c'est le seul qui ait pour objet un point de doctrine. Tout cela prouve seulement qu'il tenait fortement au système de sa cour sur l'interprétation de la lettre de Louis XIV et de celle des évêques de l'assemblée. On doit expliquer avec la même indulgence l'endroit du concordat de 1801, où les Français sont autorisés à prêter serment de fidélité à leur nouveau dominateur.

C'est encore mal à propos qu'on a fait au même pontife un crime de la destitution de tout l'épiscopat français de la même époque, comme d'une entreprise contre les libertés de l'Église gallicane. Ce fait, unique dans les annales de l'Église, comme les raisons qui le déterminèrent, ressemble à celui d'un nautonier qui, au milieu de la tempête, jette à la mer une portion précieuse de sa cargaison pour sauver son vaisseau du danger imminent de faire naufrage. « Ce fut, disait-il depuis, une me-
» sure extraordinaire, reconnue nécessaire dans
» ces temps malheureux, et indispensable pour
» mettre fin à un schisme déplorable, et pour ra-
» mener au centre de l'unité catholique une
» grande nation. » C'est ainsi que Pie VII s'en exprima dans sa lettre du 24 mars 1813, à celui qui lui proposait cet exemple, pour qu'il fît usage de la même mesure à l'égard de quelques évêques d'Italie. C'était le cas où le chef de l'Église doit *s'élever au-dessus de tout* pour l'intérêt de cette même Église ; aussi se refusa-t-il constamment à la demande qui lui était faite, en déclarant que ce serait de sa part commettre une grande injustice de priver des évêques de leurs siéges sans des raisons canoniques. C'est par la même considération

qu'il s'est également refusé, soit à la destitution du cardinal Fesch, soit à la privation de la juridiction de cette éminence sur le diocèse de Lyon, tant qu'il n'en aurait pas été privé canoniquement. On ne saurait donc alléguer le fait en question comme un attentat contre nos libertés, parce qu'il sort du cours ordinaire des choses [1].

Dans les conférences de Savone, en 1811, Pie VII témoigna son intention de ne rien faire de contraire à la déclaration de 1682; et sa disposition à laisser les choses *in statu quo*. Mais il observa que le pape Alexandre VIII, ayant condamné et *cassé* cette déclaration, il ne lui était pas possible de rétrograder ouvertement; qu'outre son opinion personnelle, cette démarche serait regardée dans l'Église comme l'effet de sa captivité, et que sa mémoire en serait flétrie [2]. C'est bien là tout ce qu'on pouvait exiger de la conscience timorée d'un pontife élevé dans tous les préjugés de la cour de Rome. Lorsqu'après être sorti de détention il traversa le royaume pour s'en retourner en Italie, le bon M. Dubourg, évêque de Limoges, lui ayant demandé ce qu'il fallait penser des quatre articles du clergé : *L'Église*, lui répondit-il, *ne les a pas condamnés, ne les condamnons point*. Certes la plupart de ses prédécesseurs n'auraient pas témoigné autant de modération qu'il en montra

---

[1] La France catholique, tome II, page 270.

[2] Mémoires historiques sur les affaires ecclésiastiques de France, tom. II, pag. 414.

dans ces deux cas; mais il n'en est pas moins vrai qu'il fait chaîne dans la tradition des pontifes romains parmi les adversaires de nos maximes. Je sais bien que, dans les conférences de Savone, il se montra disposé à s'accorder avec nous sur le premier article de la déclaration de 1682. Nous laissons à d'autres le soin de concilier cette déclaration avec ses instructions au nonce de Vienne.

VI. Les faits rapportés dans ce chapitre prouvent sans réplique que, malgré l'accord fait entre Innocent XII et Louis XIV, on a toujours regardé à Rome la lettre de ce prince et celle des évêques de l'assemblée de 1682, comme des actes révocatoires de la déclaration du clergé et de la doctrine des quatre articles; qu'on y persiste encore aujourd'hui dans cette opinion, de même que dans l'idée que la censure prononcée par le pape Alexandre VIII contre tout ce qui s'était passé dans l'assemblée, n'a jamais cessé de conserver toute sa force; enfin, pour nous servir des expressions employées dans une occasion solennelle, par un prélat qui marche à grands pas au cardinalat, par la même voie que les d'Aguirre et les Sfondrate y parvinrent, qu'on pense encore au delà des monts que les quatre articles, quelque explication qu'on puisse leur donner, renferment évidemment une doctrine profane et *anti-évangélique*. C'est ainsi que s'exprimait, le 29 juin 1815,

M. Marchetti, archevêque d'Ancyre, dans le panégyrique de saint Pierre, prononcé à Gênes devant une auditoire nombreux et choisi, où figuraient plusieurs prélats de la cour romaine. Il y disait : Que nos évêques avaient puisé leurs quatre articles dans Luther et dans les autres hérétiques; que M. de Bausset avait fait de vains efforts pour les mettre en harmonie avec les maximes ultramontaines; que ses bénignes explications ne pouvaient guérir la plaie profonde qu'ils avaient faite à l'Église par une nouveauté si profane et si contraire à l'Évangile [1], ce qui a principalement rapport au quatrième article. Le discours fut aussitôt imprimé avec approbation. Voyons maintenant ce qui s'est passé en France dans la même période.

[1] Tutto questo sicuramento camina male, e non risana le ferite profonde di sì profana e anti-evangelica novità.

CHAPITRE VII.

De la conduite de l'ancien clergé relativement aux quatre articles de la déclaration de 1682.

I. La mort de Bossuet qui priva cette déclaration de son plus ferme appui, les querelles élevées au sujet du livre des *Réflexions morales*, dans lesquelles nos maximes furent peu respectées; le long ministère du cardinal de Fleuri qui, après les avoir souscrites dans l'assemblée de 1682, en qualité de député du second ordre, leur fit une guerre sourde, donnèrent lieu à divers événemens qui doivent trouver leur place dans ce chapitre.

On a vu que, dans les conférences qui eurent lieu en présence de Louis XIV pour aviser aux moyens de donner une certaine solennité à la réception du bref d'Innocent XII contre le livre des *Maximes des Saints*, l'archevêque de Reims fit adopter le projet de la convocation des assemblées métropolitaines. « Le P. de la Chaise, dit
» Bossuet, n'osa pas souffler et ne fut pas même
» consulté; tant on avait eu soin de le rendre sus-
» pect, et de bien faire connaître la partialité de
» toute sa compagnie en cette affaire. Ce fut un
» coup de grande importance de relever l'ancienne
» doctrine de France par l'autorité des évêques

» mêmes assemblés entre eux. Ce qui vient d'être
» fait pour l'acceptation de la constitution du
» pape contre M. de Cambrai, n'est qu'une suite
» des propositions de 1682. On s'est senti ferme
» dans ces maximes, et l'on a agi en conséquence,
» en mettant toujours la force des décisions de
» l'Église dans le jugement des évêques. C'est
» ce que je représentai fortement au roi. » Le
prélat ajoute que Rome en eut beaucoup de peine[1].
Aussi Clément XI, comme on l'a vu, fut-il extrêmement choqué de cette manière de procéder
dans l'affaire de la bulle *Vineam Domini*.

L'esprit du grand Bossuet respirait encore dans
l'assemblée qui fut convoquée l'année d'après sa
mort pour la réception de cette bulle. M. de Colbert, archevêque de Rouen, chargé du rapport
de la commission nommée pour préparer les mesures convenables à cet effet, établit : 1°. que les
évêques ont, par l'institution divine, le droit de
juger en matière de doctrine ; 2°. que les constitutions des papes n'obligent toute l'Église que lorsqu'elles ont été acceptées par le corps des pasteurs ; 3°. que cette acceptation se fait par voie de
jugement. L'assemblée suivit les conclusions de
sa commission ; mais la crainte de déplaire au
pape fit empêcher l'insertion du rapport dans le
procès verbal. On sollicitait alors la condamnation
du livre du P. Quesnel : il était important de ménager Rome, d'où l'on attendait cette condamnation.

[1] Journal de l'abbé Ledieu, 19 janvier 1700.

II. J'ai dit, au commencement de cet ouvrage, que nos libertés ont toujours éprouvé des affaiblissemens plus ou moins sensibles sous les ministères ecclésiastiques. Celui du cardinal de Fleuri leur fut plus funeste qu'aucun autre, parce qu'il dura plus long-temps, que sa puissance était sans bornes, et qu'il mit plus d'adresse dans la guerre qu'il leur fit. On sait qu'il ne se dirigeait dans les affaires de l'Église que d'après l'esprit d'un corps auquel il avait donné toute sa confiance, et qui a toujours eu la réputation d'être plus favorable aux maximes de Rome qu'à celles de France. Il donna une première preuve de son dévouement à la cour de Rome dans l'affaire de M. de Rastignac dont nous avons parlé. L'empressement qu'il mit à arrêter les mesures qu'on était disposé à prendre en France contre la légende de Grégoire VII, fut encore plus sensible. S'il ne put réussir à retenir le zèle des parlemens, il sut rendre leurs démarches sans effet. Les évêques gardèrent le silence, à l'exception de ceux qui étaient opposés à la bulle *Unigenitus*. Benoît XIII, ayant censuré par un bref le mandement de l'évêque d'Auxerre, qui avait défendu l'office du nouveau saint dans son diocèse, des ordres supérieurs empêchèrent d'abord le parlement de Paris d'agir contre cette censure. Le parlement ne put s'affranchir de cette défense, que lorsque, par un nouveau bref, ce pape eut fait subir le même sort à tous les actes de la magistrature en cette occasion. L'évêque de Montpellier s'était prévalu dans une lettre au roi, de ce qu'il n'y avait que les évêques opposés à la bulle *Unigenitus* qui se fussent déclarés contre l'insulte faite au premier article de la déclaration ; il fut question de dénoncer sa lettre à l'assemblée du clergé, qui devait se déclarer contre la légende, et condamner le procédé du prélat. Mais ce projet fut abandonné, toujours par la crainte de faire de la peine à la cour de Rome, en se prononçant sur le fond de la controverse dans le sens de la déclaration du clergé.

Cependant l'assemblée de 1765 ordonna à ses agens généraux de faire imprimer, dans les actes du clergé, de longs extraits du procès verbal de 1682 qui étaient restés manuscrits ; et celle de 1775 voulut que les quatre articles fussent insérés à la suite du panégyrique de saint Augustin, qui avait été prêché devant elle. On peut donc reprocher quelques inconséquences au clergé dans sa conduite à l'égard de la déclaration de 1682, mais on ne saurait citer aucun fait pour prouver que l'ancien épiscopat en corps l'ait désavouée. Aussi Massillon écrivait-il à M. Soanen, dans le feu des disputes occasionées par la bulle *Unigenitus*, que les ennemis de cette bulle regardaient comme ayant porté un coup fatal à nos maximes. « J'ai eu l'hon-
» neur de conférer avec la plupart des évêques de
» France sur nos libertés et nos maximes ; et je
» n'en ai pas trouvé un seul qui ne fût porté à
» souffrir plus que vous ne souffrez, plutôt que

» d'abandonner l'ancienne doctrine de nos liber-
» tés. » Mais de tous les faits que l'on peut citer
à l'appui de cette vérité, celui de l'assemblée
de 1782 est le plus décisif. M. de Beauvais, chargé
de prononcer le discours d'ouverture, conçut l'heureuse idée d'y célébrer l'année séculaire de celle où
avait été proclamée la déclaration des quatre articles. Cet endroit de son discours fut généralement applaudi, et M. le cardinal de La Rochefoucault, qui en était le président, fut prié par
tous ses collègues d'en faire compliment à l'orateur.

Il résulte de tous ces faits que, malgré les attaques particulières livrées à nos maximes, même
en France, le corps épiscopal n'avait jamais cessé
d'y adhérer. Mais il n'en est pas moins vrai que,
sous le ministère du cardinal de Fleuri et sous celui de son successeur dans la feuille des bénéfices,
elles avaient éprouvé un affaiblissement sensible,
au point qu'on n'osait guère les soutenir dans les
thèses publiques, de peur de se fermer la porte
aux grâces ecclésiastiques. Les difficultés qu'on eut
à publier le grand ouvrage de Bossuet pour leur
défense nous en fournit des preuves non équivoques.

Le cardinal ministre, instruit que l'abbé Fleury
en possédait un exemplaire qu'il tenait de Bossuet
lui-même, ou du moins dont ce prélat lui avait
permis de prendre une copie, le fit saisir à la mort
de cet abbé et déposer à la bibliothèque du roi,

avec défense de le communiquer et d'en laisser tirer des copies. Sur l'avis qu'il reçut qu'on se proposait de l'imprimer à Genève, le résident de France dans cette ville eut ordre d'en arrêter l'impression. Cependant il en parut en 1730, à Luxembourg, une édition tellement défigurée, que M. Bossuet, évêque de Troyes, se détermina à publier l'ouvrage sur l'exemplaire original de son oncle. Avant que le projet pût être exécuté, l'abbé Buffart fit paraître, en 1735, le premier volume d'une traduction française, revue sur des copies plus exactes. Ce volume ne comprenait que les trois premiers livres. La plupart des exemplaires furent aussitôt saisis par la police, ce qui détourna le traducteur de continuer son travail. Enfin M. Leroi publia, en 1745, l'ouvrage entier, en cinq volumes in-4°., dont deux pour le texte latin et trois pour la traduction française. M. Boyer, évêque de Mirepoix, qui avait remplacé le cardinal de Fleury dans la direction de la feuille des bénéfices, ne voulut point qu'elle parût avec l'autorisation du gouvernement. Elle ne put voir le jour qu'à la faveur d'une permission tacite, et que sous la rubrique d'Amsterdam. Ces entraves mises à la publication d'un ouvrage si éminemment national ont de quoi nous couvrir de confusion aujourd'hui. Ce ne fut qu'en 1774 qu'une seconde édition de la traduction, augmentée du mémoire de Bossuet sur l'ouvrage de Roccaberti et de la réfutation de celui du cardinal Orsi par l'éditeur, eut la liberté de se montrer au grand jour avec l'approbation du censeur royal, qui ne pouvait être suspect, et sous le patronage de M. de Montazet, archevêque de Lyon, à qui elle était dédiée.

Tous ces détails étaient nécessaires pour prouver combien on était dégénéré en France, depuis l'époque où la déclaration du clergé avait été reçue, de l'enthousiasme qu'elle avait inspiré. Certes, les assemblées du clergé qui, dans le dix-septième siècle, avaient protégé avec tant de zèle les écrivains dont les travaux furent consacrés à la défense des droits de la hiérarchie contre les agens de la cour de Rome, qui firent imprimer à leurs frais le *Petrus Aurelius*, le traité *de Causis majoribus*, et autres ouvrages du même genre, en comblant d'éloges leurs auteurs, en les encourageant par des récompenses honorables et lucratives, n'auraient pas laissé si long-temps dans l'obscurité un ouvrage tel que celui de Bossuet, entièrement consacré au triomphe de nos maximes nationales. Elles se seraient empressées d'en procurer la publicité, de s'associer à la gloire de son immortel auteur, et de consigner dans leurs actes le juste tribut de leurs hommages.

III. Sous les ministères ecclésiastiques qui succédèrent à ceux dont nous avons parlé, nos maximes reprirent faveur. Ce fut alors que parut, avec les honneurs d'une publicité légale, la traduction de l'ouvrage de Bossuet, et que fut entreprise, sous la protection du gouvernement, une édition complète des œuvres de ce grand homme. On a à regretter qu'elle n'ait pas été exécutée d'une manière plus judicieuse, et qu'elle n'ait pas été achevée ; car celles qu'on a données depuis sont encore bien défectueuses. Une nouvelle contradiction, suscitée à nos maximes par les Romains, fournit au gouvernement français l'occasion de raffermir leur triomphe.

M. de Fitz-James, évêque de Soissons, avait dit, dans son instruction pastorale du 27 décembre 1762, au sujet du livre des *Assertions*, que les quatre articles de 1682 sont autant de vérités saintes qui appartiennent à la révélation ; qu'elles font partie du dépôt sacré que Jésus-Christ a laissé à ses apôtres; qu'elles nous ont été transmises par la tradition. A ce langage on reconnaît celui de l'assemblée qui les avait publiés, et les caractères sous lesquels ils sont présentés par l'évêque de Meaux. L'instruction pastorale fut cependant proscrite par un décret de l'inquisition romaine, que Clément XIII adressa lui-même à Louis XV, avec une lettre pour lui recommander de le faire recevoir dans son royaume. Cette lettre fut accompagnée d'une autre aux évêques, pour les engager à l'appuyer de tout leur crédit. Mais, à peine le parlement de Paris en eut-il connaissance, qu'il en ordonna la suppression par un arrêt qui le déclara contraire aux lois du royaume, injurieux à l'épiscopat, abusif dans le fond, et dans la forme.

Le roi, de son côté, témoigna au pape son mécontentement d'un décret qui condamnait des maximes sur lesquelles reposait l'indépendance de sa couronne, que tout le clergé français se faisait un devoir de soutenir, et qu'il était résolu de transmettre à ses successeurs dans la même intégrité qu'il les avait reçues de ses prédécesseurs.

Une commission composée des archevêques de Lyon, de Narbonne, de Toulouse et de l'évêque d'Orléans, fut chargée d'examiner contradictoirement l'instruction pastorale de l'évêque de Soissons, et un Mémoire de l'abbé Legros, professeur de Navarre, et théologien de M. l'archevêque de Paris. L'auteur y prétendait que M. de Fitz-James avait passé les bornes de l'enseignement épiscopal, ainsi que de celui de l'assemblée de 1682. Les prélats, après un examen approfondi de ces deux pièces, et d'un Mémoire explicatif de M. l'évêque de Soissons, déclarèrent au roi que l'instruction pastorale ne contenait rien qui ne fût exact, irréprochable, et conforme aux maximes de l'Église gallicane.

En conséquence de ce rapport sa majesté adressa, le 25 juillet, une seconde lettre au pape, dans laquelle elle s'exprimait ainsi : « Je me ferai toujours » gloire, à l'exemple des rois mes prédécesseurs... » de maintenir, dans toute son intégrité, la doc- » trine tenue et enseignée de tout temps par les » évêques et les écoles de mon royaume. Les maxi- » mes qui résultent de cette doctrine, et qui n'en

« sont que le précis, réunissent le double carac-
» tère des lois civiles et religieuses de mon état.
» J'ai si fort à cœur de les faire observer, que je
» regarderai comme infidèle à son roi et à la pa-
» trie, quiconque en France osera y porter la
» moindre atteinte... Les évêques de mon royaume
» n'ont jamais prétendu faire des décrets de foi,
» ni asservir à leur doctrine les Églises étrangères :
» ils se sont même maintenus à cet égard dans
» les bornes d'une modération qui n'a pas toujours
» été imitée par les partisans des opinions con-
» traires. » Le roi ajoute que les ordres qu'il a
donnés en d'autres occasions, ont toujours eu pour
objet « de conserver dans toute sa pureté une doc-
» trine qu'il a toujours regardée comme aussi né-
» cessaire à l'honneur de la religion qu'au main-
» tien de l'autorité et de la tranquillité publique. »

Outre les quatre prélats de la commission, M. de Fitz-James dit, dans sa lettre au roi, que plusieurs autres de ses collègues se proposaient de faire des démarches contre le décret de l'inquisition, et qu'ils ne les avaient suspendues que pour attendre le résultat des délibérations des commissaires nommés par sa majesté. De tous les évêques du royaume, auxquels le pape avait écrit pour les intéresser en faveur de son décret, il n'y en eut que deux qui prirent part à la querelle, M. de Montmorin, évêque de Langres, et M. de Guénet, évêque de Saint-Pons. Le premier, dans une lettre pastorale, publiée sans nom d'imprimeur et de

lieu d'impression, établissait que le premier article de la déclaration du clergé sur l'indépendance des souverains, « avait une certitude bien
» supérieure à celle des trois autres articles. » Le dernier, dans une lettre particulière adressée à M. l'évêque de Soissons, où ce prélat était personnellement outragé, disait entre autres choses,
« qu'il serait affligé de voir que les ecclésiastiques
» de son diocèse devinssent fort habiles sur les
» matières contenues dans la déclaration du clergé,
» et qu'il ne fallait pas que les fidèles en fussent
» instruits. » Il reléguait ensuite ces propositions dans la classe des opinions indifférentes. Cette manière de conduire à l'erreur par l'ignorance, a fait bien des progrès depuis.

Les deux écrits furent condamnés, l'un par arrêt du parlement de Paris, l'autre par le parlement de Toulouse. Les paradoxes qu'ils contiennent avaient été péremptoirement réfutés par M. de Fitz-James, dans une lettre particulière au roi, et dans un projet de réponse à l'évêque de Saint-Pons, qui n'a été imprimé que dans le second volume de ses ouvrages posthumes, d'où sont tirés les matériaux de cet article. Ils le furent également avec beaucoup de vigueur par M. de Grasse, évêque d'Angers, dans une instruction pastorale, où ce prélat insistait spécialement sur les avantages que les fidèles, et principalement les ecclésiastiques, fussent instruits des maximes renfermées dans la déclaration du clergé. Toute cette histoire nous découvre les germes du système en vogue dans le nouveau clergé sur le caractère des quatre articles, sur les degrés de créance dont on les suppose susceptibles, sur la dégradation des trois derniers, réduits à ne plus offrir que des opinions indifférentes, auxquelles on ne doit pas mettre beaucoup d'intérêt. On peut s'apercevoir, par les écrits des deux antagonistes de M. de Fitz-James, de l'affaiblissement que commençait à éprouver dans l'épiscopat la doctrine des quatre articles dans ses rapports avec celle des Romains.

IV. L'abbé de Longuerue remarquait, il y a plus d'un siècle, que l'étude de Bellarmin avait accrédité dans nos séminaires l'opinion de l'infaillibilité du pape [1]. Il aurait pu en dire autant de celle de sa supériorité sur le concile œcuménique, et en général de toutes les questions qui se rattachent à la déclaration de 1682. C'est ce qu'il est aisé de prouver par une courte analyse de la *Théologie de Poitiers*, dont la première édition est de l'année 1708. On assure que c'était originairement des cahiers que M. de Lapoype, qui la fit imprimer, avait rapportés du séminaire Saint-Sulpice de Paris. Les principes dangereux qu'elle contenait sur les questions qui ont rapport à la déclaration de 1682, excitèrent le zèle de M. d'Aguesseau, qui en releva les erreurs dans un Mé-

---

[1] Opuscules, tom. II, pag. 156.

moire destiné à provoquer l'action du ministère public, pour la faire supprimer par un arrêt du parlement de Paris. Nous ignorons pourquoi son avis ne fut pas suivi. Voici les motifs de condamnation allégués dans le Mémoire. « Il sem-
» ble, dit M. d'Aguesseau, que ceux qui ont com-
» posé cette théologie, aient eu en vue d'inspirer
» aux jeunes ecclésiastiques qu'on élève dans le
» séminaire de Poitiers, des maximes directement
» contraires à celles de l'Église gallicane, sur la
» puissance du pape et sur celle des conciles,
» c'est-à-dire, sur les points fondamentaux de
» nos libertés. »

On y enseigne que les constitutions des papes par lesquelles ils décident des questions de foi, sont infaillibles, *principalement* lorsque le consentement de l'Église s'y joint. Cette proposition, qui se trouve répétée plusieurs fois, suppose manifestement qu'il n'est pas absolument nécessaire que l'Église y joigne son consentement pour en faire un des fondemens de notre créance, et qu'elles soient infaillibles. A la vérité, dit l'auteur, il n'est pas de foi que les constitutions des papes soient infaillibles, lorsqu'elles ne sont suivies d'aucun consentement de l'Église. Mais comme Jésus-Christ vivifie toujours son Église par une assistance spéciale de l'Esprit-Saint, toutes les fois qu'il inspire à son vicaire sur la terre de décider un dogme qui regarde la foi ou les bonnes mœurs, il fait aussi par sa grâce, que les vrais enfans de l'Église et ses véritables ouailles entendent la voix de leur pasteur. Ainsi, comme Jésus-Christ n'a jamais souffert que l'erreur ait été enseignée par le siége apostolique, il n'a pas permis non plus que le souverain pontife proposant quelque décision comme l'objet de notre foi, tous les autres pasteurs de l'Eglise s'y soient opposés, et que l'on n'ait point trouvé un consentement tel qu'il est nécessaire pour être assuré que ce qui a été défini par le souverain pontife n'est pas l'erreur, mais la vérité.

Tout ce système roule sur une pure subtilité. On y suppose que c'est Jésus-Christ qui inspire au pape de définir un dogme sur la foi. Mais qu'est-il besoin d'une nouvelle opération de la grâce, pour faire en sorte que les autres évêques écoutent la voix du premier pasteur, puisque cette voix, toujours conduite par le Saint-Esprit, a déjà parlé elle-même? Ainsi Jésus-Christ inspirera la décision au souverain pontife et la soumission aux autres évêques. Dès lors leur consentement deviendrait illusoire; ils ne seraient plus juges de la foi et docteurs des nations, comme ils le sont par la promesse de Jésus-Christ, mais simples exécuteurs des décrets du saint siége, comme l'enseignent les ultramontains.

On insinue dans le même ouvrage, par des comparaisons insidieuses, que le gouvernement de l'Église est monarchique; que le pape en est le monarque, et que c'est de lui que les évêques tirent toute leur autorité; qu'ils ne sont que ses couseillers, ses ministres; ce qui rentre dans le système de Bellarmin, qui veut que le pape, au milieu d'un concile œcuménique, soit comme un roi au milieu de son conseil, prenant l'avis des évêques, et n'étant pas obligé de le suivre. C'est une suite du dogme qui fait résider la plénitude de la puissance spirituelle dans le pape comme dans sa source.

L'auteur dit bien que les conciles généraux sont infaillibles, mais il fait dépendre l'infaillibilité de leurs décisions de l'approbation du pape. Il se débarrasse des conciles de Constance et de Bâle qui ont décidé le contraire, en disant que le premier de ces conciles a été réprouvé par ceux de Florence et de Latran, en ce qui regarde les sessions dans lesquelles il a fait cette décision; et du dernier, en lui opposant le cinquième de Latran, qui lui a fait éprouver le même sort, quoique l'Église gallicane se soit toujours fait gloire d'observer les décrets de Constance, et qu'Eugène IV ait reconnu la légitimité du concile de Bâle, dans le temps de la seconde session, où la supériorité du concile générale fut établie. On voit donc que tout le système de l'auteur se réduit en dernière analyse à l'infaillibilité personnelle du pape.

En parlant de certaines condamnations prononcées contre des traductions de l'Écriture-Sainte en langue anglaise, qui ne sont pas encore publiées solennellement dans certains pays, le théologien de Poitiers soutient que ces condamnations n'en

ont pas moins force de doctrine, *vim doctrinalem.*
« Ce sera donc inutilement, dit M. d'Aguesseau, que nos pères nous auront appris que les condamnations prononcées par les papes n'ont aucune autorité dans le royaume, jusqu'à ce qu'elles aient été acceptées dans les formes ordinaires et revêtues de l'autorité du roi; et l'on éludera une règle si inviolable, en enseignant que ces condamnations ont une autorité de doctrine qui suffit pour les faire observer. Au moyen d'une telle distinction, on attribuera au pape un empire intérieur sur les consciences, on éblouira les âmes faibles par des termes qu'elles n'entendent pas, et les personnes pieuses se feront une gloire de reconnaître de pareils décrets, sans attendre le concours de l'autorité des évêques et de celle du roi. »

L'illustre magistrat, que nous ne faisons pour ainsi dire que transcrire, remarque qu'on trouve dans la théologie de Poitiers beaucoup d'autres conformités avec celle des ultramontains : il témoigne son étonnement de voir qu'on apprenne ainsi aux jeunes ecclésiastiques français à étudier les dogmes de l'Église gallicane, par un langage équivoque, qui établit en apparence la doctrine de cette Église, et qui la détruit en effet; qu'on leur présente comme étant abrogés par des conciles généraux les décrets des quatrième et cinquième sessions du concile de Constance que l'Église gallicane n'a jamais cessé de révérer et d'observer religieusement. Il concluait de tous les défauts de cette théologie, et du danger qu'il y avait à la laisser dans l'enseignement public, que le procureur général du parlement ne pouvait se dispenser d'en requérir la condamnation, et de demander que le roi fût supplié de remettre en vigueur l'édit de mars 1682, qui obligeait tous les professeurs d'enseigner les quatre articles du clergé[1]. Des intrigues de cour arrêtèrent le zèle des magistrats; et la théologie de Poitiers continua à être la base de l'enseignement des séminaires, surtout de ceux des provinces.

On voit, par ce qui a été dit dans ce chapitre, que jusqu'à la révolution, la doctrine des quatre articles ne cessa jamais d'être professée par le corps l'Église gallicane. Quelques attaques partielles n'étaient pas capables d'en interrompre la tradition. Les évêques, jaloux de la transmettre à leurs successeurs dans la même intégrité qu'ils l'avaient reçue de leurs prédécesseurs, n'auraient pas souffert qu'on eût tenté de l'anéantir. Les magistrats en surveillaient l'enseignement, conformément à la loi qui les avait investis de cette mission; ils contenaient sévèrement ceux qui se seraient permis de lui faire une guerre ouverte, et ils ne manquaient pas de réprimer toute entreprise de ce genre, aussitôt qu'elle leur était connue. Il ne fallait rien moins qu'une révolution qui a déplacé tous les principes et détruit toutes les traditions,

---

[1] OEuvres de d'Aguesseau, tom. XIII, page 519, note.

pour renverser ce *palladium* de nos libertés ecclésiastiques dans le corps qui par sa nature semblerait le plus intéressé à les conserver. C'est ce que nous allons examiner dans le chapitre suivant.

CHAPITRE VIII.

Quelle est la doctrine du nouveau clergé sur la déclaration des quatre articles de 1682.

I. C'est un principe, sinon avoué ouvertement, du moins reçu comme régulateur dans le gouvernement de la nouvelle Eglise, que la révolution nous a fait entrer dans une ère qui n'a rien de commun avec celle où nous étions avant cette funeste époque, et par conséquent qu'on ne doit plus invoquer le droit ancien contre le droit nouveau. Un appel de cette nature, dit-on, entraînerait des discussions interminables. Telle est la règle à suivre aujourd'hui dans toutes les questions ecclésiastiques, *recedant vetera, nova sint omnia.*

Voilà sans doute un bien étrange abus de l'argument de prescription, très-propre à renverser toutes les idées sur la nécessité de la tradition dans les controverses religieuses, et dans celle du recours aux anciens canons dans les matières de discipline. Je conçois qu'on avait besoin d'une pareille maxime pour justifier tout ce qui se passe sous nos yeux dans les différentes parties du régime ecclésiastique, et pour affranchir les chefs de toutes les entraves qu'on pourrait mettre à l'exercice de leur juridiction; mais, sous une apparence de respect pour l'autorité de l'Église, n'est-il pas à craindre qu'on n'énerve cette autorité en lui donnant un fondement aussi ruineux?

L'abbé Fleury observe, dans son discours sur *les Libertés de l'Église gallicane*, que les anciens ultramontains avaient fait usage de cette méthode pour soutenir leurs innovations sur l'autorité du pape et sur son infaillibilité, les premières nées durant le schisme d'Avignon, et les dernières venues un siècle après. Il en fait parfaitement sentir l'illusion et le danger. « Parce que l'anti-
» quité est peu favorable à ces maximes, ceux qui
» en sont prévenus regardent l'étude des Pères et
» des conciles comme une curiosité inutile ou
» même dangereuse. La plupart des réguliers at-
» tachés au pape par leurs exemptions et leurs
» priviléges, ont embrassé une nouvelle doctrine,
» et y ont attaché une idée de piété capable d'im-
» poser aux consciences délicates. Il faut, dit-on,
» se tenir au plus sûr en des matières si impor-
» tantes; or le plus sûr est ce qui éloigne le plus
» de la doctrine des hérétiques; comme si, en
» fuyant un excès, on ne pouvait pas tomber dans
» l'autre. La vraie piété est fondée sur la vraie
» créance; et le plus sûr, en matière de religion,
» est ce qui a toujours été cru par toute l'Église.
» On doit bien plutôt se faire conscience de mé-
» priser les conciles et l'autorité de l'Église uni-

» verselle, que tout le monde reconnaît pour
» infaillible, que de ne pas attribuer aux papes
» tout ce que les flatteurs leur donnent depuis
» deux cents ans. La flatterie et la complaisance
» servile sont des vices odieux. La liberté et le
» courage à soutenir la vérité sont des vertus
» chrétiennes qui font partie de la piété. La diffé-
» rence qu'il y a entre les mœurs des papes et la
» discipline de l'Église romaine depuis que ces
» opinions y sont reçues, et celles des premiers
» siècles, est un préjugé fâcheux contre les maxi-
» mes des ultramontains. Est-il possible que les
» papes n'aient bien commencé à connaître leurs
» droits, ou du moins à les exercer librement que
» depuis qu'ils sont moins saints dans leurs mœurs,
» moins savans, moins appliqués à instruire, à
» prêcher, à faire les fonctions de vrais pasteurs ? »

II. Ce système a produit parmi nous le même
effet qu'il avait opéré dans les temps dont parle
Fleury relativement aux mêmes doctrines. Le ministre des affaires ecclésiastiques est convenu de
la *tendance*, expression très-radoucie, du jeune
clergé vers les maximes ultramontaines. C'est à la
même cause qu'il faut l'attribuer, comme c'est par
elle qu'elle s'accroîtra nécessairement. Les anciens
évêques furent effrayés, à leur rentrée en France,
de cet état de choses. « Hélas ! s'écriait l'un d'entre
» eux, je rencontre quelquefois d'honorables dé-
» bris des restes antiques et vénérables de la reli-

» gion, et avec eux disparaissent les traditions, les » usages et les *véritables libertés* de notre Église[1].» Ce fut pour opposer une digue, non pas à une simple tendance, mais au torrent de l'ultramontânisme qui inondait notre Église, que le savant cardinal de la Luzerne se détermina à publier sa *Défense de la déclaration de* 1682. « Les idées ul- » tramontaines, dit-il, étant maintenant défen- » dues et publiées par des auteurs très-estimables, » je crois très-indispensable de publier cet écrit, » pour servir de réponse à leurs maximes, et » maintenir parmi nous la précieuse et salutaire » doctrine de l'Église gallicane. »

Tout l'épiscopat français avait conservé, dans le cours de la révolution, le même respect pour la même déclaration. C'est par la doctrine qu'elle a consacrée, que les évêques réfugiés en terre étrangère appuyèrent leurs réclamations contre le concordat de 1801 ; c'est pour la venger des attaques des jésuites Plowden, Lepointe et autres antigallicans de delà la mer, que M. de Barral en entreprit la défense. Le cardinal de Bausset, sans se mettre en peine de déplaire à la cour de Rome, marcha sur les mêmes traces dans son *Histoire de l'évêque de Meaux*. M. de Pressigny, archevêque de Besançon, loua, dans la chambre des pairs, le cardinal de la Luzerne d'être resté fidèle, durant

---

[1] Nécessité d'organiser vingt-quatre diocèses, par M. de Sagey, évêque de Tulle.

toute sa vie, à l'enseignement de l'Université de Paris sur ce point, et de l'avoir défendu avec toute l'exactitude possible dans le dernier ouvrage par lequel il avait terminé son honorable carrière. C'est dans le même esprit que M. l'abbé de Montesquiou, ancien agent général du clergé, a composé sa Notice sur la vie du même cardinal. Lorsqu'on proposa à M. de Bernis, ancien archevêque d'Albi, de prendre, en vertu d'un bref du pape, l'administration de l'archevêché de Lyon, nonobstant la protestation du cardinal Fesch, il y opposa le même refus que M. de Séguier, évêque de Meaux, avait opposé, un siècle et demi auparavant, à la même proposition, dans les mêmes circonstances, de se charger de l'administration de l'archevêché de Paris, pendant l'exil du cardinal de Rétz. Un pasteur, disait-il, ne peut, d'après nos maximes, être évincé de sa juridiction que par un jugement canonique, et le pape n'a aucune juridiction immédiate sur les Églises particulières pour se mettre au-dessus de cette règle. Il fit observer, en outre, qu'en se prêtant à la démarche qu'on lui proposait, il encourrait le blâme de tout l'ancien épiscopat français. C'était effectivement sur ce principe que les évêques avaient fondé leur protestation unanime contre l'envahissement de leurs siéges, à l'époque de la *constitution civile du clergé*. La commission ecclésiastique de 1809, toute composée d'évêques émigrés, ayant obtenu du chef de l'état la modification ou le rapport de trois articles des lois organiques qui avaient excité des réclamations, déclara que les autres n'étaient que des applications ou des conséquences de nos maximes et des usages reçus dans l'Église gallicane, dont le chef de l'état ne pouvait se départir[1]. Parmi ces articles était le vingt-quatrième, qui renouvelait la déclaration de 1682 dans toute sa vigueur.

C'est donc un fait incontestable que la déclaration du clergé de 1682, dégagée de toutes les distinctions, de toutes les subtilités par lesquelles on a cherché à la dénaturer dans ces derniers temps, s'était conservée dans toute son intégrité parmi nous, et que l'ancien épiscopat, soit en corps, soit par l'organe de ses membres les plus capables de faire autorité, s'est toujours fait gloire de lui rendre hommage. Quel sort a-t-elle eu dans le nouvel épiscopat, que M. le ministre des affaires ecclésiastiques a mis au-dessus de tout ce qui a jamais existé en ce genre de plus parfait, non-seulement en France, mais encore chez toutes les nations étrangères? C'est ce qu'il s'agit d'examiner.

III. La cour royale de Paris avait dit dans le considérant de son arrêt du 5 décembre 1825, « que des doctrines ultramontaines, hautement

---

[1]. Mémoires historiques sur les affaires ecclésiastiques de France, tom. II, pag. 327.

» professées depuis quelque temps par une partie
» du clergé français, pourraient compromettre,
» par leur propagation, les libertés civiles et reli-
» gieuses du royaume. » Il s'est élevé tout à coup
un cri général du sein de l'épiscopat, par lequel
les magistrats ont été dénoncés à leur tour dans
des termes peu ménagés. Ce cri s'est fait entendre dans des mandemens, des protestations,
des lettres adressées au roi. Cependant la proposition des magistrats, restreinte dans les termes qui
l'énonçaient, est un fait palpable, attesté par
M. le cardinal de la Luzerne, et même par les
demi-aveux de M. l'évêque d'Hermopolis. Ce fait
est un sujet de triomphe pour les ennemis les plus
acharnés de nos maximes. « Tout le clergé fran-
» çais, s'écrie d'un ton de jubilation le *Mémorial*
» *catholique*, se détache du gallicanisme. » Eh !
comment pourrait-il en être autrement au milieu
de ce déluge d'écrits hautement protégés, où nos
maximes sont attaquées avec une audace qui ne redoute aucune contradiction, dans un temps où il
n'y a de faveurs que pour tout ce qui tient au parti
ultramontain, et où le plus léger soupçon de gallicanisme suffit pour faire écarter des places, pour
rendre même suspects dans leur doctrine, ceux
qui montrent quelque zèle pour ces maximes que
le judicieux Fleury recommandait de conserver
précieusement comme la *prunelle de l'œil*.

C'est dans ces circonstances que quatorze évêques réunis à Paris, ont signé le 3 avril, et pré-

senté au roi le 10 du même mois, une déclaration de leurs sentimens, à laquelle a depuis adhéré la majorité de leurs collègues. C'est donc dans cet acte que nous devons chercher la véritable mesure des dispositions du nouvel épiscopat relativement à celle de 1682. Voici la leur.

« Depuis trop long-temps la religion n'a eu
» qu'à gémir sur la propagation de ces doctrines
» d'impiété et de licence qui tendent à soulever
» toutes les passions contre l'autorité des lois di-
» vines et humaines. Dans leurs justes alarmes,
» les évêques de France se sont efforcés de préser-
» ver leurs troupeaux de cette contagion funeste.
» Pourquoi faut-il que les succès qu'ils avaient
» droit d'espérer de leur sollicitude soient com-
» promis par des attaques d'une nature différente,
» il est vrai, mais qui pourraient amener de nou-
» veaux périls pour la religion et pour l'état ?

» Des maximes reçues dans l'Église de France
» sont dénoncées hautement comme un attentat
» contre la divine constitution de l'Église catho-
» lique, comme une œuvre souillée de schisme et
» d'hérésie, comme une profession d'athéisme po-
» litique.

» Combien ces censures prononcées sans mis-
» sion, sans autorité, ne paraissent-elles pas étran-
» ges, quand on se rappelle les sentimens d'estime,
» de confiance et d'affection que les successeurs
» de Pierre, chargés comme lui de *confirmer*
» *leurs frères* dans la foi, n'ont cessé de manifester,

» pour une Église qui leur a toujours été si fidèle!
» Mais ce qui étonne et afflige le plus, c'est la
» témérité avec laquelle on cherche à faire revivre
» une opinion née autrefois du sein de l'anarchie
» et de la confusion où se trouvait l'Europe, con-
» stamment repoussée par le clergé de France, et
» tombée dans un oubli presque universel, opinion
» qui rendrait les souverains dépendans de la puis-
» sance spirituelle, même dans l'ordre politique,
» au point qu'elle pourrait, dans certains cas,
» délier leurs sujets du serment de fidélité.

» Sans doute le Dieu juste et bon ne donne pas
» aux souverains le droit d'opprimer les peuples,
» de persécuter la religion, et de commander le
» crime et l'apostasie; sans doute encore les prin-
» ces de la terre sont, comme le reste des chré-
» tiens, soumis au pouvoir spirituel dans les
» choses spirituelles. Mais prétendre que leur in-
» fidélité à la loi divine annulerait leur titre de
» souverain, que la suprématie pontificale pourrait
» aller jusqu'à les priver de leur couronne, et à les
» livrer à la merci de la multitude, c'est une doc-
» trine qui n'a aucun fondement ni dans l'Évan-
» gile, ni dans les traditions apostoliques, ni dans
» les écrits des docteurs et les exemples des saints
» personnages qui ont illustré les plus beaux siècles
» de l'antiquité chrétienne.

» En conséquence, nous cardinaux, archevêques
» et évêques soussignés, croyons devoir au roi, à
» la France, au ministère divin qui nous est confié,

» aux véritables intérêts de la religion dans les di-
» vers états de la chrétienté, de déclarer que nous
» réprouvons les injurieuses qualifications par les-
» quelles on a essayé de flétrir les maximes et la
» mémoire de nos prédécesseurs dans l'épiscopat;
» que nous demeurons inviolablement attachés à
» la doctrine telle qu'ils nous l'ont transmise, sur
» les droits des souverains, et sur leur indépen-
» dance pleine et absolue, dans l'ordre temporel,
» de l'autorité, soit directe, soit indirecte, de toute
» puissance ecclésiastique.

» Mais aussi nous condamnons avec tous les ca-
» tholiques ceux qui, sous prétexte de libertés, ne
» craignent pas de porter atteinte à la primauté de
» saint Pierre et des pontifes romains ses succes-
» seurs, instituée par Jésus-Christ, à l'obéissance
» qui leur est due par tous les chrétiens, et à la
» majesté, si vénérable aux yeux de toutes les na-
» tions, du siège apostolique, où s'enseigne la foi
» et se conserve l'unité de l'Église.

» Nous faisons gloire, en particulier, de donner
» aux fidèles l'exemple de la plus profonde vénéra-
» tion et d'une piété toute filiale envers le pontife
» que le ciel, dans sa miséricorde, a élevé de nos
» jours sur la chaire du prince des apôtres. »

IV. La première question que cet acte fait naître est de savoir pourquoi les évêques, ayant été interpellés de toutes parts sur la déclaration des quatre articles qui sont le fondement de nos libertés, ils ne s'expliquent positivement que sur le premier de ces articles? N'est-ce pas là donner lieu de penser qu'ils ne tiennent pas également aux trois autres, et par conséquent qu'ils se sont en cela écartés de la doctrine de leurs prédécesseurs, qui les avaient constamment compris tous ensemble dans leur déclaration et dans tous les actes émanés de leur autorité? Ils parlent bien, en général, des maximes reçues dans l'Église de France, mais ils n'osent nommer ni l'assemblée où elles ont été reçues, ni l'acte qui les contient. Ce silence, dans le temps où nous sommes, ne ressemble-t-il pas à un désaveu? Toujours est-il certain que leur indication presque inaperçue ne suffisait pas soit pour confondre ces ultramontains déhontés qui les décrient comme attentatoires à la constitution de l'Église, et comme imprégnés de schisme et d'hérésie, soit pour repousser les invectives des ennemis de l'épiscopat, qui lui reprochent son apostasie.

Ces considérations, dit-on, se présentèrent bien à l'esprit des auteurs de la déclaration; elles produisirent même une grande division dans leur assemblée. Les uns, s'appuyant sur l'exemple de leurs prédécesseurs, voulaient qu'on publiât la déclaration de 1682 dans toute son intégrité, parce qu'en se bornant à un seul, on encourrait le blâme d'avoir abandonné les trois derniers; les autres alléguaient que ce serait se compromettre avec la cour de Rome, qui avait toujours regardé la déclaration comme un acte odieux, proscrit par le saint siége. On faisait d'ailleurs observer qu'on n'obtiendrait jamais l'unanimité des évêques, dont la plupart tenaient pour la supériorité du pape au-dessus du concile, et pour son infaillibilité *ex cathedrâ*. On connaît une lettre imprimée du saint archevêque de Bordeaux, où il déclare positivement que « l'autorité suprême et *irréfragable* de » l'Église réside dans celle de son chef divinement » établi. » On ne peut guère douter que cette doctrine n'ait beaucoup de partisans dans l'épiscopat, quand on voit le savant apologiste des séminaires, qui jouit d'une grande considération parmi les évêques, broncher sur cet article. « J'hésite, dit-» il, à prononcer si le siége de l'infaillibilité et » de la souveraineté réside dans le pape seul, ou » dans le pape uni au corps épiscopal[1]. » Jugez encore de la disposition des nouveaux évêques par leur lettre du 30 mai 1819 au pape Pie VII, par laquelle ils se soumettaient à exécuter, avec la plus parfaite unanimité, ce que le prince des évêques jugerait à propos de *décider*, déclarant qu'ils mettaient toute leur *force* dans sa *décision* et dans son jugement ; n'était-ce pas là reconnaître la fameuse maxime de Clément XI, *exequi discant et non discutere* ; d'après laquelle les évêques ne sont que de simples exécuteurs des ordres du pape. C'est cependant là une maxime, disait

[1] Antidote contre les Aphorismes, page 70.

Bossuet, sur laquelle on ne *biaise* point en France, où l'on met *toute la force* des jugemens de l'Église, non dans celui du pape, de quelque manière qu'il prononce, mais dans celui des évêques réunis entre eux, comme cela était arrivé pour la réception du bref contre le livre des *Maximes des Saints*, au grand *déplaisir* des Romains. Mais, dit Bossuet, on avait agi dans cette occasion en conséquence de la doctrine consacrée par la déclaration de 1682.

Les évêques ne trouvèrent pas de meilleur expédient pour sortir d'embarras, que de renouveler positivement la doctrine du premier article, et de *biaiser* sur les trois derniers. Il est même douteux que ce *mezzo termine* ait satisfait les Romains; car nous apprenons par les nouvelles publiques qu'ils ont été fort exaspérés de la condamnation de M. de Lamennais, que le pape en a été affligé, et qu'il a reçu avec une grande satisfaction la défense de cet abbé faite par l'avocat Féa[1]. Le même expédient n'a pas eu même un plein succès dans l'épiscopat. Les uns ont refusé de le signer, parce qu'ils n'ont vu dans la demande qui leur en a été faite qu'un *appel ministériel*, et non un *appel canonique*. Quelques-uns ont donné d'autres raisons, qu'on n'a regardées que comme des prétextes; car on en connaît qui ne sont pas *francs du collier* sur le fond de la question. Dès

---

[1] La Quotidienne du 11 juin 1826.

que les quatorze prélats n'étaient pas assurés d'obtenir l'unanimité de leurs collègues pour une déclaration franche et loyale conforme à celle de 1682, ils devaient prendre le parti de censurer les écrits de M. de Lamennais, qui sont très-susceptibles de l'être; ils en avaient le droit. En prenant cette mesure, ils auraient prévenu le reproche d'avoir fait un acte équivoque et très-louche sur les maximes de l'Église gallicane.

Cet acte diffère évidemment de tous ceux du même genre, par la distinction qui en résulte entre le premier et les trois derniers articles. On trouve, à la vérité, des traces de cette distinction dans la correspondance nouvellement publiée de M. de Fénélon, ce qui ne doit pas surprendre de la part d'un prélat que les ultramontains reconnaissent pour leur être très-favorable. M. de Montmorin, évêque de Langres, et M. de Guenet, évêque de Saint-Pons, la mirent en avant dans l'affaire de M. de Fitz-James ; mais on n'y eut aucun égard. Le triumvirat qui dressa, en Angleterre, le plan d'après lequel a été réorganisé le clergé de France lors de la restauration, avait engagé Louis XVIII de la proposer aux évêques réfugiés dans cette île ; mais ils ne voulurent jamais l'adopter. Il paraît que le feu roi avait lui-même abandonné cette idée, autant qu'on peut en juger par ses discours à l'ouverture des chambres de 1817 et 1819. Dans le premier, il s'engagea à défendre de tout le poids de son autorité l'ensemble des maximes comme un héritage précieux dont saint Louis et ses prédécesseurs s'étaient montrés aussi jaloux que du bonheur de leurs peuples. Dans le dernier, il se rendit garant de la fidélité des nouveaux évêques à les maintenir dans leurs diocèses respectifs comme loi de l'état. Cette distinction, comme nous l'avons prouvé surabondamment, est absolument contraire à l'esprit et à la lettre de la déclaration de 1682, à celle des six articles de la faculté de théologie de 1663, et à tous les autres actes du même genre survenus depuis. On voit donc que toute la pensée des évêques qui ont précédé la révolution, et celle de l'auguste monarque qui l'a terminée par la publication de la Charte, ne se bornait pas à un seul article : elle les comprenait tous les quatre intégralement, comme formant un seul corps de doctrine qui devait durer à perpétuité, sans la moindre division de ses parties. Est-ce ainsi qu'on les conçoit aujourd'hui ? et par quelle voie s'est introduit le changement dont il s'agit ?

IV. Personne n'est mieux dans le cas de répondre à cette question que l'illustre prélat qui préside à toutes les parties de l'instruction ecclésiastique et littéraire du royaume. Quand il publia ses *vrais Principes sur les libertés de l'Église gallicane*, quelques journalistes ayant annoncé son ouvrage comme une *défense* de ces libertés, un autre journaliste, qui paraît avoir la confiance de son excellence, s'empressa de relever l'erreur de ses confrères, et de déclarer que l'auteur s'était plutôt proposé de les *expliquer* que de les défendre [1], et par conséquent qu'il s'était mis dans une position différente de celle de Bossuet, qui n'avait pas craint de se charger du rôle dont on croyait devoir justifier M. Frayssinous. Lorsque M. d'Hermopolis a été nommé ministre des affaires ecclésiastiques, le même journaliste a félicité le clergé de ce que désormais les professeurs seraient affranchis de l'obligation d'enseigner les quatre articles [2]. Cette obligation les inquiétait peu, car ils ne s'étaient guère conformés à l'ordonnance. Dans quelques diocèses même, ceux qui s'étaient montrés disposés à l'exécuter, avaient été menacés de voir déserter leurs écoles par les élèves des séminaires. On doit encore se rappeler avec quelle véhémence M. Siméon, ministre de l'intérieur, fut relancé par un écrivain alors très en vogue dans le clergé, pour s'être permis, dans son discours prononcé à l'occasion de la pose de la première pierre du grand séminaire de Paris, de former des vœux pour en voir sortir de vrais disciples de Bossuet, de zélés défenseurs de nos libertés ecclésiastiques. Enfin M. l'évêque d'Hermopolis a donné la juste mesure de la manière dont les propositions sont considérées par le clergé, lorsqu'il a dit dans son

---

[1] L'Ami de la religion et du roi, tom. XX, pag. 276.
[2] Tome XL, page 82.

discours à la chambre des députés, que ce sont des questions *purement théologiques*, c'est-à-dire, comme il s'était exprimé dans ses *vrais Principes*, des *opinions* douteuses, abandonnées aux disputes des écoles, ou mieux encore, comme le dit le savant apologiste des séminaires, son ancien confrère et son ami, des opinions dépendantes de la *diversité des temps* et des *intérêts locaux*, bien différentes, par conséquent, de l'idée qu'en avait donnée l'assemblée qui les avait destinées à être des *canons de toute l'Église gallicane*, *dignes de l'immortalité*. Cela justifie très-bien la réflexion que nous avons faite au commencement de cet ouvrage, que, sous tous les ministères ecclésiastiques, nos libertés ont toujours souffert de grands affaiblissemens.

M. l'évêque de Chartres, dans son instruction pastorale du 25 décembre de l'année dernière, reconnaît que nos libertés sont *légitimes* ; qu'elles sont le *patrimoine* des ministres de l'Église gallicane ; qu'elles sont d'*utiles précautions* contre l'extension d'une autorité qui peut quelquefois sortir des limites. Il déclare qu'il ne souffrirait pas qu'aucun prêtre de son diocèse osât attaquer les quatre articles qui en sont le fondement, quoique ces articles ne soient que des opinions *purement théologiques*. Mais quelle garantie peut-on trouver contre un pouvoir sacré, qui a pour lui la très-grande majorité des églises, comme il le dit dans son *Concordat justifié*, dans des opinions dépendantes de la diversité des temps, des intérêts locaux, et livrées aux disputes de l'école? De quel droit en interdirait-il l'attaque dans son diocèse? Y a-t-il rien de plus libre que ces sortes d'opinions? Quel triste patrimoine il nous lègue! L'illustre prélat aurait évité ces inconvéniens s'il se fût attaché au milieu que nous avons établi d'après Bossuet et d'après l'ancien clergé, entre les articles de foi catholique et les opinions purement théologiques.

Concluons de toutes les réflexions qui précèdent, que la déclaration de 1682 est singulièrement déchue de son autorité dans le nouveau clergé; qu'elle n'y réunit plus cette unanimité de suffrages qui lui avait donné tant de force dans son origine; que la distinction entre le premier et les trois derniers articles affaiblit prodigieusement l'intérêt qu'elle avait inspiré à nos pères; que malgré le respect qu'on affecte de témoigner pour les doctrines de ces articles, malgré les termes magnifiques par lesquels on cherche à les relever, tout s'y réduit, en dernière analyse, à ne présenter que des opinions indifférentes, étrangères à la source divine d'où elles découlent. Quelle peut être la cause d'un tel changement?

Je ne suivrai pas M. le ministre des affaires ecclésiastiques dans la déduction de celles qu'il assigne, parce qu'il paraît s'être plutôt proposé de distraire l'attention de ses auditeurs du véritable état de la question que de la résoudre; que les unes sont antérieures à la naissance du *jeune clergé*, ou que ce jeune clergé, par sa position et par son âge, n'avait pas été à portée de les connaître et d'en sentir l'effet; que si elles avaient dû faire quelque impression, c'eût été sur l'ancien clergé, qui en avait été le témoin et la victime; or c'est dans cet ancien clergé que nous retrouvons encore quelques vieux gallicans, qui aiment à se rappeler ces maximes héréditaires, aujourd'hui délaissées. Les causes d'ailleurs alléguées par son excellence sont trop vagues pour expliquer le changement subit et général qui s'est opéré en cette partie de la science ecclésiastique. Il faut donc recourir à une cause plus active, plus efficace, qui ait pu agir simultanément d'un bout du royaume à l'autre. Cette cause, il serait inutile de la chercher ailleurs que dans l'organisation des nouvelles écoles.

V. Sous l'ancien ordre de choses, l'enseignement était partagé entre différens corps qui s'observaient les uns les autres. Les évêques conservaient un respect traditionnel pour nos maximes, et les magistrats veillaient à ce qu'on n'y portât aucune atteinte. Aujourd'hui, la connaissance des causes qui ont rapport à ces maximes a été transportée au conseil d'état, qui ne met d'importance qu'à celles qui regardent le premier des quatre articles. Les évêques ont contracté avec Rome des engagemens qui ne peuvent s'accorder avec les trois derniers tels qu'on les concevait avant la révolution. Tous les corps qui leur étaient le plus attachés sont détruits sans espoir de rétablissement, de sorte que toute l'éducation du clergé est concentrée dans ceux qui ne les professaient qu'avec répugnance. C'est d'après ces idées qu'ont été organisés les séminaires, et que l'enseignement y a été réglé.

Cette opération fut confiée à M. Émery : c'était un homme recommandable par des vertus éminentes, doué d'un esprit délié, d'un caractère qui savait se plier aux circonstances; il avait l'art de s'insinuer auprès des gens en place. Sa grande expérience dans la direction des séminaires, et la connaissance des sujets qui pouvaient entrer dans le plan sur lequel il s'agissait de composer le nouveau clergé, lui mérita la confiance de M. Portalis, ministre des cultes, et le fit connaître de Napoléon. Il avait été nommé à l'évêché d'Arras; mais il n'eut pas de peine à faire comprendre qu'il convenait mieux de le réserver pour l'organisation des séminaires, à laquelle effectivement personne ne paraissait être plus propre que lui.

Il savait bien que ses confrères avaient toujours été suspects sur l'article des maximes de l'Église gallicane. Ce fut surtout pour écarter toute suspicion à cet égard en ce qui le concernait, qu'il s'était prononcé de la manière la plus catégorique touchant la déclaration du clergé, dans la préface de l'*Esprit de Leibnitz*, qu'il avait publié à Lyon

en 1772. Il y explique sans détour le motif de l'hommage qu'il rendit à cet acte célèbre. « Nous
» ajouterons, dit-il, pour écarter jusqu'aux plus
» légers soupçons d'ultramontanisme, que nous
» sommes très-attachés aux maximes du clergé de
» France enseignées dans la déclaration de 1682.
» Nous regardons cette déclaration comme un
» monument précieux, même au saint siége,
» dont nous ne doutons pas qu'il ne loue un jour
» la sagesse, et ne réclame l'autorité, parce qu'en
» même temps qu'on y rejette les prérogatives qui
» n'ont pas de fondement dans l'Évangile, on y
» établit celles qui sont de droit divin, et sur les-
» quelles repose l'immuable grandeur du saint
» siége; et si l'Église gallicane y indique d'une
» main la partie de l'édifice que l'on peut abattre,
» elle maintient de l'autre celle qui doit être à
» jamais sacrée et inviolable. Le moment n'est
» peut-être pas éloigné où l'on adoptera dans les
» états catholiques de l'Europe nos maximes, et
» la crainte qu'en poussant précipitamment la ju-
» ridiction du pape, on ne la fasse reculer au
» delà de ses justes bornes, nous donne lieu
» de faire cette remarque. » Ainsi s'exprimait
M. Émery, professant la théologie, sous l'autorité de M. de Montazet, qui attachait un grand intérêt au maintien des quatre articles, et dans un temps où tous les corps de l'état concouraient à leur enseignement. Pourquoi a-t-il fait disparaître ce bel éloge de la seconde édi-

tion du même ouvrage, donnée en 1803, sous le titre de *Pensées de Leibnitz ?* Je ne puis en assigner de cause plus vraisemblable, que, parce qu'étant devenu chef de sa congrégation, il s'était vu dans le cas de changer de langage, pour prendre celui qui dominait parmi ses confrères.

M. Émery n'avait pas attendu la révolution pour changer de doctrine sur cette matière. M. l'abbé de C., maître de conférences au petit séminaire, soutint, en 1787, dans sa *majeure ordinaire*, sous la présidence de M. de Villevieille, l'un des plus respectables docteurs de la maison de Sorbonne, que le pape ne peut ni enfreindre les coutumes des églises, ni exercer une juridiction immédiate sur aucune église particulière ; que ses jugemens en fait de doctrine ne deviennent irréformables qu'après que l'Église universelle y a moralement accédé par son consentement ; que l'appel au concile général, auquel le pontife est inférieur, sous tous les rapports, même hors le temps de schisme, loin de préjudicier à son autorité, la prouve au contraire ; que c'est là, selon Bossuet, un point de doctrine appartenant à la foi, et qui forme le plus ferme soutien des libertés de l'Église gallicane, lesquelles consistent dans le droit qu'ont les diverses églises de se gouverner selon les canons et les coutumes reçues dans l'Église ; qu'elle peut en introduire de nouvelles lorsqu'elle le juge utile à son régime, sans qu'elle puisse en être évincée soit par le pape qui n'en a pas le pouvoir, soit par l'Eglise universelle, à laquelle on ne doit pas en supposer le vouloir.

Ces maximes, dans lesquelles on reconnaît celles de 1682, ou leurs conséquences immédiates, telles que l'évêque de Meaux les a expliquées et défendues, jetèrent l'alarme parmi les directeurs de Saint-Sulpice. Le soutenant fut obsédé pendant plusieurs jours par M. Émery, supérieur général, et par M. Nagot, supérieur du petit séminaire, qui voulaient l'obliger à signer une déclaration contenant la rétractation de sa thèse, et, sur son refus, il se vit éliminé de la maison. Il paraît, d'après cette anecdote, dont nous avons les preuves irrécusables sous les yeux, qu'on avait oublié à Saint-Sulpice le sage avis du judicieux M. Tronson, qui avait recommandé à ses confrères de se conformer, pour les quatre maximes de 1682, à l'enseignement de la Sorbonne.

VI. Combien cet enseignement n'a-t-il pas dû faire de progrès depuis qu'on a laissé circuler en toute liberté dans les séminaires les ouvrages des Lemaistre et des Lamennais, les déductions de tant de théologiens de pamphlets et de journaux de coterie, où les auteurs de la déclaration sont accablés d'invectives, où la déclaration elle-même est indécemment dénaturée par des commentaires perfides, et où les élèves ont puisé leur enthousiasme pour les doctrines ultramontaines, dans lequel on veut bien ne voir qu'une simple *tendance*. Voilà où il fallait chercher la véritable source du mal, et non dans de vagues souvenirs d'un passé qui n'a pas existé pour le jeune clergé. Ce n'est point avec les livres d'*autrefois*, expliqués par les maîtres d'autrefois, qu'on y remédiera. Le coup est porté ; la plaie ne fera que s'agrandir tant qu'on ne tranchera pas dans le vif, et qu'on se bornera à des palliatifs, qui couvriront le mal, et ne feront que l'entretenir, en lui fournissant de nouveaux alimens. J'en ai indiqué la source ; je laisse à ceux qui en ont la mission le soin de la tarir, s'ils en ont la volonté et les moyens.

On nous assure que les maximes de 1682 sont enseignées dans les séminaires. Mais, de quelle manière le sont-elles ? Est-ce dans le sens de M. Émery, professeur de théologie à Lyon, qui nous en a donné une si juste idée, ou dans celui de M. Émery, devenu supérieur de sa congrégation, qui supprime le bel hommage qu'il leur avait rendu, qui, dans ses additions aux opuscules de Fleury, les commente subtilement, de manière à leur faire perdre le grand intérêt qu'elles avaient généralement inspiré à leur origine ; qui, par l'organe de ses disciples les plus distingués, les réduit à n'être que des opinions variables, des droits contestés, fondés sur un acte de la fin du dix-septième siècle, des doctrines dépendantes de la diversité des temps et des intérêts locaux ? Est-ce dans le sens des évêques de 1682, qui les avaient proposées pour être à perpétuité des canons de toute l'Église gallicane, ou dans celui des évêques de 1826, qui, interpellés de rendre hommage à ce corps de doctrine, n'osent pas même nommer l'assemblée dont il est émané et l'acte qui les contient, dans la crainte de choquer les oreilles délicates des Romains? Est-ce enfin dans le sens de Bossuet, qui les a défendues comme ayant leur source dans la révélation et appartenantes au dépôt de la foi, ou dans celui de M. d'Hermopolis, qui prend en pitié ceux qui entreprendraient de leur donner cette qualification, et qui les abandonne aux vaines disputes des écoles?

On fonde de grandes espérances sur le rétablissement de l'antique Sorbonne; mais la commission des hautes études s'est vue obligée, après de longues délibérations, de se séparer sans pouvoir convenir de rien. Où trouver d'ailleurs de dignes remplaçans des *sages maîtres* d'autrefois, des auteurs des six articles de 1663, qui servirent de base aux quatre de 1682? Certes ces vénérables docteurs qui luttèrent avec tant de force contre la faction qui voulait maintenir le pouvoir indirect du pape sur le temporel des rois, n'auraient pas souffert, qu'on eût fait soutenir dans leur école, une thèse où la déposition de l'empereur Henri IV est invoquée parmi les titres de Grégoire VII à l'honneur de la canonisation. Ils n'auraient pas été moins scandalisés de voir les rédacteurs du nouveau bréviaire de Paris, abusant de l'état d'infirmité où se trouvait réduit le vénérable cardinal de Périgord, pour introduire dans la liturgie de la capitale, la fête d'un pape, d'ailleurs très-recommandable par ses vertus, mais qui avait voulu forcer par des menaces toutes les puissances catholiques à laisser publier dans leurs états la bulle *in Cœna Domini*, avec toute l'extension qu'il lui avait donnée, et qui consomma le schisme d'Angleterre, en déliant les sujets de leur serment de fidélité envers la reine Élisabeth.

Il ne s'agit point de refuser le juste tribut d'hommage dû aux vertus de ces deux pontifes, ni d'accuser la loyauté des auteurs qui sont tombés dans de telles imprudences; mais de faire voir qu'il ne convenait pas de présenter des hommes sujets à de pareils excès, à la vénération publique, et de donner ces excès comme des preuves de leur zèle intrépide à maintenir la discipline ecclésiastique, dans un temps où l'on abuse de leur exemple, soit pour décrier l'autorité du saint siège, soit pour la pousser au delà de toutes bornes.

C'est effectivement dans le même temps que, dans un écrit qui eut six éditions en peu d'années, le sieur Wurtz célébrait, dans ses *Précurseurs de l'Antechrist*, comme « l'époque la plus glorieuse
» pour l'Église et la plus salutaire pour le monde,
» celle où la puissance temporelle des papes et du
» clergé s'établit, se fortifia, s'étendit, s'affermit à
» l'égal de leur puissance spirituelle; où les papes
» distribuaient les sceptres et les couronnes; où
» la monnaie avait pour exergue, *Christus vincit*,

» *Christus regnat*, *Christus imperat*; où la puis-
» sance temporelle étant unie à la puissance spiri-
» tuelle, c'était au chef de l'Église qu'on s'adres-
» sait pour obtenir des souverainetés. Ce ne fut,
» dit-il, qu'en 1682, qu'un si bel ordre de choses
» commença à recevoir les plus grandes atteintes;
» car ce fut alors qu'on érigea ces quatre piliers
» qui ont servi à supporter tous les échafaudages
» des ennemis de l'Église. » C'est sur le même ton
que, dans sa lettre à M. de Lamennais, l'auteur
félicite son maître d'avoir rendu un service inap-
préciable à Jésus-Christ, en détruisant l'hydre
infernale à quatre têtes qui a fini par nous conduire à l'athéisme.

Tout cela est sans doute fort extravagant :
mais tout cela est reproduit avec plus ou moins
d'audace, par des auteurs dont les écrits sont en
vogue chez un certain monde et dans les établissemens ecclésiastiques. Si l'on s'y permet quelques critiques, c'est pour n'y laisser apercevoir que quelques *méprises*, quelques *inadvertances*. Mais cela
n'empêche pas qu'on n'en recommande la lecture,
à cause du ton religieux qui y règne. Le fond de
la doctrine est le même chez M. de Lamennais et
chez M. Wurtz; il ne diffère guère en général que
par l'expression, encore cette différence n'est-elle
pas quelquefois très-sensible. Le premier, par
exemple, dit que « les quatre articles de 1682
» sont le texte des déclamations de tous les sec-
» taires et la charte de tous les schismes; » le der-

nier, « qu'ils sont les quatre piliers qui ont servi
» à supporter les échafaudages des ennemis de
» l'Église. » Les deux textes, comme on voit présentent la même idée, et elle renferme tout l'esprit de leurs ouvrages ; ils ne diffèrent qu'en ce que
l'un ne trouve l'athéisme que dans le premier des
quatre articles, et que l'autre le découvre dans tous
les quatre ; mais ils s'accordent à accuser les trois
derniers de détruire la constitution de l'Église catholique.

A la première nouvelle qu'ils était dénoncés
devant les tribunaux, un cri d'alarme s'est élevé de
toutes parts contre une pareille persécution exercée
envers des prêtres saints et vénérables, et cela en
haine de la religion, et au mépris de la Charte
qui a établi la liberté des opinions ; comme si la
Charte avait pu confondre la liberté des opinions
sagement énoncées et discutées, avec la licence
des maximes séditieuses prêchées avec un enthousiasme de sectaire, propre à pervertir les esprits
et à exciter des troubles. Ce qu'il y a de plus piquant dans cette affaire, c'est que M. de Lamennais a été condamné à Paris, et M. Wurtz honorablement acquitté à Lyon, pour une doctrine qui
est identiquement la même. Ainsi, gardez-vous
d'attaquer l'indépendance de la couronne dans la
capitale ; et si le désir vous en prend, vous pouvez
le satisfaire dans la seconde ville du royaume, où
l'on paraît être plus indulgent sur tout ce qui attaque les maximes de l'Église gallicane.

C'est effectivement des presses de cette ville, que sont sortis les deux ouvrages de M. de Maistre, qui le premier a excité hautement le zèle des ultramontains français contre la déclaration de 1682, représentée par lui comme l'ouvrage de quelques *courtisans en camail.* Il juge que les quatre articles, protestans dans leur essence, sont une pierre d'achoppement jetée sur la route des fidèles, qu'il n'y a pas de rebelle qui ne les porte dans ses drapeaux, qu'ils sont la base de la démagogie moderne, que les théories révolutionnaires n'en sont que le développement; que ce sont des maximes séditieuses, etc., etc.

VII. Dans le même temps et dans la même ville, le sieur Bétant, ancien supérieur de séminaire, publiait ses *Réflexions sur le respect dû au pape* décorées d'un bref de sa sainteté, dans lesquelles il soutenait que la doctrine contenue dans les quatre articles, détruisant les prérogatives divines du saint siége, devait être regardée comme hérétique; qu'il serait à souhaiter que l'enseignement de la suprême autorité des pontifes romains et de son infaillibilité retentît dans toutes les écoles, dans tous les séminaires, dans toutes les chaires évangéliques, et que partout on condamnât à un éternel oubli ce qu'on appelle les libertés gallicanes.

A la même époque, un autre prêtre de la même ville, directeur en grande vogue, adressait au jeune clergé un *Précis des vérités catholiques*, où il enseignait que l'Église universelle découle de la chaire de Saint-Pierre ; que le pape est le souverain monarque, pasteur des pasteurs ; que toute juridiction, toute puissance ecclésiastique découle de son autorité ; que toute l'Église même assemblée en concile général est obligée de lui obéir ; que c'est à lui que l'Église de France doit ses priviléges, appelés *libertés gallicanes*, mots magiques, employés par les ennemis de la religion pour égarer les faibles et les ignorans ; que les théologiens français détruisent le centre de la catholicité, en soumettant les jugemens doctrinaux du souverain pontife à l'examen des conciles ; que l'unité ne peut subsister si le pape n'est pas la source de la foi, le sanctuaire de la vérité, et le principe vivifiant de toute l'Église.

Un ancien et respectable curé du diocèse, ayant voulu réfuter toutes ces extravagances, ne trouvait que de la répugnance chez les imprimeurs et les libraires, qui craignaient de se compromettre avec le clergé, en se chargeant de l'impression et du débit de ses ouvrages.

Il y a dans chaque séminaire des départemens des dépôts de ces livres et autres semblables, où ils se débitent à un prix modique, soit dans le diocèse, soit dans les diocèses circonvoisins, avec autant de facilité que de profusion, et l'on a grand soin de prendre des précautions pour empêcher que ceux faits dans un sens opposé n'y soient pas même connus ; car, ce n'est pas la vérité qu'on cherche, mais le triomphe d'un parti. Ce système très-bien organisé et qui se suit avec une exacte persévérance, nous explique comment l'ultramontanisme s'est si rapidement et si généralement emparé du *jeune* clergé. Ainsi l'enseignement des maîtres, la circulation des livres, l'attention à écarter tous les moyens d'instruction, toutes les lumières qui pourraient procurer une discussion contradictoire, voilà les véritables causes, les causes immédiates et sensibles du progrès des doctrines étrangères, et du décri des doctrines gallicanes, dans le jeune clergé; causes bien plus réelles et plus efficaces que ces souvenirs qui tiennent à des événemens déjà si loin de nous. C'est encore dans ces causes toujours persévérantes, toujours agissantes, qu'il faut chercher les obstacles insurmontables à tout espoir de réhabilitation.

Enfin, après avoir laissé trop long-temps entre les mains de leurs élèves les écrits les plus répréhensibles des nouveaux sectaires; après avoir souffert que le jeune clergé s'abreuvât à longs traits des doctrines étrangères, les directeurs des séminaires, nommément provoqués par une adresse audacieuse, ont lancé contre leur ancien ami, le plus vigoureux de leurs athlètes. Le succès du combat ne pouvait être douteux, la victoire a été complète sur tous les points de l'attaque. Mais le savant apologiste, en vengeant les trois derniers articles de la déclaration du clergé, de la note d'hérésie et de schisme, s'est vu forcé, par l'esprit de son école, de les réduire à ne nous présenter que des opinions *dépendantes de la diversité des temps et des intérêts locaux*, et par-là de les faire déchoir du caractère divin, que l'épiscopat de 1682 leur avait imprimé : caractère qui peut seul inspirer un zèle sincère pour leur défense.

Ainsi, ni les livres qu'on met entre les mains du jeune clergé pour lui donner une juste idée de nos maximes, ni l'esprit de l'enseignement actuel, ni la doctrine des séminaires, ni la restauration éventuelle de l'antique Sorbonne, ne sauraient nous faire entrevoir des espérances fondées pour les voir reprendre leur ancien ascendant. Tout cela produira des opinions et point de doctrine. Quelle ressource nous reste-t-il donc à cet égard ? M. le ministre des affaires ecclésiastiques nous fait concevoir la résurrection des jésuites, comme le seul, ou du moins comme le plus puissant moyen d'une utile régénération dans toutes les parties de l'instruction civile et religieuse. Qu'on nous permette quelques réflexions, sur un sujet devenu aujourd'hui si scabreux.

VIII. Les jésuites peuvent être comparés à la nuée des Israélites, qui avait son côté lumineux et son côté ténébreux. Il y a beaucoup de bien et beaucoup de mal à en dire, suivant le côté sous lequel on les considère ; de part et d'autre, il est facile de s'appuyer sur des faits incontestables. On a excédé dans la louange comme dans le blâme. C'est ce qui arrive toutes les fois que deux partis fortement animés l'un contre l'autre sont en présence, parce qu'on ne veut tenir aucun compte de ce qui serait capable de modifier les jugemens les plus opposés.

Je disais dans un temps où il n'y avait pas le même danger qu'à le répéter aujourd'hui, que la société des jésuites a jeté un grand éclat dans l'Église; mais que ses utiles travaux avaient été malheureusement paralysés, ou plutôt viciés, et par l'ambition intolérante de ne vouloir souffrir d'autre bien que celui qui était fait par elle seule ou sous sa dépendance, et par le dangereux système inhérent à sa constitution, de ne recevoir la direction de son enseignement que d'un chef étranger, dont la résidence au delà des monts le rendait ennemi de nos maximes. Ajoutez à ce double vice le crédit d'intéresser les puissances au maintien de ses doctrines, afin d'intimider par cet épouvantail ceux qui auraient osé entreprendre de les combattre et de les censurer. Je citais à l'appui de ces réflexions, le témoignage d'un évêque qui ne peut être suspect, car il était entièrement dévoué aux jésuites. Ce fut la force de la vérité et sa propre expérience qui arrachèrent, au milieu du dernier siècle, à M. de Guénet, évêque de Saint-Pons, cette plainte énergique à l'occasion de leurs intrigues, pour empêcher la condamnation de leur père Pi-

chon. « D'où vient, faut-il, s'écriait le prélat, que
» toutes les fautes des jésuites deviennent célèbres?
» D'où vient, faut-il, que la faute d'un jésuite
» devienne presque toujours dans l'Église, une af-
» faire d'état ?... Si on touche seulement à leurs
» maximes répréhensibles, vous les entendez faire
» les hauts cris ?... Combien de sourdes menées
» pour arrêter le zèle des prélats, et pour
» tâcher d'endormir leur vigilance ? On en vient
» même aux menaces... [1] »

C'est par de semblables menées qu'ils firent échouer les engagemens solennels que plusieurs évêques, assemblés en 1753 chez M. de Beaumont, archevêque de Paris, avaient contractés, de condamner la seconde partie de l'*Histoire du peuple de Dieu*, du père Berruyer, et qu'ils réussirent à faire disparaître le bref honorable que le pape Clément XIII adressait à M. de Fitz-James, évêque de Soissons, pour son instruction pastorale, contre les erreurs des FF. Hardouin et Berruyer [2]. Comment sous un tel système de domination, l'enseignement ecclésiastique pourrait-il se rétablir et prospérer avec cette noble liberté qui seule peut garantir les droits de la vérité? Comment sous une pareille combinaison de force et d'adresse, nos saintes maximes pourraient-elles se conserver dans toute leur pureté contre l'intérêt

---

[1] Instruction pastorale du 16 juillet 1748.
[2] OEuvres posth. de M. de Fitz-James, p. LII.

et les moyens qu'un corps si puissant aurait d'en ternir l'éclat? Qu'on ne s'abuse donc pas au point de les voir refleurir sous l'enseignement de ce corps, que l'expérience nous apprend être très-habile à briser les entraves, qu'on s'imaginerait pouvoir le contenir, et qui ne peut se montrer sur la scène du monde sans y exciter des troubles.

Dans les déclarations que les jésuites présentèrent à l'assemblée du clergé de 1761, ils n'avouaient que *quelques*-uns de leurs théologiens répréhensibles dans les doctrines qu'on leur reprochait. De bonne foi. Peut-on ignorer que ce nombre est incalculable, que leurs ouvrages approuvés par les censeurs du corps, autorisés par le général, sans cesse réimprimés, jamais combattus par eux, offrent le véritable corps de doctrine de la société? On n'a pas encore oublié que ce fameux Busembaum, vanté par les journalistes de Trévoux, comme le corps de théologie le plus judicieux, avait eu plus de cinquante éditions; qu'il fut réimprimé à Lyon, en 1757, avec les commentaires du père Lacroix, sous la direction du père Montausan, et défendu par le père Zaccheria, avec l'approbation des supérieurs, contre les arrêts du Parlement de France? Eh bien, cette théologie qu'ils mettaient entre les mains des ecclésiastiques dont ils dirigeaient les études dans les colléges et dans les séminaires, comprend en abrégé toutes les erreurs répandues dans les autres ouvrages sortis de la société. Dans la déclaration de 1761, ils se référaient à celle que le cardinal de Richelieu les avait forcés de donner en 1626, par l'ordre de Louis XIII. Voyez dans notre premier chapitre quel fut alors le sort de celle-ci ; et jugez quelle confiance on peut avoir dans ces sortes de déclarations, faites lorsqu'on est juridiquement accusé de sentimens dangereux, et dans des circonstances où il s'agit de détourner un grand orage, de se soustraire à un péril imminent....

L'avis souscrit, le 31 décembre 1761, par quarante-cinq évêques, où les jésuites sont exaltés, sans restriction, mérite sans doute beaucoup de considération par le caractère éminent des signataires ; mais il perd une partie de son poids par l'exagération qui y règne, surtout quand on le rapproche de la longue lutte que le corps épiscopal eut à soutenir dans le dix-septième siècle, contre eux, pour le maintien des droits de la hiérarchie et pour le rétablissement de la saine morale, sans compter les divers combats particuliers que différens évêques se sont vus contraints de leur livrer, pour réprimer leurs entreprises, et proscrire les ouvrages répréhensibles des individus, toujours soutenus dans leurs égaremens, par le crédit de leurs confrères auprès des puissances. Du reste, on sut dans le temps que parmi les quarante-cinq évêques, plusieurs n'avaient signé l'avis qu'avec répugnance, subjugués par l'ascendant des prélats qui dominaient dans l'assemblée, ce qui arrive ordinairement dans les circonstances, où le respect humain l'emporte sur la conviction; qu'il y en eut qui ne consentirent à le signer, que parce qu'on leur fit entendre que leur signature n'exprimait pas leur propre sentiment, qu'elle attestait simplement que l'avis avait passé à la pluralité des voix. Cinq prélats, d'une opinion différente de celle de leurs collègues, en rédigèrent un en commun qu'ils remirent au roi. Celui de M. de Fitz-James en particulier, fut imprimé, il se trouve dans ses OEuvres Posthumes. On ne peut se dispenser de le comparer avec celui des quarante-cinq, si l'on veut avoir une juste idée de toute cette affaire.

Il ne nous reste plus qu'à parler de la réponse de Henri IV, au premier président de Harlay, après avoir entendu les remontrances du parlement, contre l'édit du rétablissement des jésuites, en 1603. M. l'évêque de Chartres attache la plus grande importance à cette réponse, qu'il regarde comme un argument péremptoire en leur faveur. C'est, dit-il, une apologie qui suffit à leur gloire et à leur pleine justification. Il paraît ne pas en soupçonner le moins du monde l'authenticité, et ignorer absolument la véritable réponse, conservée par le plus grave de nos historiens, et qui l'avait entendue de la propre bouche du roi, en présence des députés du parlement et des personnages les plus distingués de la cour. C'est pour mettre le lecteur impartial à même de juger ce point de critique que nous placerons en regard les deux réponses, dans une note particulière, en y joignant quelques remarques propres à constater l'authenticité de celle que rapporte M. de Thou.

Nous terminerons ce chapitre, par le jugement qu'un respectable avocat du clergé a porté de la société des jésuites et du projet de la rétablir, dans un écrit remarquable, intitulé : *le Clergé Français en* 1825. M. Billecocq, reste précieux de l'ancien barreau de la capitale, après avoir fait l'apologie du nouveau clergé sous tous les points sur lesquels il a été attaqué; après avoir rendu hommage aux talens qui ont brillé chez les jésuites et aux services qu'ils ont rendus, s'exprime ainsi, avec cette candeur religieuse qui inspire une confiance vraiment persuasive en son opinion. « La société » des jésuites, dit-il, destinée à n'être que religieuse, s'était rendue toute puissante dans l'ordre politique. C'est là une vérité qui ne souffre » point de contestation. L'alliance des affaires du » siècle avec les vœux de religion impliquera toujours contradiction et sera toujours un contresens dans la pensée des hommes éclairés. On ne » comprendra jamais que des religieux puissent » raisonnablement participer aux affaires du monde, » s'initier en la connaissance et la direction des » intérêts politiques, exercer une influence et » bientôt une domination au sein des cours, acquérir de grandes richesses, les augmenter par » des spéculations, et finir par se créer des états.

» La religion est offensée par de semblables
» succès. Il faut se persuader que le spectacle du
» contraste de leur existence avec leur institution
» première a rendu très-favorable dans l'opinion
» la plus générale la chûte de leur ordre. Je pense
» donc que leur société, fondée sur des vues
» toutes religieuses, était devenue depuis long-
» temps toute mondaine, même des vertus émi-
» nentes s'y conservant encore, et que son influence
» prodigieuse sur le gouvernement des états fut
» un mal réel pour les états, pour les princes, et
» même pour la religion qu'une telle influence
» blessait et compromettait. »

Le savant jurisconsulte conclut de ces considérations, auxquelles on pourrait en ajouter beaucoup d'autres, « que la restauration de cet ordre,
» non-seulement heurte toutes les idées reçues,
» mais encore ne s'explique par aucune nécessité
» publique; » que, sans refuser à la société la justice qui lui est due pour tout ce qu'elle a fait de louable, comme sans admettre les imputations dont elle est l'objet, il ne convient pas de la rétablir, d'abord parce que l'opinion la plus générale y résiste, ensuite parce que leur nom seul crée déjà un parti en France; que, si elle se rétablissait, elle diviserait tout à la fois la religion et la politique, parce que le souvenir du rôle éclatant qu'elle a joué sur la scène du monde importunerait sans cesse ceux des membres du nouvel ordre qui se sentiraient les forces, et finirait par

enfanter des entreprises ; parce qu'enfin le bien qu'on s'en promettrait n'est pas à mettre en balance avec le mal qui en résulterait.

Ces judicieuses réflexions ne sont imprégnées d'aucune teinte de libéralisme, ni de jansénisme, ni d'aucun intérêt de secte ou de parti. Ce sont celles d'un excellent citoyen, d'un partisan zélé de la monarchie, d'un homme dévoué à la dynastie des Bourbons, enfin d'un apologiste sincère du clergé, qui croit cependant que si la pensée de rétablir les jésuites a été conçue, il y aurait erreur grave de la supposer celle du clergé actuel, lequel doit être instruit par l'histoire combien la puissance et l'influence des jésuites trouvèrent de censeurs dans l'ancien clergé. On voit que M. Billecocq ignorait absolument ce que le ministre des affaires ecclésiastiques a avoué quelques mois après à la tribune, qu'il existe en France des établissemens de jésuites ; et quand son excellence affirme que « les élèves en sortent sans connaître » les démêlés des ultramontains et des gallicans, » elle nous permettra de croire qu'elle a été trompée dans ses informations, car nous avons vu les jeunes étudians en philosophie rapporter les ouvrages de M. Lemaistre et de M. de Lamennais, très-ardens à rompre des lances contre les défenseurs des libertés de l'Eglise gallicane. Tel est l'esprit que reportent dans la société les élèves formés dans les établissemens des jésuites, déguisés sous le nom de *pères de la foi.*

Chez une nation qui respecte les lois, combien d'autres réflexions contre la restauration des jésuites ne pourrait-on pas ajouter à celles de M. Billecocq, celles entre autres qui naissent des arrêts de toutes les cours souveraines du royaume, par lesquels ils ont été solennellement proscrits; de l'édit de 1764, formant une véritable loi de l'état, qui a consommé leur destruction; de la bulle de Clément XIV, qui a supprimé leur société dans toute l'Église catholique? De quel front ose-t-on opposer à cette bulle si fortement motivée, si long-temps mûrie, celle de la restauration, rendue sans aucune des formes établies pour opérer la nullité de celle qui l'a précédée, et qui, selon toutes les règles canoniques, doit conserver sa vigueur, jusqu'à ce que le procès soit révisé et que la nullité des motifs de suppression soit légalement prouvée. Quelle idée doit-on se former de nos lois, si des actes aussi authentiques, aussi solennels, sont anéantis dans l'intérêt d'une corporation, dont le nom seul fanatise ses partisans, et agite la société?

IX. On a vu dans ce chapitre, combien les maximes de l'Église gallicane sont déchues parmi nous de leur première pureté, et du respect national qu'elles avaient obtenu lorsqu'elles furent publiées dans le plus beau siècle de notre église et de la monarchie. On a vu également les voies par lesquelles s'est opérée leur dégradation. Nous avons montré l'insuffisance des moyens indiqués pour les rétablir dans leur antique splendeur, et ceux par lesquels il serait possible de les retenir sur le penchant d'une ruine entière et inévitable, vu la disposition de ceux auxquels le soin de les conserver et de les réparer est confiée. Nous croyons en cela avoir rempli les devoirs d'un bon citoyen, d'un véritable enfant de l'Église gallicane, et usé des droits que nous donne une étude longue et approfondie des libertés ecclésiastiques et civiles de la France. Nous pensons avoir usé de ce droit avec impartialité, et en évitant tout ce qui pourrait offenser les personnes dont nous nous sommes permis de combattre les opinions. Nous terminerons cette partie de notre travail, par l'examen des titres et des droits de la puissance temporelle, sur l'enseignement des maximes consacrées par la déclaration de 1682.

CHAPITRE IX.

De l'engagement exigé des professeurs de théologie par l'édit du 2 mars 1682, pour les obliger à enseigner la doctrine contenue dans la déclaration du clergé.

Louis XIV déclare dans le préambule de cet édit, que c'est pour se rendre au vœu de l'assemblée du clergé que, par le présent édit perpétuel et irrévocable, il ordonne que la déclaration des sentimens du clergé sur la puissance ecclésiastique soit enregistrée dans toutes les cours du royaume. Défense y est faite d'enseigner dans les maisons, colléges et séminaires, ou d'écrire aucune chose contraire à la doctrine contenue en ladite déclaration. Sa Majesté ordonne en conséquence qu'elle sera souscrite par tous les professeurs en théologie, avant qu'ils puissent entrer en fonction, et qu'ils se soumettront à enseigner la doctrine qui y est expliquée; que les syndics des facultés de théologie présenteront aux ordinaires des lieux et aux procureurs-généraux copies desdites soumissions, ainsi que les noms de ceux qui seront chargés d'enseigner ladite doctrine; que les professeurs eux-mêmes devront leur présenter les écrits qu'ils dicteront, s'ils en sont requis; qu'aucun bachelier ne puisse être licencié, ni reçu docteur, qu'après avoir soutenu cette doctrine dans l'une de ses thèses; enjoint à tous les archevêques et évêques, d'employer leur autorité pour faire enseigner ladite déclaration, et aux doyens et syndics des facultés d'y tenir la main, à peine d'en répondre en leur propre et privé nom. Le même ordre est donné à tous les procureurs-généraux, avec défense de souffrir qu'il y soit contrevenu, soit directement, soit indirectement; enfin ils sont chargés de procéder contre les contrevenans, en la manière qu'ils jugeront à propos, suivant l'exigence des cas.

Cet édit était calqué sur la déclaration du 4 août 1663, par laquelle Louis XIV avait ordonné de se conformer dans toutes les écoles à la doctrine des six articles de la faculté de Paris, lesquels servirent de base aux quatre de 1682 ; le roi s'y exprimait ainsi : « Nous avons jugé qu'il était
» important de faire enregistrer la déclaration de
» la faculté dans toutes les cours, afin de la rendre
» publique, et que les sentimens de nos sujets
» soient uniformes sur ces articles, en sorte qu'il
» ne soit rien dit, écrit, enseigné, ni professé qui
» soit contraire à ladite déclaration; nous ordon-
» nons que les six propositions contenues en la-
» dite déclaration soient enregistrées en toutes
» nos cours, faisant très-expresses inhibitions à tous
» bacheliers, licenciés, docteurs et autres personnes
» de soutenir, enseigner, directement ni indirec-
» tement, ès écoles publiques, ni ailleurs, aucunes

» propositions contraires, ni d'en faire aucun écrit,
» à peine de punition exemplaire ; et aux syndics
» des universités, et aux docteurs qui présideront
» aux actes, de souffrir qu'il soit rien inséré de con-
» traire dans aucunes thèses, à peine, etc. »

Ces deux lois sont conçues à peu près dans les mêmes termes : elles ont l'une et l'autre pour objet d'établir dans le royaume l'uniformité d'enseignement sur les questions qui en font la matière, et elles contiennent les mêmes injonctions. La seule différence qu'on y remarque, est que celle de 1663 n'exigeait pas de la part des professeurs l'engagement prescrit par celle de 1682, d'enseigner la doctrine des articles décrétés ; mais cet engagement s'y trouvait implicitement contenu, à raison des peines décernées contre ceux qui ne s'y conformeraient pas. Observez de plus que la première avait été rendue du propre mouvement du roi, au lieu que la dernière l'avait été à la réquisition des évêques ; ce qui la faisait rentrer davantage dans les formes ecclésiastiques. Et cependant le pape Alexandre VII ne forma point la moindre réclamation, ni contre la déclaration du roi, ni contre les articles de la faculté, quoiqu'il eût témoigné son mécontentement contre d'autres actes émanés de ce corps ; et la déclaration fut exécutée sans opposition. Passons maintenant au sort qu'a éprouvé l'édit de 1682, pour savoir si l'on en peut réclamer aujourd'hui l'exécution.

II. Il est de principe dans le droit public français qu'une loi publiée avec toutes les solennités requises pour lui imprimer le caractère de *loi de l'état*, ne saurait être révoquée par un simple acte de la volonté particulière du législateur, dépourvu des mêmes solennités. Or, il est certain que l'édit de 1682 fut accompagné de toutes ces formalités par son enregistrement dans les cours de justice, et qu'elles furent toutes omises pour la lettre de 1693. Cette lettre, qui parlait simplement et confidentiellement d'ordres pour ne pas *donner de suite* à l'édit, à raison des inconvéniens qu'entraînait son exécution dans les graves circonstances où l'on se trouvait, ne présente que l'idée d'une pure suspension, dont l'effet ne peut s'étendre au delà de la vie du monarque. Ce n'est point un acte législatif, c'est un acte du propre mouvement. Le parlement, à qui il n'avait point été adressé, n'y eut aucun égard, et toutes les cours de justice continuèrent à juger les causes qui se présentèrent devant elles, conformément à l'édit, sans faire mention de la lettre. Tous les rois successeurs de Louis XIV le rappelèrent, comme faisant seul loi de l'état, et en maintinrent l'exécution, suivant les circonstances qui exigèrent cette manifestation de leur autorité : on ne saurait alléguer rien de contraire à cette disposition.

Le parlement de Paris renouvela spécialement la clause dont il s'agit, par son arrêt de règlement de 1753, sans qu'il s'élevât la moindre réclamation de la part du clergé. L'article 15 de celui de février 1763, renfermant le règlement pour les colléges dépendant de l'université, dit : « Que » tous les professeurs de théologie seront tenus de » se conformer aux dispositions de l'édit de 1682, » concernant les quatre propositions contenues » dans ladite déclaration. » Dans l'arrêt d'enregistrement des lettres patentes accordées en 1784, à la congrégation de la doctrine chrétienne, pour légaliser des changemens faits aux statuts de cette congrégation, il est dit : « Que c'est à la charge » que les supérieurs seront tenus de veiller à ce » que la doctrine contenue dans la déclaration du » clergé de France, concernant les sentimens tou- » chant la puissance ecclésiastique, soit enseignée » à ceux qui feront leurs études de théologie dans » leurs maisons, et soutenues dans les thèses pu- » bliques et autres exercices dont est question, » conformément à l'édit de 1682. »

Les rois n'ont pas été moins jaloux que les magistrats de maintenir cet édit, en le regardant comme loi de l'état. Nous en avons une preuve dans la lettre du 25 juillet 1763, adressée par Louis XV au pape Clément XIII, au sujet de l'ordonnance de M. de Fitz-James, évêque de Soissons, contre le livre des Assertions, lettre d'autant plus remarquable qu'elle fut écrite d'après le rapport de quatre prélats chargés par ce prince d'examiner l'ordonnance, et de lui en faire leur rapport. Elle est ainsi conçue : « Je mettrai toujours, ainsi que les

» rois mes prédécesseurs, au rang de mes devoirs
» les plus étroits de maintenir dans son intégrité
» la doctrine tenue et enseignée de tout temps par
» les évêques et les écoles de mon royaume. Les
» maximes qui résultent de cette doctrine, et qui
» n'en sont que le précis, réunissent le double ca-
» ractère de lois civiles et religieuses de mon état.
» J'ai si fort à cœur de les faire observer, que je
» regarderai comme infidèle à son roi et à la patrie
» quiconque, en France, osera y donner la moin-
» dre atteinte[1]. »

Un acte plus authentique encore de notre législation, est l'arrêt du conseil du 27 avril 1766, par lequel le même prince rappela, comme appartenant à son autorité, les principes invariables contenus dans l'édit de 1682, renouvela les lois faites à ce sujet, proscrivit tout ce qui pourrait s'opposer à leur exécution, et ordonna que cet édit serait exécuté selon sa forme et teneur dans tout le royaume. « Veut en conséquence Sa Majesté, que
» les quatre propositions arrêtées en l'assemblée
» des évêques en 1682, et les maximes qui y sont
» reconnues et consacrées, soient inviolablement
» observées en tous ses états et soutenues de toutes
» les universités et par tous les ordres, séminaires et
» corps enseignans, ainsi qu'il est prescrit par
» l'édit de 1682; fait défense à tous ses sujets de
» rien entreprendre, soutenir, écrire, composer,

---

[1] OEuvres posth. de M. de Fitz-James, tom. II, p. 341.

» imprimer, directement ou indirectement, qui
» soit contraire auxdites maximes. » Cette déclaration n'excita alors aucune réclamation de la part du clergé.

On conserva la même disposition dans les lois organiques du concordat de 1801, dont l'article vingt-quatre porte : « Ceux qui seront choisis
» pour l'enseignement des séminaires, souscriront
» la déclaration faite par le clergé de France en
» 1682, et publiée par un édit de la même année.
» Ils se soumettront à y enseigner la doctrine qui
» y est contenue, et les évêques adresseront une
» expédition en forme de cette soumission au con-
» seiller d'état, chargé de toutes les affaires con-
» cernant les cultes. » Cette disposition, n'ayant point été révoquée par la charte, conserve toute sa force en vertu de l'article soixante-huit de cette même charte. Son auteur pensait si peu à la révoquer, qu'il lui a donné une nouvelle sanction par les deux discours que nous avons rapportés de lui, prononcés à l'ouverture des chambres de 1817 et 1819.

Cette tradition de lois et de faits prouve évidemment que l'édit de 1682, malgré une courte suspension commandée par des circonstances où son exécution rigoureuse aurait entraîné les plus graves inconvéniens, a conservé toute sa force ; que les lois protectrices de nos libertés ont joui jusqu'à nos jours de leur salutaire puissance ; que l'obligation de s'y soumettre et d'en professer la doctrine, comme formant la base de notre droit public, est indistinctement imposée par ces lois, spécialement par l'édit de Louis XIV, à tous ceux qui pratiquent l'enseignement dans toutes les écoles, et par conséquent que les ministres qui ont cru devoir renouveler les injonctions faites par l'édit de mars 1682, à tous les professeurs de théologie de contracter l'engagement d'enseigner les maximes conservées dans la déclaration du clergé, étaient bien fondés. Qui pourrait en effet contester au roi, et par conséquent aux magistrats délégués par lui, le droit de surveiller l'enseignement de ses sujets, pour s'assurer s'il est conforme aux intérêts de l'état.

Indépendamment de ce principe incontestable, Louis XIV, comme nous l'apprenons par le préambule de son édit, avait été sollicité par l'assemblée du clergé de faire publier la déclaration, afin qu'elle acquît par cette forme le caractère et les effets de loi de l'état. C'est effectivement ce qui résulte du rapport de M. l'évêque de Tournay, où il invitait l'assemblée de prier les présidens de porter au roi la déclaration des articles, et de supplier Sa Majesté « d'en vouloir autoriser l'exécution, par laquelle il » soit défendu de rien soutenir de contraire, dans » toute l'étendue du royaume, et enjoindre aux uni- » versités d'enseigner cette doctrine, et aux bache- » liers de la soutenir dans leurs thèses publiques. » Cette proposition fut généralement approuvée.

III. Comment les circulaires des ministres, pour

renouveler les injonctions faites par l'édit de Louis XIV, ont-elles pu devenir le signal du déchaînement du clergé contre cette mesure? On ne conçoit pas ce que peut avoir de contraire à la religion, la promesse exigée des hommes qui se vouent à l'enseignement public, de souscrire à des maximes consacrées par le concours des deux puissances! Car enfin, le gouvernement ne fait en cela qu'exercer son droit de surveillance sur les écoles qu'il autorise et sur les chaires qu'il institue. Ne serait-ce pas même le cas de lui reprocher une négligence répréhensible, si cette surveillance n'osait atteindre la théologie, considérée comme objet d'enseignement et comme moyen d'influence? Dès que la religion catholique est déclarée religion de l'état, elle ne peut être enseignée autrement que comme elle a été reçue dans l'état. L'obligation d'en maintenir la pureté est un hommage rendu à cette religion. Vouloir que l'enseignement en soit d'accord avec les institutions de l'état, c'est une conséquence renfermée dans la définition des termes; et lorsqu'il ne faut pour assurer cet accord que rappeler des maximes toujours professées par l'Eglise gallicane, la résistance est sans motif.

La Charte, dit-on, garantit la liberté des opinions. Oui, mais elle n'autorise que celles qui sont en harmonie avec notre droit public, ou du moins qui n'y sont pas contraires; autrement ce ne serait plus liberté, mais licence. En proclamant la religion catholique *religion de l'état*, elle n'établit pas un nouvel ordre de choses ; c'est la religion catholique avec ses droits essentiels, primitifs et inaltérables, tels qu'ils sont reconnus par la déclaration de 1682, qui est la véritable loi de l'état. Ces droits ne sont pas devenus, depuis la Charte, des opinions variables, qu'on puisse arbitrairement soutenir ou combattre. Elle n'a pas donné la liberté de les insulter, de mettre à leur place des opinions ultramontaines, que le préambule de la déclaration dénonce comme *insupportables aux rois et aux peuples*. Elle n'a pas privé le roi du droit inhérent à sa qualité d'être le protecteur des canons, ni dispensé les ministres du culte catholique de leur soumission à la loi de l'état. Cette expression est toute politique. Elle est générale, en ce sens qu'elle garantit l'indépendance du pouvoir souverain contre des prétentions étrangères qui voudraient y porter atteinte ; elle est spéciale pour les catholiques, parce qu'eux seuls ont besoin de règle dans leurs rapports avec le chef spirituel de leur religion : les dissidens, affranchis de pareils rapports avec une puissance qu'ils ne reconnaissent point, n'ont aucun besoin d'une semblable règle. Voilà pourquoi on n'exige pas plus leur adhésion aux quatre articles qu'aux dogmes de la religion catholique, quoiqu'elle soit la religion de l'état. En général, les vérités qui ont leur fondement dans la loi de Dieu sont dans le cas d'être fixées par leur application. C'est alors seulement qu'elles sortent de l'ordre théologique pour devenir des vérités sociales. Le pape est incontestablement le premier vicaire de Jésus-Christ sur la terre. S'ensuit-il qu'il n'y ait pas des formes légales pour régler l'exercice de son autorité? Cela ne peut point faire l'objet d'une question. C'est donc par leur application que les paroles divines prennent un sens déterminé dans l'ordre politique. L'histoire de tous les peuples vient à l'appui de cette incontestable observation. Comment donc contester à l'autorité civile le droit de surveiller, pour le maintien des libertés gallicanes, l'enseignement théologique dans ses points de contact avec notre droit public?

IV. Ici, nous sommes forcés de répondre à une objection cent fois réfutée et toujours rebattue, qui atteste l'ignorance ou la mauvaise foi de ceux qui ne cessent de la reproduire. On s'obstine à vouloir présenter l'injonction faite aux professeurs de théologie de régler leur enseignement sur les maximes consacrées par la déclaration du clergé, comme une entreprise de l'autorité temporelle sur les droits de l'autorité spirituelle, à laquelle seule il appartient de juger de la doctrine et d'imposer des croyances. Mais n'est-il pas évident que l'édit de mars 1682 n'a rien qui ressemble à une décision sur des matières religieuses ni à une contrainte à la croyance? C'est une simple mesure prise par l'autorité civile, à la réquisition de l'autorité ecclésiastique, qui n'empiète nullement sur le droit des évêques, et qui n'a pour objet que de servir d'appui à leur décision. Louis XIV ne prétendait pas imposer l'obligation de croire que les quatre articles sont la vérité. Il ne forçait personne à les professer. Il laissait chacun libre de quitter l'enseignement. Tout ce qu'il prescrivait, c'était de s'y conformer dans l'exercice public des fonctions de professeur. Ainsi, en exigeant d'eux qu'ils contractassent l'engagement de les enseigner, il ne se constituait pas juge de la doctrine; il ne faisait que prêter son appui à celle qui avait été décrétée par l'autorité de l'Église gallicane, qui l'avait supplié d'employer sa puissance pour procurer l'exécution de sa déclaration. On ne fait pas attention que tous les reproches faits en cette occasion à Louis XIV frappent également sur celle par laquelle il avait prescrit la signature du formulaire d'Alexandre VII, et sur l'édit de 1695, par lequel il statua depuis sur des matières qui tiennent encore plus immédiatement à l'ordre spirituel, comme l'approbation des confesseurs, celle des prédicateurs, et autres matières qui sont du ressort de la juridiction ecclésiastique. Il en est de même pour d'autres ordonnances relatives à l'exécution de différentes bulles pontificales; et cependant le clergé n'a jamais réclamé à cet égard. C'est même à sa sollicitation que l'autorité royale est intervenue dans ces circonstances et autres semblables. Concluons de tout cela que le véritable motif de son opposition à la mesure renouvelée par les ministres prend sa source dans sa répugnance pour la doctrine des quatre articles.

On a prétendu que les ministres, par leurs circulaires, s'arrogeaient le droit de surveiller l'enseignement de la théologie, droit qui appartient essentiellement et exclusivement aux évêques. Mais la mesure adoptée par les ministres n'avait pas précisément pour objet de surveiller l'enseignement de la théologie proprement dite ; il était seulement question de s'assurer si, dans l'enseignement de la théologie, on ne mêlait pas des questions qui intéressaient l'état, si on ne s'écartait pas des maximes constamment professées par l'Église gallicane, dans leur rapport avec le droit public du royaume. L'objet des gouvernemens, dans tout cela, n'est point de prescrire des dogmes, ni même de régler la discipline ecclésiastique, mais de maintenir l'exécution des maximes déterminées par la puissance spirituelle, et devenues loi de l'état, par le concours des deux puissances. Toute l'influence du souverain est une suite de sa qualité de protecteur des saints canons, ou, selon le langage reçu, d'*évêque du dehors*, « dans les affaires,
» non-seulement de la foi, dit Bossuet, mais en-
» core dans tout ce qui concerne la discipline ec-
» clésiastique ; au prince, la protection, la défense,
» l'exécution des canons et des règles ecclésiasti-
» ques ; à l'Église, la décision [1]. » Or quel était le

[1] Politique tirée des livres de l'Écriture sainte, liv. 8, proposit. II.

but des ministres dans leur circulaire? C'était d'assurer l'exécution de la loi rendue à la sollicitation de la puissance ecclésiastique. Divers événemens avaient empêché d'y tenir la main sous les règnes précédens; mais cependant l'édit de mars 1682 avait été renouvelé en diverses circonstances, comme nous l'avons prouvé ; il conservait encore toute sa force, et pouvait être remis en exercice, suivant l'exigence des cas. Or les circonstances d'en presser l'exécution n'étaient-elles pas devenues urgentes, à raison de l'esprit ultramontain qui se manifestait de toutes parts dans le nouveau clergé? Ne le dissimulons pas, c'est cet esprit qui a excité tant de clameurs.

On paraissait craindre que cette démarche ne contribuât à jeter de la défaveur sur les dispositions de la France envers le saint siége : c'est là la considération qu'on a toujours mise en avant pour faire à la cour de Rome des concessions officieuses, dont elle se fait des droits contre nos libertés. Mais cette considération ne retint pas les prélats de l'assemblée de 1682 ; et, quoiqu'elle eût fait impression sur Bossuet, non pour la chose en elle-même, mais à cause de la disposition des esprits, qu'il craignait pouvoir se porter trop loin, cependant ce grand homme, si respectueux pour le siége apostolique, se félicita du résultat de l'affaire, lorsqu'il eut vu l'unanimité avec laquelle tout s'était passé dans l'assemblée. Quoiqu'il prévit le mécontentement des Romains dans l'application des quatre articles, pour la réception du livre des *Maximes des Saints*, il vit avec satisfaction qu'on s'y conduisit d'après la nouvelle jurisprudence établie par la déclaration[1]. On doit, dans tous les rapports de l'Église gallicane avec le saint siége, éviter de confondre la soumission canonique due aux oracles qui émanent de la chaire de Pierre avec l'asservissement que les ultramontains exigent pour les prétentions de la cour de Rome. C'est pour ne s'être pas conduits d'après cette règle que les prélats, auteurs de la déclaration du 3 avril dernier, n'ont satisfait aucun des partis, et n'ont que trop décelé le changement de doctrine survenu dans le nouveau clergé.

V. Pour résumer tout ce que nous avons dit dans ce chapitre, on voit que Louis XIV n'a pas prétendu, par son édit, opposer la doctrine de l'Église gallicane à celle de l'Église universelle, mais seulement aux prétentions ultramontaines, sur une question politique et du droit des gens, en ce qui concerne le premier des quatre articles; que, pour les trois derniers, il a agi en sa qualité de protecteur des saints canons, afin de surveiller l'exécution d'un règlement pour lequel l'assemblée avait réclamé son intervention; que l'injonction faite par les ministres d'enseigner tout le corps de doctrine n'était ni une décision sur des matières

---

[1] Journal de l'abbé Ledieu, 19 janvier 1700.

religieuses, ni une contrainte à la croyance, mais une simple réitération des mesures anciennes concertées entre les deux puissances pour le maintien d'une doctrine permanente, sous quelque forme qu'elle soit proposée ; que la loi de l'état, à laquelle tous les Français doivent se soumettre, n'a jamais été révoquée ; qu'elle peut être suspendue, mais qu'elle est de sa nature irrévocable, parce qu'elle est fondée sur le droit des gens, et qu'elle a pour objet l'intérêt des peuples et des souverains. Ainsi, en dernière analyse, que la déclaration du clergé ait été le produit des circonstances où se trouvait la France dans ses rapports avec Rome; que Louis XIV ait agi par ressentiment ; tout cela est étranger à la question, et ne saurait porter atteinte aux vérités que contient la déclaration des quatre articles, qui sont le fondement de nos libertés.

Espérons que le nouvel épiscopat, dont M. l'évêque d'Hermopolis nous a fait un si magnifique tableau, finira par renouer la chaîne de la tradition de nos maximes, qui avaient répandu tant de splendeur sur l'ancien ; qu'en rendant aux divines prérogatives du saint siége un juste hommage, il se rattachera à celles de l'Église gallicane dans toute leur intégrité ; que la véritable piété, affranchie des entraves peu analogues à l'esprit et aux grands principes de la religion, ne peut jeter de profondes racines dans les cœurs, qu'autant qu'elle est éclairée par de pures lumières, et nourrie par de solides instructions, et qu'on ne peut opérer une régénération durable dans le jeune clergé que par les mêmes études qui firent sortir de la confusion des désordres religieux et civils celui qui répandit un si grand lustre sur l'Église gallicane par la publication des quatre articles de 1682.

FIN

NOTES.

Note 1. (Page 13.)

Dans les *Nouvelles observations* sur l'ouvrage de M. de Lamennais, par un ancien grand-vicaire, on lit, page 22, que la harangue du cardinal Duperron à la chambre du tiers état, avait essentiellement pour objet une question de compétence, savoir, qu'il n'appartenait pas à des laïques de prononcer sur l'orthodoxie ou l'hétérodoxie d'une proposition, comme la chambre se l'était permis. Il est bien vrai que ce fut là le motif de sa mission, et que la chambre du clergé répugnait à ce qu'on traitât le fond de la question, soit qu'elle craignît d'être obligée de mettre à découvert sa doctrine du pouvoir indirect du pape sur le temporel, soit qu'elle fût persuadée que c'eût été se compromettre que d'entrer en contestation avec des laïques touchant une matière qu'elle croyait exclusivement soumise à son autorité.

Il est cependant certain que la harangue du cardinal, qui dura trois heures, roula principalement sur le fond de la doctrine, et qu'il exposa celle des ultramontains dans tous ses développemens et toutes ses conséquences; en présentant, sous toutes sortes de formes, le sophisme qui a été relevé avec tant de jus-

tesse par Bossuet. « Quant à la déposition des rois,
» disait-il, je dirai que ce point est problématique,
» et l'a toujours été en théologie, qu'il ne peut être
» compris sous les lois politiques; laquelle théologie
» il faut distinguer d'avec l'état et police temporelle,
» qu'en la France, cette question a été toujours tenue
» problématique; que si en France la négative est
» tenue, l'affirmative se tient par les quatre quarts de
» la chrétienté. » L'orateur conclut tout son discours
par demander, non que l'article fût modifié, au moins
dans les expressions, mais qu'il fût absolument *tiré et
ôté des cahiers.* Ce qui prouve qu'il n'en voulait pas
moins à la doctrine même qu'à la compétence de ceux
qui avaient proposé l'article.

Miron, président du tiers état, saisit la question
sous le même point de vue. Il prouva que celle de la
compétence était illusoire, parce que la proposition
avait pour objet une règle de police à établir, rendue
nécessaire par de tristes événemens encore récens, afin
de prévenir le renouvellement de semblables attentats.
« L'intention de cette compagnie, répondit-il, a été
» de maintenir l'indépendance de la couronne de nos
» rois, qui ne peut leur être arrachée de droit par
» aucune puissance; que sa sainteté n'a point ce pou-
» voir; que l'Église ne l'a jamais prétendu; que ceux
» qui écrivent le contraire soient châtiés par les juges
» séculiers, n'entendant pas faire une loi ecclésiasti-
» que de cette proposition, mais une règle de police,
» qui oblige tous les sujets de sa majesté, de quelque
» qualité et condition qu'ils soient..... Toutefois la
» substance de l'article demeurant, s'il y a quelques
» mots qui vous troublent, nous envoyant par écrit

» ce que vous désirez de nous, j'estime que nous y
» pourrons nous accommoder, en n'altérant rien tou-
» tefois du sujet de l'article. »

On voit que, quelle que fût la mission du cardinal Duperron, sa harangue roula principalement sur le fond de la question; que, quoiqu'il ne la présentât que comme problématique, son but était cependant de lui attribuer un caractère dogmatique, puisqu'il soutint que le pouvoir indirect du pape sur le temporel, aux Français près, était tenu par les *quatre quarts de la chrétienté*. Quant à la question de compétence, le président du tiers état avait offert sur ce point toute la satisfaction qu'on pouvait désirer. Il n'appartenait pas sans doute à une chambre toute laïque d'appliquer la note d'*hérésie* à la doctrine contraire à celle de son article; mais, comme il s'agissait d'une question de droit public, rien ne pouvait l'empêcher de la traiter de séditieuse. Il eût été facile de s'entendre là-dessus, si le clergé, élevé dans les principes de la ligue, n'eût été fortement imbu de l'opinion du pouvoir indirect, dont Duperron surtout était le plus ardent défenseur.

M. l'ancien grand-vicaire dit que ses harangues ne furent point insérées dans le procès verbal de la chambre ecclésiastique des états de 1614, parce qu'elles n'y avaient pas été généralement approuvées ni avouées par les évêques. Cependant nous voyons que les archevêques, évêques et députés du second ordre, qui avaient été chargés de l'accompagner à la chambre du tiers état, déclarèrent à leur retour que, par son *excellente harangue, il s'était surpassé lui-même*, et qu'il reçut de toute la chambre ecclésiastique un *grand et très-honorable témoignage.* C'est ce qu'on lit en propres termes dans la relation de toute cette affaire, qui se trouve dans le second volume des procès verbaux du clergé. N'était-ce pas là *approuver* et *avouer* sa harangue? Si elle ne fut pas insérée aux procès verbaux de la chambre, c'est peut-être à cause de son excessive longueur; mais elle le fut dans les mémoires du clergé, comme l'atteste M. de Choiseul dans son rapport. Peut-être aussi est-ce parce que, le roi ayant évoqué à son conseil toute cette constestation, on ne jugea pas à propos alors d'insérer dans le procès verbal de la chambre les pièces qui y avaient rapport.

En rapprochant tout ce qui se passa dans cette occasion de ce que nous avons vu arriver lorsqu'on a voulu obliger les professeurs de théologie à enseigner les quatre articles de 1682, il en résulte que le clergé s'est toujours retranché derrière des défauts de forme pour se dispenser de s'expliquer sur le fond des matières; qu'en confondant les juridictions, il s'est obstiné à faire d'une question de droit public une question de doctrine; et que, pour se soustraire à une loi de l'état, il a affecté de la représenter comme une disposition de discipline ecclésiastique, renfermée dans le domaine de l'Église.

Note 2. (Page 79.)

On s'est beaucoup prévalu, contre nos libertés, de cette phrase de Bossuet : « Je me proposai d'expliquer les libertés gallicanes de la manière que les entendent les évêques, *et non de la manière que l'entendent les magistrats.* »

Les libertés de l'Église gallicane se composent de deux parties qu'il ne faut pas confondre : des quatre maximes renfermées dans la déclaration du clergé, qui sont le fondement de tout notre droit canonique; et des conséquences de ces maximes qui forment le corps de ces mêmes libertés. Les maximes ont leur source dans la révélation et appartiennent au dépôt de la foi. Sur ce point les évêques étaient parfaitement d'accord avec les magistrats. Ils ne différaient souvent que dans les conséquences, ou plutôt dans l'application des maximes.

Les évêques, interprétant la loi pour la direction des consciences, doivent être plus rigoureux dans leurs décisions ; les magistrats ne s'en occupant qu'à cause des actes qui peuvent troubler l'ordre public, sont sujets à se tromper dans l'application qu'ils en font : les uns et les autres donnant trop d'extension à leur juridiction respective. D'un côté, on ne cessait de réclamer les droits de la puissance spirituelle; et d'un autre côté, on donnait trop d'extension à ceux de la puissance temporelle. C'est sur ce conflit des deux autorités que porte la réflexion de M. Bossuet, et non sur le caractère de nos maximes fondamentales, qu'il avait tracé avec tant de justesse et de précision. On ne peut donc pas en abuser pour reléguer les maximes de 1682, dans la classe des opinions variables dépendantes de la diversité des temps et des intérêts locaux. La doctrine connue de l'ancien épiscopat ne permet pas d'en avoir une pareille idée.

Si les magistrats ont quelquefois poussé trop loin leurs prétentions, les évêques n'ont guère été plus réservés dans les leurs. « A qui doit-on s'en prendre

» des abus qu'on a souvent faits des libertés de l'É-
» glise gallicane, disait Arnauld, sinon à ceux qui
» ont rendu la juridiction ecclésiastique odieuse, par
» leurs appels sur appels, par leurs trois sentences,
» par la longueur de leurs procédures, par leur peu
» de zèle à ôter les scandales de la maison de Dieu,
» de sorte qu'une infinité d'ecclésiastiques très-vicieux
» seraient demeurés impunis si les juges séculiers
» ne s'en étaient emparés? » (*Lettre à M. Duvaucel,
du 1er. août* 1685.)

Des abus d'un autre genre également déplorables se sont prodigieusement multipliés avec scandale dans le dernier siècle, où les limites qui séparent les deux puissances ont été peu respectées, et où chaque autorité a souvent excédé les bornes de sa juridiction. Aujourd'hui, où les mesures arbitraires ont fait perdre toute confiance à la loi, c'est bien autre chose.

Mais, pour en revenir au sujet de cette note, nous devons dire que, quels que soient les torts, bien ou mal fondés, que le clergé ait à reprocher à l'ancienne magistrature, on doit lui rendre hommage pour le zèle qu'elle n'a cessé de mettre au soutien de nos libertés ecclésiastiques. M. de Mestre convient qu'elle renfermait de grandes vertus, de grandes connaissances, et beaucoup d'intégrité [1]. « Il faut
» convenir, dit le père d'Avrigny, que le parlement
» de Paris ne s'est jamais arrogé le droit de rien dé-
» cider sur les matières ecclésiastiques ; qu'il préten-
» dait seulement qu'il lui appartenait de maintenir
» les règlemens faits par une autorité légitime [2]. »

---

[1] De l'Église gallicane, pag. 7.
[2] Mém. chronol., tom. I, pag. 218-225.

C'est effectivement le rôle qu'il a constamment joué dans sa conduite à l'égard de la déclaration du clergé, de 1682. C'est par-là que les anciens corps de magistrature, comme le dit le respectable M. Billecocq, ont laissé des souvenirs immortels comme d'immortels regrets [1].

Note 3. (Page 175.)

On avait envoyé de Rome un projet de lettre par lequel les évêques nommés auraient adopté le décret d'*union* du concile de Florence, qu'il est important de rappeler ici. « Nous définissons, y est-il dit, que le saint
» siége apostolique et le pontife romain a la primatie
» sur toute la terre; que Jésus-Christ lui a donné, en
» la personne de saint Pierre, la pleine puissance de
» paître, de régir et de gouverner l'Église universelle,
» comme cela est enseigné dans les actes des conciles
» œcuméniques et dans les saints canons [2]. »

Ce projet fut rejeté, parce que le décret est conçu en termes équivoques, dont on pouvait abuser contre le second article de la déclaration, et même contre le premier; car on y définit, *definimus*, que la primatie du pape s'étend sur toute la terre, *in universum orbem*; ce qui pourrait s'appliquer au temporel; et

---

[1] Le Clergé français en 1825.

[2] Definimus sanctam apostolicam sedem et romanum pontificem in universum orbem tenere primatum,... et ipsi in B. Petro pascendi, regendi et gubernandi universalem Ecclesiam à D. N. Jesu Christo plenam potestatem traditam esse, quemadmodum etiam in gestis œcumenicorum conciliorum et in sacris canonibus continetur. *Tom. XIII, Conc. Col.* 515.

que la plénitude de la puissance pontificale s'étend sur toute l'Église, *in universalem Ecclesiam*, ce qui semble la mettre au-dessus de celle de toute l'Église collectivement prise. Cette équivoque n'existait pas dans l'original, qui portait *in universâ Ecclesiâ*, expressions qui restreignaient la plénitude de puissance à chaque église particulière ; encore ne l'entendons-nous que d'une juridiction médiate, qui ne nuise point à la juridiction immédiate et ordinaire des évêques sur leurs églises, c'est-à-dire d'une surveillance générale, qui se réduit au droit de représenter les abus, de procéder à leur réformation par les voies canoniques. « Chaque évêque, dit Fleury, a tout pou-
» voir pour la conduite ordinaire de son troupeau :
» c'est à lui de proposer la foi, de l'expliquer, de dé-
» cider les questions, d'administrer les sacremens,
» de juger, de corriger ; et tant qu'il fait son devoir,
» le pape n'a droit d'exercer aucun pouvoir sur ce
» troupeau particulier. » (*Discours sur les Libertés*, etc., § XI.)

La dernière clause, *quemadmodum*, etc., n'énonce qu'un témoignage historique assez vague, d'où l'on pourrait conclure que la pleine puissance du pape ne souffre aucune borne, aucune restriction. Cette équivoque n'existait pas dans l'édition originale de Rome en 1526, qui porte *juxtà eum modum qui*, etc., κατ' ον τροπον, par où l'on voit que l'intention du concile était que l'autorité pontificale fût subordonnée aux formes canoniques.

Il suit de là que le décret de Florence, loin d'anéantir celui de Constance contre Wicleff, comme le prétendent les ultramontains, le confirme, au contraire. Cet hérésiarque soutenait qu'il n'est pas de nécessité de salut que l'Église romaine soit souveraine entre les autres églises. Les pères de Constance déclarèrent que cette proposition était une erreur, si l'on entendait par-là nier la primauté de juridiction du pape sur toutes les églises particulières, séparées les unes des autres. C'est en ce sens qu'ils décidèrent que le pape a réellement une autorité *souveraine* dans l'Église. (Voyez Bossuet, *Append. ad Defens.*, lib. I, cap. 2.)

Les ultramontains n'en prétendent pas moins que le décret de Florence a aboli ceux de Constance et de Bâle, et qu'il avait voulu élever l'autorité du pape au-dessus de celle de toute l'Église, comme s'il n'était pas évident que son intention était de prévenir cette conséquence par la dernière clause de son décret. (*Ibid.*, cap. 3. — *Defens.*, lib. VI, cap. 10 et 11.) Croit-on de bonne foi que les Grecs, qui eurent tant de peine à reconnaître la primauté du pape, eussent souscrit à un décret qui lui aurait donné la supériorité sur le concile général, et à son pouvoir illimité dans l'Église universelle, eux qui exigèrent qu'on mît une réserve en faveur des prérogatives de leurs grands siéges; que Bessarion eût admis une pareille prétention, après avoir déclaré que, de quelque autorité que jouisse l'église romaine, elle en a moins cependant que le concile œcuménique? Croit-on enfin que l'empereur, qui s'était élevé contre ce que la dernière clause présentait d'abord de trop vague, eût gardé le silence en cette occasion?

Cependant il faut convenir que ce décret manque de la clarté et de la précision propres aux définitions dogmatiques. Bossuet explique cette ambiguïté, en disant que les pères de Florence furent obligés de ménager tellement les expressions, qu'ils ne voulurent rien décider sur la supériorité ou l'infériorité, soit du souverain pontife, soit de l'Église assemblée en concile, question agitée alors avec beaucoup de chaleur. On sent effectivement que les prélats italiens qui composaient la majorité de l'assemblée, ne pouvaient guère se déclarer contre les prétentions romaines; que, d'un autre côté, s'ils se fussent prononcés catégoriquement en faveur de ces prétentions, ils n'auraient jamais pu y faire consentir les Grecs, bien moins encore les Français, qui tenaient fortement pour le décret de Constance, puisque celui de Florence, dans sa forme actuelle, a toujours été vu de mauvais œil en France.

Lorsque les légats du pape entreprirent de le faire recevoir au concile de Trente, nos évêques et nos théologiens, dit Bossuet, le rejetèrent avec un zèle admirable et unanime, par cette raison que les ultramontains l'entendant dans un sens différent du leur, on aurait pu les soupçonner d'avoir abandonné la doctrine de leurs pères, s'ils eussent permis de l'envelopper dans des termes obscurs et équivoques. « A
» cette heure, écsivait le cardinal de Lorraine à Bre-
» ton, le dernier des titres que l'on veut mettre
» pour notre saint père, est pris au concile de Flo-
» rence; je ne puis nier que je suis Français, nourri
» en l'Université de Paris, en laquelle on tient l'au-
» torité du concile au-dessus du pape, et sont censu-
» rés comme hérétiques ceux qui tiennent le con-
» traire; qu'en France on tient le concile de Constance

» pour général en toutes ses parties, que l'on suit
» celui de Bâle ; on tient celui de Florence pour non
» légitime ni général, et pour ce l'on fera plutôt
» mourir les Français que d'aller au contraire. Les
» théologiens crieront jusqu'au ciel. Les priviléges
» du royaume sont tous fondés et appuyés sur cette
» vérité. Penser que nul prélat français s'y accorde,
» c'est une folie. » Cette lettre, qui fut lue au pape,
le détermina à faire retirer la proposition. (Pallavic. *Hist. conc. Trid.*, lib. XIX, cap. 15.)

Nous nous abstiendrons ici de toute application à ce qui se passe aujourd'hui sous nos yeux, de peur d'affliger des prélats que nous devons plaindre et respecter. Mais nous ne pouvons pas nous dispenser de faire observer que l'esprit ultramontain de la nouvelle école, qui a présidé à la rédaction du nouveau Bréviaire de Paris, ne ressemble en rien à celui des anciens évêques. En adoptant pour le canon de prime de la fête de saint Pierre, le décret de Florence, on a affecté d'en retrancher la dernière clause, qui soumet l'exercice de l'autorité du pape aux formes canoniques. Le Bréviaire de la congrégation de Saint-Maur, qui avait donné aux éditeurs l'idée d'adopter ce canon, n'avait pas fait une semblable omission. Il est triste de voir que tout ce qui émane du nouveau clergé est marqué au même coin.

Note 4. (Page 195.)

Lettre de Louis XIV au pape Clément XI, du 7 juillet 1713.

« On ne trouvera pas que, depuis l'accommodement que je fis en 1693 avec le pape Innocent XII, il y ait eu la moindre difficulté à l'expédition des bulles d'aucuns de ceux qui ont soutenu dans leurs thèses les propositions conformes aux maximes de France ; et certainement la cour de Rome a rarement ignoré ces thèses. Les nonces ont eu soin d'en rendre compte ; et si quelqu'un d'eux, moins *attentif à plaire* par ces sortes de voies, qu'à conserver la bonne intelligence entre le saint siége et ma couronne, a cru devoir garder le silence sur une matière qui ne ferait qu'aigrir les esprits de part et d'autre, la cour de Rome n'en a pas moins été avertie, soit que les avis aient été donnés à dessein de troubler l'étroite intelligence que je veux entretenir avec le chef de l'Église, soit que les émissaires de cette cour aient voulu se faire un mérite auprès d'elle, en l'informant de ce qui pouvait le plus lui déplaire.

» Il ne faut donc pas attribuer à l'ignorance ce qui a été l'effet de la sagesse et de l'équité du pape Innocent XII, et de son successeur qui gouverne aujourd'hui si saintement l'Église de Jésus-Christ.

» Ils ont compris tous deux qu'il était de leur sagesse de ne pas attaquer en France des maximes que l'on y regarde comme *fondamentales*, que l'on y suit comme *celles de l'Église primitive*, et que l'Église gallicane a conservées inviolablement sans y souffrir aucune altération, pendant le cours de tant de siècles. Ils ont aussi jugé qu'il était de leur équité d'observer exactement le concordat (de Léon X avec François Ier.).

» Suivant sa disposition, il faudrait que les sujets que je nomme aux bénéfices fussent convaincus d'hérésie pour donner au pape une juste raison de leur refuser des bulles ; et sa sainteté est trop éclairée pour entreprendre de déclarer hérétiques les maximes que suit l'Église de France.

» Le pape Innocent XII ne me demanda pas de les abandonner, lorsque je terminai avec lui les différens commencés sous le pontificat d'Innocent XI ; il savait que cette demande serait inutile ; et le pape (Clément XI), qui était alors un de ses principaux ministres, sait mieux que personne que l'engagement que j'ai pris se réduisait à ne pas faire exécuter l'édit que j'avais fait en 1682.

» On lui a supposé, contre la vérité, que j'ai contrevenu à l'engagement pris par la lettre que j'écrivis à son prédécesseur ; car je n'ai obligé personne à soutenir, *contre sa propre opinion*, les propositions du clergé de France. Mais il n'est pas juste que j'empêche mes sujets de dire et de soutenir leurs sentimens sur une matière qu'il est libre de soutenir de part et d'autre, comme plusieurs autres questions de théologie, sans donner la moindre atteinte à aucun des articles de foi.

» Sa sainteté n'est donc pas fondée à se plaindre que je manque aux engagemens que j'ai pris avec son prédécesseur ; mais j'aurais moi-même de trop justes sujets de me plaindre qu'elle ne satisferait pas aux concordats faits entre le saint siége et ma couronne, si elle persistait à refuser des bulles à mes sujets dont la doctrine ne peut être reprise. Je ne puis sans peine envisager les suites d'un semblable refus, et je m'assure qu'un pape aussi plein de zèle et de lumière, en sera lui-même assez frappé pour se désister d'une prétention toute nouvelle, et sur laquelle *je ne puis admettre aucun expédient.* »

(Dans l'exemplaire de la lettre qui se trouve dans le Portefeuille de M. Ledran, alors chef du bureau des affaires étrangères, la lettre continue ainsi :)

« Faites donc, de ma part, les instances les plus vives et les plus pressantes pour engager sa sainteté à se conformer aux concordats, et à ne pas troubler inutilement l'ordre qu'elle et ses prédécesseurs ont constamment suivi. Conjurez-la, pour le bien de l'Église, de ne pas écouter des conseils qui certainement lui sont suggérés par les ennemis de la saine doctrine. Ils voient ce qu'ils ont à craindre de l'intelligence parfaite que je veux entretenir avec sa sainteté; et, par cette raison, ils emploient, peut-être sans paraître, leurs soins et leurs artifices pour troubler cette union. Je n'oublierai rien pour la conserver; mais en même temps, je serai inébranlable, si la cour de Rome prétend m'engager à donner la moindre atteinte aux maximes de mon royaume. Les droits de ma couronne y sont attachés; le devoir, l'honneur et l'intérêt m'obligent également de les soutenir.

» Détruisez donc toute espérance que le pape pourrait avoir une lettre, ni aucun écrit de l'abbé de Saint-Aignan, que sa sainteté dût regarder comme un désaveu ou comme une réparation des propositions qu'il a soutenues. Je ne permettrai jamais que ni lui, ni aucun ecclésiastique de mon royaume fasse une semblable démarche. La justice est pour moi, puisque je demande l'exécution des concordats.

» Au reste, n'oubliez rien pour éteindre un feu qui peut devenir très-dangereux si le pape ne l'apaise dès sa naissance : employez auprès de sa sainteté prières, exhortations, conseils, enfin tout ce que vous croirez capable de lui faire voir que le bien de la religion, la paix de l'Église, la gloire de son pontificat demandent qu'elle n'excite pas un différent dont les suites seraient aussi funestes ; et qu'elle s'entende au contraire avec moi pour nous opposer, de concert, aux novateurs et aux ennemis de la foi.

» Faites bien connaître, autant que vous le pourrez, que ce serait en vain qu'elle se flatterait de trouver de ma part plus de complaisance, en se servant de voies détournées pour agir auprès de moi. Je vous instruis de mes véritables sentimens, et je vous confie mes intentions sans aucune réserve. Je connais parfaitement toute l'importance de l'affaire dont il est question. Je suis persuadé que les maximes de l'Église de France s'accordent parfaitement avec celles de l'Église universelle et avec l'intérêt de la religion ; et je suis également éloigné de les abandonner tant que je vivrai. »

Cette dépêche, dit M. Ledran, fut lue toute entière au pape; et, soit qu'il fût persuadé par la solidité des raisons qu'elle contenait, soit qu'il fût intimidé par les conséquences qu'elle lui faisait envisager, sa sainteté ne jugea pas à propos d'engager plus avant cette affaire, et elle ne différa pas long-temps à donner des bulles à l'abbé de Saint-Aignan, sans exiger de lui aucun désaveu, aucune satisfaction des propositions de l'assemblée de 1682.

Note 5. (Page 206.)

M. de Barral, archevêque de Tours, donne dans l'erreur commune occasionée par l'altération faite au titre du décret de Pistoie, quoiqu'il convienne que le rédacteur de la bulle n'ait pas été exempt de toute *inadvertance* et de toute *méprise*. Il est plus embarrassé d'expliquer comment cette bulle dogmatique, qui intéressait l'Église universelle, ne fut point envoyée aux évêques de l'Église gallicane, alors affranchis des formes diplomatiques et parlementaires, qui auraient pu mettre des entraves à sa libre réception. « Jamais, dit-il, leurs relations » filiales avec le saint siége n'avaient été plus libres » et plus fréquentes qu'à cette époque. » Le prélat ne veut point chercher les motifs de cette omission ; mais il pense que, d'après les principes mêmes des ultramontains, elle n'est, sous aucun rapport, obligatoire pour l'Église gallicane.

« En effet, dit M. de Barral, les ultramontains » conviennent que les décrets dogmatiques du saint » siége doivent être notifiés aux fidèles par le minis- » tère des évêques, quoiqu'ils refusent d'avouer que » les évêques eux-mêmes aient le droit de les accepter

» *par voie de jugement*. Sûrement ils ne diront pas
» que la promulgation d'une bulle par le ministère
» des évêques soit une formalité qu'il soit loisible d'o-
» mettre ou d'accomplir; puisque la nécessité dérive
» de la gradation hiérarchique qui forme la chaîne
» entre le chef de l'Église et les simples fidèles. Ils ne
» diront pas que la simple notoriété soit suffisante,
» lorsque rien n'obstrue la communication libre entre
» le souverain pontife et les premiers pasteurs; car,
» en le disant, ils ouvrent incontinent la porte à une
» foule d'abus et de déceptions que les formes régu-
» lières peuvent seules prévenir, à des fluctuations
» interminables dans l'Église, à la confusion et au
» désordre. En un mot, partout où la loi n'est pas
» promulguée, elle n'engendre aucune obligation mo-
» rale, d'où il suit que, la bulle *Auctorem fidei* n'é-
» tant pas connue à l'Église gallicane par les formes
» légales et canoniques, elle est à son égard comme
» non avenue, et restera telle jusqu'à ce qu'elle ait
» acquis le caractère de promulgation canonique que
» doit avoir un décret dogmatique afin de lier la con-
» science des fidèles. »

M. l'archevêque de Tours observe qu'il n'a parlé dans ce qui précède que dans le sens des ultramontains. « Si j'avais à traiter la même question d'après
» les principes de l'Église gallicane, ajoute-t-il, je
» ne ferais que simplifier la preuve, pour arriver, par
» une voie plus courte et aussi sûre, à la même con-
» clusion. » Le prélat n'ose pas rechercher quels ont pu être les motifs qui ont empêché le pape Pie VI d'envoyer sa bulle aux évêques français, avec lesquels d'ailleurs il avait des communications très-faciles et

très-fréquentes. Parmi les motifs qu'il indique, sans toutefois s'y arrêter, il insinue la crainte d'entendre une réclamation aussi ferme que respectueuse de la part de ces évêques, contre la censure des maximes de l'Église gallicane qu'elle contient. Nous ne pouvons pas effectivement lui supposer d'autre raison d'une pareille omission : c'est une preuve à ajouter à celles que nous avons données de l'idée où l'on était même à Rome, du zèle de l'ancien épiscopat français à maintenir la doctrine de la déclaration du clergé de 1682. (*Défense des Libertés de l'Église gallicane*, p. 365.)

Note 6. (Page 217.)

La *Défense de la Déclaration du clergé* avait été entreprise par ordre de Louis XIV, pour l'opposer à tout ce qu'on imprimait dans les pays étrangers contre cet acte célèbre. Plusieurs circonstances, qu'il serait trop long de détailler ici, en empêchèrent la publication du vivant de l'auteur. On doit se féliciter de ce retard, parce que l'évêque de Meaux en profita pour revoir son ouvrage, et le rendre plus parfait. Il en avait fait tirer une copie, écrite avec beaucoup de soin, en six petits volumes in-folio, que son neveu était chargé de remettre au roi après sa mort, en priant sa majesté d'en faire l'usage qu'elle jugerait à propos, si l'occasion se présentait de lui donner la publicité à laquelle il avait été destiné. Ce bel exemplaire se trouve aujourd'hui dans la bibliothèque de monseigneur le prince de Condé. Il en existait un second exemplaire également authentique entre les mains de M. l'évêque de Troyes, sans compter la copie que l'auteur avait permis à l'abbé Fleury d'en tirer.

Le cardinal de Fleuri, instruit qu'un libraire de Genève se proposait, en 1728, d'en donner une édition à Bâle, fit ordonner au résident de France auprès des cantons suisses d'en empêcher l'impression. Toutes les représentations du libraire furent inutiles, et l'ouvrage fut condamné à ne pas voir le jour. Cependant M. l'évêque de Troyes, en ayant inséré des fragmens, l'année suivante, dans son mandement contre la légende de Grégoire VII, augmenta la curiosité du public pour l'ouvrage. M. de Colbert, évêque de Montpéllier, crut devoir faire sentir au roi, par sa lettre du mois de décembre de la même année, combien la publication d'un tel ouvrage serait nécessaire dans les circonstances où l'on se trouvait. « Pour-
» quoi, sire, y disait-il, ne pourrions-nous pas es-
» pérer que de si étonnantes entreprises de la cour
» de Rome, procureront enfin à votre royaume la
» consolation de posséder ce célèbre ouvrage, qui est
» si nécessaire pour les repousser, lequel est dans la
» bibliothéque de votre majesté? Serait-il possible
» que les presses du Louvre eussent servi au P. Har-
» douin pour son édition des Conciles, et qu'un ou-
» vrage fait pour la défense de l'Église gallicane par
» le plus savant évêque que nous ayons eu, ne pût
» voir le jour? Avec quelle pompe et quel appareil
» Rome produirait-elle les ouvrages d'un Bossuet,
» s'il était écrit pour soutenir leurs prétentions? Elle
» le ferait imprimer dans toutes les langues. »

Tant de réclamations, jointes à la difformité d'une édition faite à Luxembourg, et au sort qu'avait éprouvé celle de l'abbé Buffart, obligèrent l'évêque de Troyes de charger d'abord le P. Laborde, et ensuite le P. Leroy, d'en préparer une plus parfaite sur les manuscrits de la première main, revus par l'auteur lui-même. Elle parut en 1745, précédée du savant rapport de M. de Choiseul, accompagnée d'une préface très-instructive, et de notes critiques pleines de goût et de sagesse. C'est une chose bien singulière que, pendant qu'on débitait ouvertement à Paris la fameuse légende de Grégoire VII, et qu'on publiait en Italie une foule d'écrits contre les maximes du royaume, l'ouvrage du plus savant prélat de l'Église gallicane, composé, par l'ordre de Louis XIV, pour la défense de ses maximes, ne pût voir le jour qu'à la faveur d'une permission tacite, et que sous une rubrique étrangère. On conçoit que des raisons de prudence en avaient pu faire suspendre la publication du vivant de l'auteur, de peur de mettre des obstacles à la paix, ou de la troubler après qu'elle eût été conclue; mais, à l'époque dont il s'agit, les mêmes raisons ne subsistaient plus. Il ne pouvait y en avoir d'autre que la crainte que les adversaires de la fameuse bulle, qui troublait alors la France, n'y puisassent des armes contre cette bulle.

Le même parti qui, sous les ministères du cardinal de Fleury et de l'évêque de Mirepoix, avait mis tant d'entraves à la publication de ce grand ouvrage, s'est efforcé d'en contester l'authenticité. Le cardinal Gerdil et l'ex-jésuite Fagia ont vainement cherché à le mettre en contradiction avec le discours sur *l'Unité*. Mais M. le cardinal de Bausset en France, et le savant Tamburini en Italie, ont entièrement dissipé leurs chicanes, de sorte que ce système n'a plus de partisans parmi nous qui osent le mettre en avant. Les sulpiciens, rédacteurs de l'édition de Versailles, se sont d'abord permis d'y insérer, en différens endroits, des notes du jésuite Muzzarelli, qui tendent à rendre suspecte la sincérité, ou du moins l'exactitude de Bossuet sur les faits concernant les aberrations des papes. Certes, Bossuet commenté par un jésuite ultramontain, doit faire une assez triste figure. Ensuite les éditeurs ont retranché le savant rapport de l'évêque de Tournai, auquel Bossuet avait eu beaucoup de part, la belle lettre circulaire de l'assemblée à tous les évêques du royaume en leur envoyant la déclaration des quatre articles, et l'édit de Louis XIV, qui l'avait érigée en loi de l'état. Ils en ont également banni, comme un *accessoire superflu*, la traduction si estimée de M. Leroi qui, dans le triste état où se trouve l'éducation cléricale, est si propre à faciliter au jeune clergé l'intelligence du texte latin. Toutes ces omissions doivent nous donner l'idée de l'esprit dans lequel a été rédigée l'édition sulpicienne de Versailles.

M. l'abbé Coulon avait donné, en Angleterre, un abrégé estimé de ce grand ouvrage, dans la vue de dissiper les préjugés des étrangers sur les questions qui en font la matière, et de prémunir les ecclésiastiques français contre divers écrits publiés dans ce pays au détriment de la déclaration du clergé. On croit assez généralement qu'à sa rentrée en France cet abrégé le fit rayer de la liste de l'épiscopat, sur laquelle Louis XVIII l'avait placé honorablement. Il en était digne par son mérite personnel. Son seul défaut était de s'être hautement déclaré gallican selon les principes de Bossuet. On le dédommagea par une pension. Le journal officiel du nouveau clergé, en annonçant son ouvrage, trouvait qu'il y avait de l'inconvénient à donner la forme d'un livre élémentaire à celui de l'évêque de Meaux, parce que c'était mettre à la portée des simples fidèles des questions controversées; que Bossuet ne l'avait composé en latin que pour les théologiens de profession, et que ce prélat n'était pas d'avis qu'il fût rendu public [1].

Je demande au critique comment Bossuet, ne voulant pas que son ouvrage fût rendu public, l'avait cependant destiné à l'instruction des théologiens? Si l'auteur le composa en latin, c'est parce qu'il était obligé de réfuter des écrivains étrangers dont la plupart n'entendaient pas le français. Nulle part il n'a insinué qu'il fût contre son intention de traduire en notre langue un ouvrage destiné à la défense d'une doctrine nationale sur les rapports de l'Église gallicane avec le saint siége, afin de les asseoir sur leurs véritables fondemens, et de resserrer par-là les liens qui doivent les unir. Quel inconvénient peut-il y avoir à faciliter l'intelligence d'un pareil ouvrage à ceux qui ne sont pas en état de le lire dans une langue morte, de leur montrer, comme le disait M. Riballier dans son approbation, « que les fondemens » sur lesquels est appuyée la déclaration du clergé de » France de 1682, sont d'une solidité à toute épreuve? »

Il n'est pas plus exact de dire que Bossuet n'était pas d'avis que son ouvrage fût rendu public. On sait qu'en 1688, lors de l'affaire des *franchises*, qui sem-

---

[1] L'Ami de la Religion et du Roi, tome III, page 319.

blait écarter tout espoir de conciliation, il avait pris des mesures pour le faire imprimer; que ce projet ne fut suspendu qu'à la reprise des négociations, de peur qu'une pareille publication ne fît naître des obstacles à leur succès, en aigrissant la cour de Rome. Il ne perdit jamais de vue ce projet. C'est pourquoi il ne cessa de revoir et de retoucher son ouvrage, pour le mettre en état d'être publié lorsque Louis XIV, par l'ordre de qui il l'avait entrepris, le jugerait convenable, c'est-à-dire dans le cas d'une grande utilité. On peut voir là-dessus des détails curieux dans l'Histoire de Bossuet par M. le cardinal de Bausset. Cette grande utilité parut se présenter à l'époque de la publication de la légende de Grégoire VII, circonstance qui justifie les mesures prises par M. l'évêque de Troyes, pour rendre public le célèbre ouvrage de son oncle. Cette nécessité est devenue bien plus urgente dans le temps où nous vivons, où l'on fait des efforts pour corrompre toutes les sources de l'instruction nationale, sur des maximes dont nos rois, pour nous servir des expressions de Louis XVIII, s'étaient montrés aussi jaloux que du bonheur de leurs sujets.

Je lis en ce moment les *Réflexions* de M. de Bonald sur le Mémoire à consulter de M. de Montlosier; dans lesquelles je vois, « que si Bossuet a consenti à
» la déclaration de 1682, c'est qu'il lui manquait le
» génie étendu et universel de Leibnitz, et la grande
» expérience de la révolution française, après laquelle
» il n'est plus permis à qui que ce soit de demeurer
» gallican. » M. de Montlosier remarque que le zèle antigallican de M. de Bonald ne lui a pas été inutile. Cette réflexion dispense de toute autre.

Note 7. (Page 223.)

Extrait de la lettre de M. de Fitz-James au roi Louis XV, en date du 22 janvier 1763.

Sire,

« ..... Comme chrétien, comme évêque, comme Français, je suis obligé de prendre la défense des vérités évangéliques, que ce tribunal (du saint-office) méconnaît, de venger les droits sacrés de l'épiscopat indignement violés, de soutenir les maximes du royaume, qui font la sûreté de votre trône....

» On juge digne de censure à Rome de dire que les articles du clergé de France sont *des vérités saintes qui appartiennent à la révélation*. Que seront-ils donc? de simples opinions d'école, des assertions indifférentes et problématiques...? La cour de Rome accrédite mieux ses fables. Elle a soin de les faire enseigner comme étant la foi de l'Église, et de nous faire regarder, nous qui les nions, comme des hérétiques, au moins matériels. En même temps, elle favorise tous les Français qui paraissent incliner, ou du moins gardent le silence sur nos maximes. Elle persécute tous ceux qui les soutiennent; elle jette du soupçon sur leur doctrine.... Peu à peu une déférence sans bornes et peu éclairée pour le sentiment le plus accrédité auprès du souverain pontife, donnera de la propension pour l'ultramontanisme. Quand en effet on ne considérera plus celle de France comme une doctrine évangélique, et qu'on ne l'estimera qu'une simple opinion, on aura raison de regarder celle des ultramontains comme la plus sûre : on s'y livrera entièrement. On professera extérieurement nos quatre articles, quand on y sera absolument obligé par la crainte.... Le cœur restera toujours ultramontain. Combien d'ecclésiastiques se croient encore bons Français, et sont devenus tout ultramontains!

» Un autre système très-dangereux ne laisse pas de s'accréditer chez plusieurs. Ils penchent assez, disent-ils, à croire que l'indépendance des souverains de toute autorité spirituelle dans leur temporel est de droit divin ; mais qu'il n'en est pas de même de la faillibilité du pape, qu'on peut regarder comme une opinion indifférente. C'est une vraie illusion. La faillibilité du pape et l'indépendance des souverains dans leur temporel, sont deux vérités connexes et inséparables l'une de l'autre. Si le pape est infaillible, votre couronne, sire, est entre ses mains, puisque Grégoire VII, et Boniface VIII, et plusieurs autres, ont déclaré qu'ils avaient le droit d'en disposer, et que leurs successeurs ne manqueront pas de renouveler cette décision, quand il leur sera utile de le faire. Nous ne sommes à l'abri de ces entreprises, que parce que nous croyons fermement que Jésus-Christ n'a accordé l'infaillibilité à aucun de ses ministres en particulier, et n'a donné aucun pouvoir temporel à son Église.

» Ces deux vérités saintes ne sont pas des opinions, mais des vérités évangéliques. C'est ainsi que les ont regardées les plus grands hommes, qui, dans les siècles d'ignorance où les fables ultramontaines prenaient crédit, ont conservé dans ce royaume et dans toute l'Église de Jésus-Christ l'ancienne doctrine sur ce qui fait l'objet des articles du clergé. Ils l'ont élevée bien au-dessus de la sphère des opinions, et l'ont liée à la révélation, à la parole de Dieu. C'est sur ce pied-là que les d'Ailly, les Gerson, l'ont proposée à l'Église universelle assemblée à Constance, et en ont obtenu la décision solennelle de ce concile œcuménique. Et où le concile aurait-il pris cette doctrine, si ce n'est dans le dépôt sacré de la révélation ancienne, puisque Dieu ne fait pas de nouvelles révélations à son Église? Il faut donc ou professer ces vérités comme appartenantes à la foi, à la révélation, ou cesser de regarder le concile de Constance comme œcuménique, à quoi nous ne consentirons jamais. *On ferait plutôt mourir les Français que d'aller au contraire*, disait le cardinal de Lorraine, écrivant à son agent à Rome au nom de tous les évêques français, à la tête desquels il était au concile de Trente. En France, ajoute le même cardinal, *on tient pour hérétiques ceux qui tiennent le contraire*. Les prélats de l'assemblée de 1682 suivent les mêmes erremens. Le rapport qui fut suivi de la déclaration des quatre articles, regarde comme *une erreur de soutenir le contraire*; et la déclaration propose les articles comme *conformes à la parole de Dieu et à la tradition des saints pères de tous les siècles*.....

» Si nos maximes, sire, ne sont pas celles de la cour de Rome, elles sont celles du saint siége, de l'Église de Rome.... Regardant ces maximes comme des vérités évangéliques, nous croyons fermement qu'un jour viendra où la Providence, faisant cesser l'obscurcissement que ces vérités ont souffert et souffrent encore, dans plusieurs parties de l'Église, les souverains pontifes se joindront à nous pour les défendre, et adoptant la définition du concile de Constance, les soutiendront de toute l'autorité de leur siége.... » (*OEuvres posthumes de M. de Fitz-James*, tom. II, pag. 75.)

Note 8. (Page 228.)

Le droit de révision, si solidement réclamé par M. d'Aguesseau, est un des points de notre droit public contre lequel se récrient le plus les écrivains attachés aux intérêts de la cour de Rome. On se prévaut pour cela de l'article cinquième de la Charte, où il est dit que « chacun professe sa religion avec une égale liberté, etc.; » mais cette liberté prive-t-elle le souverain du droit d'examiner les lois de chaque société religieuse, dans leur rapport avec celles de l'État et avec l'ordre public, de veiller à l'exécution de celles qui auraient reçu leurs fonctions de l'autorité publique, de protéger les citoyens contre leurs infractions, lorsque cette infraction porte atteinte à à leurs droits, et aux prérogatives qui leur sont garanties par la constitution particulière du culte dont ils font profession?

A l'argument bien ou mal déduit de la Charte, on invoque l'indépendance dans laquelle le clergé prétend être de toute intervention de l'autorité politique dans le régime de l'Église. Comme si un simple droit de révision des règles ecclésiastiques pour les mettre en harmonie avec les lois civiles, devenait un attentat contre le pouvoir législatif de l'Église; comme si le souverain ne pouvait, sans s'ériger en législateur dans le sanctuaire, modifier par ses ordonnances, l'exécution des rescrits de Rome, et les règlemens de discipline pour en supprimer les clauses contraires aux maximes et aux lois de l'État, dans les divers sens dont ils sont susceptibles, et par le mauvais usage qu'on pourrait en faire. N'est-ce pas sur ces principes qu'on a toujours rejeté en France les jugemens rendus à Rome, ou *proprio motu*, ou *omisso medio*; qu'on a surtout repoussé la fameuse bulle *in Cœna Domini*, et les autres du même genre, dictées dans un esprit arbitraire ou de domination?

Le droit de révision s'étend même aux décrets de doctrine. « Est-ce, disait M. Arnauld, que dans
» les jugemens où il s'agit de la foi, on ne peut pas
» commettre des abus qui violent les formes ecclé-
» siastiques et civiles, aussi-bien que dans les autres
» matières? car ce qui donne droit aux parlemens de
» juger les appels comme d'abus, ce n'est pas qu'ils
» soient juges légitimes du fond des matières ecclé-
» siastiques qui sont le sujet de contestations; mais
» c'est qu'ayant, selon l'ordre établi dans ce royaume,
» l'autorité du roi entre les mains, ils ont droit d'em-
» pêcher qu'on ne viole les formes prescrites par les
» canons et par les ordonnances, et qu'on n'opprime
» les sujets du roi par des vexations injustes. Le vio-
» lement des formes se peut autant rencontrer dans
» les matières de foi que dans aucunes autres [2]. »

Cette forme, contre laquelle on se récrie tant au-

---

[1] *De la liberté des cultes selon la Charte*, par M. Barande, suppléant en la faculté de théologie de Paris.
[2] Œuvres d'Arnauld, tom. XXI, pag. 236.

jourd'hui, est rigoureusement prescrite par les anciennes et nouvelles ordonnances de nos rois, sans qu'on les ait jamais accusés de mettre la main à l'encensoir. Celle du 8 janvier 1461 porte, que toutes les bulles et° expéditions envoyées de Rome seront vérifiées, afin de connaître s'il n'y a rien qui préjudicie aux droits du royaume, franchises et libertés de l'Église gallicane. Les magistrats, obligés par leur état de veiller au maintien de la discipline extérieure de l'Église, ne devaient laisser publier aucun décret de Rome, qu'il ne fût revêtu de lettres patentes enregistrées dans les greffes des parlemens ; c'est ce qu'établit très-bien celui de Paris, par son arrêt du 20 juin 1681. « Le concert, disait-il, qui doit être
» entre les deux puissances, l'intérêt qu'ont les sou-
» verains d'empêcher qu'il ne vienne rien du dehors
» capable de troubler la tranquillité de leur empire,
» a rendu cet usage légitime et nécessaire. »

Pendant la dispersion du parlement, sous le chancelier Maupeou, M. de Beaumont avait obtenu une déclaration pour affranchir les rescrits de Rome du *visa* des parlemens ; mais les fortes représentations que cette déclaration provoqua, la firent retirer. L'édit de 1695, destiné à fixer la discipline de l'Église de France sur des objets très-importans, et à déterminer l'exercice des pouvoirs de chacun des deux ordres du clergé n'est-il pas une preuve sans réplique du droit de la puissance temporelle sur les affaires de l'Église? et ce fut le corps épiscopal qui le fit rendre. L'arrêt du conseil d'état du 29 mai 1766, « rappelant les principes invariables contenus dans
» les lois du royaume, déclare que la puissance tem-

» porelle, avant que d'autoriser les décrets de l'É-
» glise, de les rendre lois de l'état, et d'en ordonner
» l'exécution, a droit d'examiner la forme de ces dé-
» crets, leur conformité avec les maximes du royaume,
» et tout ce qui, dans leur publication, altère ou
» peut intéresser la tranquillité publique, comme
» aussi d'empêcher, après leur publication, qu'il
» leur soit donné des qualifications qui ne leur au-
» raient point été données par l'Église. »

L'article de la Charte qui établit la liberté des cultes n'a rien changé à cet égard. Les choses sont restées dans l'état où elles étaient avant la révolution. Dans le considérant de l'arrêt du conseil d'état du 26 octobre 1820, qui supprimait un bref du pape publié par M. l'évêque de Poitiers sans l'autorisation du gouvernement, il était dit : « Que c'est une des
» règles les plus anciennes du royaume, que sous
» aucun prétexte que ce soit, les bulles, brefs, res-
» crits, constitutions, décrets, et autres expéditions
» de la cour de Rome, à l'exception de ceux con-
» cernant le for intérieur seulement, et les dispenses
» de mariage, ne puissent être reçus, ni publiés,
» sans avoir été préalablement vus et révisés par le
» gouvernement. » Ce n'est donc point ici une simple prétention ministérielle, comme on le croit communément dans le clergé ; c'est une loi de l'état dont il n'est pas permis de s'affranchir.

Observez qu'il n'est pas question d'attribuer au magistrat politique le pouvoir d'examiner les actes de la puissance spirituelle quant au fond de la doctrine, mais seulement celui de voir si dans les expressions et dans la forme du décret, il n'y a rien qui soit contraire aux lois, aux coutumes, et aux prérogatives du royaume et de l'Église gallicane, rien qui puisse nuire à l'ancienne discipline et blesser les droits et l'honneur des citoyens et les troubler dans leur état. La question étant ainsi réduite, on ne saurait reprocher au souverain de vouloir, par le droit de révision, s'ériger en juge des dogmes, d'entreprendre de dicter des lois dans l'Église en matière doctrinale et spirituelle; il ne fait que prendre des précautions contre l'abus de celles qu'elle fait pour son régime extérieur.

Note 9. (Page 256.)

Lorsqu'on introduisit en France, dans le dernier siècle, la fameuse légende de Grégoire VII, où ce pape était représenté comme un intrépide athlète, pour avoir délié les sujets de l'empereur Henri IV de leur serment de fidélité[1], plusieurs évêques, dans leurs mandemens, et les parlemens par leurs arrêts, s'empressèrent de la proscrire. Nous avons vu, il y a trois ans, le même scandale se renouveler dans une thèse publique sous la présidence du doyen de la faculté de théologie. On y rappelait avec éloge le même attentat, comme un des titres invoqués pour lui accorder l'honneur de la canonisation[2]; et cette assertion, que nous ne voulons pas caractériser, n'a pas excité la plus légère réclamation. A peu près dans le

[1] Fortis per omnia athleta impavidus, Henricum regno privavit, atque subditos populos fidei datæ liberavit.

[2] Primus, ejecto Henrico IV imperatore, auctoritatis civilis jura aggreditur Gregorius VII, qui disciplinæ ecclesiasticæ propugnator acerrimus, inter sanctos meruit numerari.

même temps, on introduisit dans la liturgie de la capitale la fête du pape Pie V, qui, entre autres traits de son zèle pour venger les droits du siége apostolique, consomma le schisme d'Angleterre en déliant les sujets de la reine Élisabeth du serment de fidélité qu'ils lui avaient prêté ; et cette entreprise nous est représentée comme une preuve de sa sainteté[1]. Qu'on explique comme on voudra des faits de cette nature ; je ne prétends pas accuser les intentions, mais je dis qu'ils sont bien étrangement déplacés dans un temps où des écrivains audacieux attaquent indécemment le premier des quatre articles, destiné à prévenir les attentats contre l'indépendance des souverains, et vont jusqu'à rédiger des formules adressées au pape pour en obtenir leur destitution. Voilà cependant les livres qui ont eu un libre cours parmi nous, et qui ont circulé sans obstacles parmi le jeunes élèves du sanctuaire.

Note 10. (Page 268.)

Il existe deux éditions de la réponse de Henri IV aux remontrances du parlement contre le rappel des jésuites : l'une dans l'histoire de M. de Thou, livre CXXXII, l'autre qui fut publiée par les jésuites. Dans la grande contestation qui s'agite aujourd'hui au sujet de ces pères, leurs partisans ont affecté de ne faire connaître que la dernière. Nous les plaçons ici toutes les deux en regard, afin que les personnes ju-

[1] Fuit in eo in sedis apostolicæ juribus vindicandis robur invictum.

dicieuses et impartiales puissent mieux juger quelle est la véritable.

Réponse de Henri IV au premier président de Harlai, après avoir entendu les remontrances du parlement contre l'édit du rétablissement des jésuites, telle qu'elle est rapportée par M. de Thou, liv. CXXXII, tome XIV, pag. 308.

(Edition des Jésuites.)

Réponse du roi Henri IV du nom aux remontrances du président Harlay contre les jésuites, prononcée en 1603.

« Le roi répondit à ce discours avec beaucoup de douceur, et remercia, en termes pleins d'affection, son parlement du zèle qu'il montrait pour sa personne et pour la sûreté de son royaume. Quant au danger qu'il y avait à rétablir les jésuites, il témoigna s'en mettre peu en peine, et réfuta sans aigreur les raisons alléguées à ce sujet. Il dit qu'il avait mûrement réfléchi sur cette

Je vous sçay bon gré du soing qu'auez de ma personne et de mon estat.

Je veux donc que vous sçachiez que, touchant Poissy, si tous y eussent aussi bien faict qu'un ou deux iésuistes qui s'y trouuerent fort à propos, les choses y fussent mieux allées pour les catholiques.

On recognut deslors, non leur ambition, mais leur suffisance, et m'estonne sur qvoi vous fondez l'opinion d'ambition en des personnes qui refusent les dignités et preslatures quand elles leur sont offertes, et qui font vœu à Dieu de n'y aspirer iamais, et qui ne prétendent autre chose en ce, que de seruir sans récompense tous ceux qui veulent bien seruice d'eux.

Que si ce mot de iésuiste vous déplaist, pourquoi ne reprenez-vous ceux qui se disent religieux de la Trinité; et si vous estimez aussi-bien qu'eux estre de la compagnie de Iésus, pourquoi ne dittes-vous que vos filles sont aussi bien religieuses que les Filles-Dieu à Paris, et que vous estes autant de l'ordre du Saint-

21.

affaire, et qu'il s'était enfin déterminé à rappeler la société bannie du royaume; qu'il espérait que plus on l'aurait jugée criminelle dans le temps, plus elle s'efforcerait d'être fidèle après son rappel; que, pour le péril qu'on se figurait, il s'en rendait garant; qu'il en avait déjà bravé de plus grands, par la grâce de Dieu, et qu'il voulait que tout le monde fût en repos par rapport à celui-ci; qu'il veillait au salut de tous ses sujets; qu'il tenait conseil pour eux tous; qu'une vie aussi traversée que la sienne lui avait donné assez d'expérience pour être en état d'en faire des leçons aux plus habiles de

Esprit que mes chevaliers? Et pour moy, j'aimerois mieux estre appelé iésuiste que iacobin ou augustin.

La Sorbonne dont vous parlez les a condamnez; mais ça esté comme vous, deuant les cognoistre: et si l'ancienne Sorbonne n'en a point voulu par jalousie, la nouvelle y a faict ses estudes et s'en louë.

S'ils n'ont esté iusques à présent en France que par tollerance, Dieu me reservoit ceste gloire que ie tiens à grace de les y establir, et si ils n'y estoient que par manière de provision ils y seront désormais par esdict et par arrest: la volonté de mes prédécesseurs les y retenoit, ma volonté est de les y establir.

L'Vniversité les a contrepoinctez voirement, mais ç'a esté ou pour ce qu'ils faisoient mieux que les autres, tesmoin l'affluence des escoliers qui arrivoient en leurs colleges, et pource qu'ils n'estoient incorporez en l'uniuersité, dont ils ne feront maintenant refus quand je le leur commanderay, et quand, pour les remettre, vous seray contraint de me les demander.

Vous dittes qu'en vostre parlement les plus doctes n'ont rien appris chez eux: si les plus doctes sont les plus vieils, il est vray, car ils auoient estudié deuant que les iésuistes fussent cogneus en France; mais j'ay ouy dire qve les autres parlemens ne parlent pas ainsi, ni mesme tout le vostre: et si on y apprenoit mieux qu'aillevrs, d'où vient que par levr absence l'vniversité est rendue déserte, et qu'on va les chercher, nonobstant vos arrests, à Douay, à Pont et hors du royaume.

De les appeler compagnie de factieux, pource qu'ils ont esté son royaume; ainsi qu'ils pouvaient se reposer sur lui du soin de sa personne et de l'état, et que ce n'était que pour le salut des autres, qu'il voulait se conserver lui-même. Il finit comme il avait commencé, et il remercia encore une fois le parlement de son zèle et de son affection. »

M. de Thou ajoute : « J'ai été témoin de ce discours, avec beaucoup d'autres personnes (un grand nombre de membres du parlement, qui

de la ligue, ç'a esté l'injure du temps; ils croyoient bien faire, ils ont esté trompez comme plusieurs austres. Mais ie veux croire que c'a esté auec moins de malice que les austres, et tiens que la mesme conscience, joincte aux graces que ie leur feray, me les affectionnera autant ou plus qu'à la ligue.

Ils attirent, dittes-vous, les enfans qui ont l'esprit bon, et choisissent les meilleurs, et c'est de quoy ie les estime : ne faisons-nous pas choix des meilleurs soldats pour la guerre? et si les faueurs n'auroient place enuers vous, en receuriez-vous aucun qui ne fust digne de vostre compagnie, et dust se seoir au parlement? S'ils vous fovrnissoient des precepteurs, ou prédicateurs ignares, vous les mepriseriez : ils ont de beaux esprits et vous les en reprenez. Quant aux biens que vous dittes, c'est une calomnie : ils n'auroient en toute la France douze ou quinze mil escus de reuenu en tout, et sçay qu'à leur retour on n'a sceu entretenir à Bourges et à Lyon sept ou huict religieux, et ils estoient en nombre de trente à quarante : et quand il y auroit de l'inconuénient de ce costé, par mon esdit j'y ai pourueu.

Le vœu d'obeyssance au pape ne les obligera pas dauantage à suivre l'estranger, que le serment de fidélité qu'ils me feront à n'entreprendre rien contre leur prince naturel. Mais ce vœu-là n'est pour toutes choses : ils ne le font que d'obeyr au pape, quand il les voudroit enuoyer à la conuersion des infidelles : et de faict c'est par eux que Dieu a conuerty les Indes, et c'est ce que j'ay dit souuent. Si l'Espagne s'en est seruy, pourquoy ne s'en avaient accompagné le premier président (dans le cabinet du roi), et je me suis étudié à en donner ici un extrait fidèle, pour faire voir la fausseté de la relation italienne publiée un an après à Tournon en Vivarais, relation où l'on a inséré bien des traits injurieux au parlement, dont aucun ne sortit alors de la bouche de ce bon prince, et où, sur des bruits populaires, on lui fait dire des choses puériles et des pointes misérables, pour répondre à certaines choses auxquelles Harlay n'avait jamais pensé.

seruira la France? Sommes-nous de pire condition que les autres; l'Espagne est-elle plus aymable que la France? et si elle l'est aux siens, pourquoy ne le sera la France aux miens?

Vous dittes : ils entrent comme ils peuvent : aussi font bien les autres, et suis moi-mesme entré comme i'ay peu en mon royaume; mais il faut aduouer que leur patience est grande, et pour moi ie l'admire; car auec patience et bonne vie ils viennent à bout de toutes choses; et si ie ne les estime pas moins en ce que vous dittes qu'ils sont grands observateurs de leur institut; c'est ce qui les maintiendra; aussi n'ay-ie rien voulu changer à leurs reigles, ainsi les y veux maintenir. Que si ie leur ay limité quelques conditions qui ne plairont aux estrangers, il vaut mieux que les estrangers prennent la loy de nous que si nous la prenions d'eux. Quoy qu'il en soit, ie suis d'accord auec mes subjects.

Pour les ecclésiastiques qui se formalisent d'eux, c'est de tout temps que l'ignorance en a voulu à la science; et i'ai cogneu que quand ie parlai de les restablir, deux sortes de personnes s'y opposèrent particulièrement, ceux de la religion, et les ecclésiastiques mal viuans : et c'est ce qui me les a faict estimer dauantage.

Touchant l'opinion qu'ils ont du pape, ie sçay qu'ils le respectent fort, ainsi le fais-ie my. Mais vous ne dictes pas que l'on a voulu censurer à Rome le liure de M. Bellarmin, pource qu'i n'a voulu donner tant de iurisdiction au sainct pere que font communesment les autres. Vous ne dictes pas aussi que ces iours passez que les iesuistes ont sou-

La représentation que le cardinal de Richelieu fit au conseil de Louis XIII pour arrêter les mesures sévères que le parlement se disposait à prendre, en 1626, contre les jésuites dans l'affaire de Santarel, peut servir à expliquer un endroit un peu vague de l'extrait de M. de Thou. Richelieu représenta en cette occasion « qu'il fallait réduire les jésuites en un état qu'ils ne pussent nuire, mais tel aussi qu'ils ne se portassent pas à le faire par désespoir, auquel cas il se pourrait trouver mille âmes furieuses et endiablées qui, sous prétexte d'un faux zèle, seraient capables de prendre de mauvaises ré-

tenu que le pape ne pouuoit errer, mais que Clément pouuoit faillir. En tout cas, ie m'asseure qu'ils ne disent rien dauantage que les autres en l'authorité du pape; et croy que quand on voudra faire le procez à leurs opinions, il le faudra faire à celles de l'Esglise catholique.

Quant à la doctrine d'esmanciper les ecclésiastiques de mon obeyssance, ou d'enseigner de tuër les roys, il faut voir d'vne part ce qu'ils disent, et s'il est vray qu'ils enseignent ainsi la ieunesse. Vne chose me faict croire qu'il n'en est rien, c'est que depuis trente ans çà qu'ils enseignent la jeunesse en France, cent mille escoliers de toutes conditions sont sortis de leurs colleges, ont vescu auec eux et entre eux, et l'on ne trouue un seul de ce grand nombre qui soustienne de leur avoir ouÿ tenir tel langage, ny autre approchant de ce que l'on leur reproche. De plus il y a des ministres qui ont esté iésuistes à longues années, qu'on s'informe de leur uie, il est à présumer qu'ils en diront le pis qu'ils pourront, ne feust-ce que pour s'excuser d'être sortis d'avec eux. Or ie sai qu'on l'a faict, et n'a-t-on rien tiré autre response, sinon que par leurs mœurs il n'y a rien à redire, et povr la doctrine chacun la cognoist. Aussi peu de personnes se voudroient mettre à ceste preuve, et faut bien que la conscience soit asseurée quand elle demeure au diré de son aduersaire.

Touchant Barriere, tant s'en faut qu'un iésuiste l'aye confessé comme vous dittes, que ie fus aduerty par un iésuiste de son entreprise, et un autre luy dist que il seroit damné s'il l'osoit entreprendre. Quant à Chastel, solutions qui ne se répriment ni par le feu, ni par autres peines. » les tourmens ne luy peurent arracher aucune accusation à l'encontre de Varade ou autre iésuiste quelconque ; et si autrement estoit, pourquoy l'auriez-vous espargné? Car celuy qui fut exécuté fut un autre subject que l'on dict s'estre trouué dans ses escrits. Mais quand ainsi seroit qu'vn iésuiste auroit faict ce coup, faut-il que tous les apostres patissent pour Iudas, ou que ie responde de tous les larcins et de toutes les fautes que feront à l'aduenir ceux qui auroient esté mes soldats? Dieu me voulut alors humilier et sauuer, et ie luy en rends graces : il m'enseigne de pardonner les offenses, ie le fais pour son amour volontiers, voire mesme que tous les iours ie prie Dieu pour mes ennemis, tant s'en faut que ie m'en veuille souvenir. Laissez-moy la conduite de ceste compagnie de Iésus, car i'ai gouverné des choses plus difficiles. Obeyssez seulement à ma volonté.

Pour établir l'authenticité de l'édition des jésuites, on invoque l'autorité du Mercure de 1611, et celle de l'historien Matthieu. Elle ne fut insérée dans le Mercure qu'un an après la mort de Henri IV, et dans un temps où les jésuites, tout-puissans sous une régente italienne, entourée de conseillers italiens, avaient la facilité de faire mettre dans les feuilles publiques tout ce qui pouvait leur être avantageux. Leur avocat Montholon l'ayant alléguée dans son plaidoyer, Lamartellière, avocat de l'Université, la traita d'*imposture*, et il ne fut point contredit, quoique plusieurs des magistrats devant lesquels il parlait eussent été présens dans le cabinet de Henri IV lorsque ce prince avait tenu son discours au premier président de Harlai.

L'histoire de Matthieu ne parut qu'en 1631, dix ans après la mort de l'auteur, vingt-un ans après celle du roi. On sait combien les ouvrages posthumes sont sujets à caution. Matthieu avait été zélé ligueur, ce qui pouvait le rendre complaisant pour les jésuites. Aussi l'auteur du *Supplément aux Mémoires de Sully* pense-t-il que ce prétendu discours a été *fourré* dans son histoire.

On le retrouve aussi dans Duplex, auteur assez généralement décrié, qui fut contredit sur ce fait par Bassompierre et par Matthieu de Mourgues. Le quatrième volume des *Mémoires de Villeroi*, qu'on allègue encore, passe communément pour un ouvrage apocryphe. On ne peut également faire aucun fond sur les *Mémoires d'état*, attribués au chancelier de Chiverni, mort en 1699, quatre ans avant l'événement auquel la réponse se rapporte, et dont l'ouvrage, publié en 1636 par un anonyme, sans l'aveu de la famille de ce magistrat, ne mérite aucune créance pour ce qu'on y a ajouté. M. de Péréfixe est une bien faible autorité, à cause de son entier dévouement aux jésuites, et parce qu'à peine était-il sorti des mains de sa nourrice en 1603. Enfin on ne peut citer d'auteurs contemporains que des jésuites. Tout cela suffit-il pour balancer l'autorité du président de Thou, auteur grave, dont la véracité n'a jamais été contestée, qui a été témoin de ce qu'il raconte, sans crainte d'être démenti par les personnes encore vivantes, qui avaient assisté comme lui à la séance où la chose s'était passée.

Si nous pouvions, dans une simple note, entrepren

dre le parallèle des deux discours, il nous serait facile de prouver à quiconque se pique d'un peu de goût, que rien n'était moins dans le génie franc et loyal de Henri, qui n'était point *harangueur*, que cet insipide *verbiage* destiné à plaider la cause des jésuites; rien de plus opposé à son caractère connu que le ton d'aigreur et de raillerie qu'on lui prête; que le discours contient beaucoup de traits indignes de ce roi, et contraires à ce qu'on sait d'ailleurs par ses instructions confidentielles à ses amis et à ses agens dans les cours étrangères, etc. On peut avoir recours sur tout cela à l'écrit de M. S., intitulé *Henri IV et les jésuites*. On s'y convaincra de plus en plus que la pièce qui donne lieu à cette discussion mérite d'être placée à côté de la fable de Bourg-fontaine, où elle est plus digne de figurer que dans l'instruction pastorale d'un évêque qui, par son zèle et ses talens, a des droits à l'estime publique.

FIN DES NOTES.

DISCOURS
DE M. L'ABBÉ FLEURY,
SUR LES LIBERTÉS
DE L'ÉGLISE GALLICANE.

DISCOURS
DE M. L'ABBÉ FLEURY,

SUR LES LIBERTÉS
DE L'ÉGLISE GALLICANE.

I. L'Église gallicane s'est mieux défendue que les autres du relâchement de la discipline introduit depuis quatre ou cinq cents ans, et a résisté avec plus de fermeté aux entreprises de la cour de Rome. La théologie a été enseignée plus purement dans l'Université de Paris que partout ailleurs : les Italiens même y venaient étudier ; et la principale ressource de l'Église contre le grand schisme d'Avignon s'est trouvée dans cette école. Les rois de France depuis Clovis ont tous été catholiques, et plusieurs très-zélés pour la religion. Leur puissance, qui est la plus ancienne et la plus ferme de la chrétienté, les a mis en état de mieux protéger l'Église.

Depuis que les empereurs ont perdu l'Italie, et que les papes y ont acquis un état temporel qui en fait la meilleure partie, il n'y est point resté de souverain capable de résister à leurs prétentions ; et l'intérêt commun de s'avancer à la cour de Rome, a fait embrasser à tous les Italiens les maximes de cette cour. La dignité des cardinaux y efface celle des évêques, qui sont en très-grand nombre, et pauvres pour la plupart : les réguliers y ont le dessus sur le clergé séculier. Il n'y a que les Vénitiens qui se sont mieux défendus des nouveautés.

En Espagne, depuis l'invasion des Mores, les chrétiens ont été long-temps faibles, obligés d'implorer le secours des autres, et de recourir aux papes pour avoir des croisades et des indulgences, afin d'encourager leurs troupes. Ce n'est que depuis deux cents ans que leur puissance est rétablie et réunie ; et c'est alors qu'ils ont reçu l'inquisition, et se sont soumis à la plupart des usages modernes.

L'Angleterre, avant le schisme d'Henri VIII, était soumise au pape, même pour le temporel. Le denier saint Pierre y était établi dès le temps des premiers Anglais ; et Jean-sans-Terre avait achevé de se rendre sujet du pape, en lui faisant hommage de son royaume. Il n'y a point de pays où l'on se soit tant plaint des exactions de la cour de Rome.

En Allemagne, les empereurs ont résisté aux entreprises des papes par d'autres entreprises, et par une conduite outrée et mal soutenue : leur puissance est tombée dans les derniers temps :

les princes ecclésiastiques ont mêlé à leur vraie autorité le faste et la domination séculière : la doctrine et les fonctions ecclésiastiques ont été presque abandonnées à des Réguliers, dépendans particulièrement du pape : et depuis Luther, les les catholiques, voulant relever l'autorité du saint siège, se sont souvent jetés dans les excès contraires. Il en est de même, à proportion, de la Pologne. Le christianisme n'y a commencé que vers le temps où les papes ont commencé à pousser le plus loin leurs prétentions.

II. Les maximes des ultramontains, que nous rejetons en France, sont les suivantes : 1°. La puissance temporelle est subordonnée à la spirituelle; en sorte que les rois et les autres souverains sont soumis, au moins indirectement, au jugement de l'Église, en ce qui regarde leur souveraineté, et peuvent en être privés s'ils s'en rendent indignes. 2°. Toute l'autorité ecclésiastique réside principalement dans le pape, qui en est la source : en sorte que lui seul tient immédiatement son pouvoir de Dieu; les évêques le tiennent de lui et ne sont que comme ses vicaires. C'est lui qui donne l'autorité aux conciles, même universels. Lui seul a droit de décider les questions de foi, et tous les fidèles doivent se soumettre aveuglément à ses décisions; parce qu'elles sont infaillibles. Il peut lui seul faire telles lois ecclésiastiques qu'il lui plaît, et dispenser, même sans cause, de toutes celles qui sont faites[1]. Il peut disposer absolument de tous les biens ecclésiastiques. Il ne rend compte qu'à Dieu de sa conduite : il juge tous les autres, et n'est jugé de personne. De cette maxime jointe à la première, s'ensuit que le pape peut aussi disposer des couronnes, et que toute puissance temporelle ou spirituelle se rapporte à lui seul.

III. Ces maximes ont été avancées peu à peu depuis Grégoire VII, qui tenait le saint siége l'an 1080, et qui soutint le premier que tous les royaumes dépendaient de l'Église romaine, et que les princes excommuniés pouvaient être déposés. Cette doctrine s'est toujours affermie depuis : et il faut convenir que saint Thomas[2] et la plupart des docteurs modernes ont enseigné que l'Église pouvoit absoudre les sujets du serment de fidélité, du moins en cas d'hérésie ou d'apostasie.

Le schisme d'Avignon donna occasion, vers l'an 1400, aux disputes de la supériorité du pape ou du concile. Le différent du pape Eugène IV avec le concile de Bâle, en 1438, les échauffa. Sous Jules II, en 1512, on passa jusqu'à soutenir l'infaillibilité ; et les nouvelles hérésies ont excité plus de théologiens à l'embrasser et à la défendre opiniâtrément. Et parce que l'antiquité est peu

---

[1] *Gloss.* ad cap. III, *de Translat.*, *verbo* veri Dei. Decret., lib. I, tit. VIII.
[2] S. Thom., 2. 2. quæst., XII, art. 2.

favorable à ces maximes, ceux qui en sont prévenus regardent l'étude des pères et des conciles comme une curiosité inutile ou même dangereuse. La plupart des réguliers, attachés au pape par leurs exemptions et leurs priviléges, ont embrassé cette nouvelle doctrine, et y ont attaché une idée de piété, capable d'imposer aux consciences délicates. Il faut, dit-on, se tenir au plus sûr en des matières si importantes : or le plus sûr est ce qui nous éloigne le plus de la doctrine des hérétiques; comme si, en fuyant un excès, on ne pouvait pas tomber dans l'autre. La vraie piété est fondée sur la vraie créance; et le plus sûr, en matière de religion, est ce qui a été toujours cru, et par toute l'Église. On doit bien plutôt faire conscience de mépriser les conciles et l'autorité de l'Église universelle, que tout le monde reconnaît pour infaillible, que de ne pas attribuer au pape tout ce que les flatteurs lui donnent depuis deux cents ans. La flatterie et la complaisance servile sont des vices odieux : la liberté et le courage à soutenir la vérité sont des vertus chrétiennes qui font partie de la piété. Un préjugé fâcheux contre les maximes des ultramontains, est la différence qu'il y a entre les mœurs des papes et la discipline de l'Église romaine depuis que ces opinions y sont reçues, et celles des premiers siècles. Est-il croyable que les papes n'aient commencé à bien connaître leurs droits, ou du moins à les exercer librement, que depuis qu'ils sont moins saints dans leurs mœurs, moins savans, moins appliqués à instruire, à prêcher, à faire les fonctions de vrais pasteurs ?

IV. C'est pour obvier à ces nouveautés que le clergé de France, assemblé à Paris, le 19 mars 1682, fit sa déclaration contenue en quatre articles : « 1. La puissance que Dieu a donnée à saint
» Pierre, à ses successeurs vicaires de Jésus-Christ,
» et à l'Église même, n'est que des choses spiri-
» tuelles et concernant le salut éternel, et non
» des choses civiles et temporelles. Donc les rois
» et les princes, quant au temporel, ne sont sou-
» mis par l'ordre de Dieu à aucune puissance ec-
» clésiastique, et ne peuvent directement ni indi-
» rectement être déposés par l'autorité des clefs
» de l'Église, ni leurs sujets être dispensés de l'o-
» béissance ni absous du serment de fidélité. 2. La
» pleine puissance des choses spirituelles, qui ré-
» side dans le saint siége et les successeurs de saint
» Pierre, n'empêche pas que les décrets du concile
» de Constance ne subsistent touchant l'autorité
» des conciles généraux, exprimée dans la qua-
» trième et la cinquième session ; et l'Église galli-
» cane n'approuve point que l'on en révoque en
» doute l'autorité, ou que l'on les réduise au seul
» cas du schisme. 3. Par conséquent, l'usage de
» la puissance apostolique doit être réglé par
» les canons que tout le monde révère. On doit
» aussi conserver inviolablement les règles, les

» coutumes et les maximes reçues par le royaume
» et l'Église de France, approuvées par le con-
» sentement du saint siége et des églises. 4. Dans
» les questions de foi, le pape a la principale
» autorité; et ses décisions regardent toutes les
» églises, et chacune en particulier : mais son
» jugement peut être corrigé, si le consentement
» de l'Église n'y concourt. »

Ces quatre articles se réduisent à deux principaux : que la puissance temporelle est indépendante de la spirituelle; que la puissance spirituelle
du pape n'est pas tellement souveraine dans l'É-
glise qu'il ne doive observer les canons, que ses
décisions de foi ne puissent être examinées, et que
lui-même ne puisse être jugé en certains cas.

V. Le prétexte de la prétention des papes sur
le temporel est venu de l'excommunication. On a
expliqué à la dernière rigueur la défense d'avoir
aucun commerce avec les excommuniés, ni de leur
rendre aucun honneur. On les a regardés comme
infâmes et déchus de tous leurs droits. Quelques-
uns ont passé jusques à dire que le crime en lui-
même privait de toute dignité et de toute charge
publique, qui est une hérésie condamnée en
Wiclef.

De l'autre côté, pour soutenir l'indépendance
des souverains, on a donné en divers excès. Plusieurs ont prétendu qu'ils ne pouvaient être excommuniés, comme supposant que l'excommuni-

cation donnerait atteinte à leur dignité ; ce qui a été avancé particulièrement en France, sous prétexte de quelques bulles que les rois avaient obtenues des papes, pour défendre à tous les évêques de mettre en interdit les terres de leurs domaines, ou d'y fulminer des excommunications générales[1]. On a soutenu de même que les officiers des rois ne pouvaient être excommuniés pour le fait de leurs charges, comme s'ils ne pouvaient y excéder. D'ailleurs, pour éloigner d'autant plus la confusion des deux puissances, quelques-uns ont soutenu qu'elles étaient incompatibles ; qu'il n'était permis à aucune personne ecclésiastique d'être seigneur temporel ; et que les évêques devaient imiter à la lettre la pauvreté et l'humilité des apôtres : c'est l'hérésie d'Arnauld de Bresse, renouvelée par Wiclef. Mais, dès les premiers temps, l'Église a possédé des immeubles et des serfs ; et on ne voit pas ce qui rend les ecclésiastiques incapables de gouverner aussi des hommes libres.

Un autre excès est de dire que les deux puissances sont non-seulement compatibles, mais nécessairement subordonnées : en quoi il y a encore deux autres excès. Les hérétiques modernes, particulièrement les Anglais, prétendent que l'Église est soumise à l'état ; que c'est au magistrat à régler souverainement les cérémonies, et même les dogmes de la religion ; d'où vient qu'ils ont

---

[1] *V.* du Tillet, *Ancien Style du Parlement.*

déclaré leur roi chef de l'Eglise. Au contraire, les ultramontains disent que si le bon ordre veut que toute puissance se rapporte à une seule, ce doit être à la spirituelle, qui est la plus excellente; et que, pour tenir les souverains dans le devoir, il doit y avoir quelqu'un sur la terre à qui ils rendent compte de leur conduite, ce qui est en effet établir le pape seul monarque dans l'univers. Car qu'importe que sa puissance sur le temporel soit directe ou indirecte, si elle s'étend enfin jusques à disposer des couronnes?

VI. Entre ces divers excès, nous nous sommes tenus à l'ancienne tradition et à l'exemple des premiers siècles. Nous croyons que la puissance des clefs s'étend sur tous les fidèles, et que les souverains peuvent être excommuniés pour les mêmes crimes que les particuliers, quoique bien plus rarement et avec bien plus de précaution. Mais l'excommunication ne donne aucune atteinte aux droits temporels, même des particuliers. Suivant l'Évangile, l'excommunié doit être regardé comme un païen; or il n'y a aucun droit temporel dont un païen ne soit capable, même de commander à des chrétiens. On doit éviter l'excommunié, mais seulement en ce qui regarde la religion ou les bonnes mœurs : c'est-à-dire que l'on ne doit point communiquer avec lui, 1°. en ce qui concerne le crime pour lequel il a été excommunié, comme un rapt ou un sacrilége; 2°. en aucun acte de religion, comme la prière ou les sacremens; 3°. dans les devoirs d'amitié et la fréquentation volontaire. Mais on peut communiquer avec lui dans ce qui est du commerce nécessaire de la vie, comme de vendre, d'acheter, de contracter, de plaider, de voyager, de faire la guerre; et par conséquent de parler, de commander et d'obéir.

VII. La distinction des deux puissances est évidente dans ces paroles de Jésus-Christ : « Mon » royaume n'est point de ce monde[1]. » Et ailleurs : « Rendez à César ce qui appartient à César ; et » à Dieu ce qui appartient à Dieu[2]. » Et à celui qui le priait d'obliger son frère à faire partage : « Homme, qui m'a établi juge ou arbitre entre » vous[3]? » Et saint Paul : « Toute personne vi- » vante soit soumise aux puissances souveraines[4] : » donc les prêtres et les pasteurs. Et encore : « Qui » résiste à la puissance, résiste à l'ordre de Dieu[5]. » Et saint Pierre : « Soyez soumis à toute créature, » soit à l'empereur, soit aux gouverneurs[6]. » Et encore : « Craignez Dieu ; honorez l'empereur. » Esclaves, soyez soumis à vos maîtres même fâ-

---

[1] Joan., XVIII, 36.
[2] Matth., XXII, 21.
[3] Luc., XII, 14.
[4] Rom., XIII, 1.
[5] *Ibid.*, 2.
[6] I. Petr., II, 13.

» cheux[1]. » Aussi voyons-nous que les chrétiens ont obéi sans résistance aux empereurs païens, même aux persécuteurs les plus cruels, excepté en ce qui était contre la loi de Dieu; quoiqu'ils fussent assez puissans pour se défendre, et qu'ils eussent de fréquentes occasions de révolte sous un empire électif[2]. Ils ont obéi de même aux empereurs hérétiques, comme Constantius et Valens, qui persécutoient les catholiques, et enfin à Julien l'Apostat[3], qui voulait rétablir l'idolâtrie, quoique alors les chrétiens fussent déjà les plus forts, s'ils eussent cru permis d'user de force contre leur prince.

Nous croyons que la doctrine des ultramontains tend à troubler la tranquillité publique, et met la vie des souverains en péril. Les sujets mécontens accuseront le prince devant le tribunal ecclésiastique. Si, étant excommunié et déposé, il continue à user de sa puissance, ce sera selon eux un usurpateur et un tyran, il se trouvera des théologiens[4] qui enseigneront qu'il est non-seulement permis, mais méritoire, d'en délivrer le public; et des fanatiques désespérés qui réduiront en pratique ces maximes. Il n'y en a que trop d'exemples. Rien n'a rendu la religion catholique

[1] I. Petr., II, 17.
[2] Tertul Apolog., c. XXXV.
[3] Greg. Naz., Orat. III, edit. Bened. IV, n. 98.
[4] Mariana, Becan, Suarez, Santarel.

plus odieuse en Angleterre et dans les autres pays hérétiques[1].

VIII. De la distinction des puissances suit la distinction des juridictions. L'Église a une juridiction qui lui est essentielle, fondée sur ces paroles de Jésus-Christ : « Toute puissance m'est » donnée au ciel et en la terre ; allez donc, ins- » truisez et baptisez toutes les nations, leur en- » seignant d'observer tout ce que je vous ai or- » donné[2]. » Voilà le pouvoir d'enseigner la doctrine, qui comprend deux parties, les mystères et les règles des mœurs. Voici le pouvoir de juger : « Ceux dont vous remettrez les péchés, ils leur » seront remis ; et ceux dont vous les retiendrez, » ils leur seront retenus[3]. » Et ailleurs : Si ton » frère a péché contre toi, etc. ; s'il n'écoute pas » l'Église, qu'il te soit comme un païen et un » publicain. En vérité, je vous dis, tout ce que » vous aurez délié sur la terre sera délié dans le » ciel ; et tout ce que vous aurez lié sur la terre » sera lié dans le ciel[4]. » L'Église a donc essen-

---

[1] Ce fut la fameuse bulle *Regnans in excelsis*, par laquelle le pape Pie V délia les sujets de la reine Élisabeth de leur serment de fidélité, qui consomma le schisme d'Angleterre. Jusque-là elle avait laissé les catholiques assez tranquilles.
[2] Matth., XXVIII, 19.
[3] Joan., XX, 22.
[4] Matth., XVIII, 15.

tiellement le pouvoir, 1°. d'enseigner tout ce que Jésus-Christ a ordonné de croire ou de faire, et par conséquent d'interpréter sa doctrine, et de réprimer ceux qui la voudraient altérer; 2°. d'absoudre les pécheurs, ou leur refuser l'absolution; et enfin de retrancher de son corps les pécheurs impénitens et incorrigibles; 3° d'établir des ministres pour les fonctions publiques de la religion, de les juger et les déposer, s'il est nécessaire. Cette juridiction a été exercée dans toute son étendue, sous les persécutions les plus cruelles : elles n'ont jamais empêché les fidèles de s'assembler pour prier, lire les saintes Écritures, recevoir les instructions de leurs pasteurs et les sacremens; ni les pasteurs de communiquer entre eux, du moins par lettres, pour tous les besoins de l'Église; d'ordonner des évêques, des prêtres et des diacres; de les juger, et même les déposer.

IX. Tout le reste de ce qui s'est joint dans la suite des siècles à la juridiction ecclésiastique, soit en France, soit ailleurs, n'est fondé que sur les concessions expresses ou tacites des souverains: comme le droit qu'ont les clercs de n'être jugés que par le tribunal ecclésiastique, même en matière profane, civile ou criminelle, et par conséquent la distinction du délit commun et du cas privilégié; le droit qu'ont eu les juges ecclésiastiques de condamner à l'amende honorable ou pécuniaire, ou à la fustigation secrète, et celui qu'ils ont encore de faire arrêter et retenir en prison. Dans les autres pays, où la juridiction ecclésiastique est plus étendue, ceux qui en sont en possession peuvent et doivent la conserver comme leurs biens temporels et leurs autres privilèges : mais ils ne doivent pas confondre ces accessoires avec l'essentiel de la juridiction ecclésiastique.

Si les ecclésiastiques voulaient étendre trop loin leurs privilèges, ce serait une entreprise sur la puissance temporelle. Comme si, étant officiers du roi, ils prétendaient se soustraire à sa juridiction, même en ce qui regarde l'exercice de leur charge; ou s'ils voulaient faire des assemblées sans la permission du roi. Il est donc raisonnable de l'obtenir pour les assemblées générales et extraordinaires, et pour celles qui regardent le temporel. Mais il semble que cette défense de s'assembler, ne devait pas s'étendre aux conciles provinciaux, dont la tenue dans les temps marqués par les canons devrait être aussi indispensable que la célébration de la Messe et des divins offices. Si cinq ou six évêques voulaient conspirer contre l'État, ils auraient assez d'occasions de s'assembler secrètement à Paris ou ailleurs; et ils n'attendraient pas un concile provincial de trois ans en trois ans.

Il n'en est pas de même des conciles nationaux. On ne doit les assembler que dans des occasions extraordinaires, à proportion comme les conciles généraux. Alors, c'est au roi à les convoquer, parce qu'il n'y a que lui qui réunisse sous sa puissance tous les évêques de son royaume. Si on examine les exemples des conciles convoqués par les princes temporels, on trouvera qu'ils se rapportent tous à ce genre[1].

X. Les évêques, à cause du rang qu'ils tiennent dans le royaume, ne peuvent en sortir sans la permission du roi, quand même ils seraient mandés par le pape, parce que, comme prince étranger, il peut avoir des intérêts temporels opposés à ceux de la France. Le roi a droit aussi d'empêcher les ecclésiastiques, comme les autres, de sortir du royaume, même pour aller à Rome. Il n'est permis aux étrangers ni de posséder des bénéfices en France, ni d'être supérieurs de monastère ou de quelque communauté que ce soit. Et parce que les généraux de quelques ordres religieux, comme des mendians, résident à Rome, ou en d'autres pays étrangers, ils sont obligés d'avoir en France chacun un vicaire général qui soit naturel français : mais il ne laisse pas d'y avoir un commerce continuel de lettres entre les réguliers de chaque ordre, en quelque pays qu'ils soient; ce qui est nécessaire pour entretenir entre eux l'union et la subordination. La même nécessité devrait obliger les évêques de tous les pays catholiques à avoir une correspondance continuelle, comme elle était dans les premiers siècles, même pendant les persécu-

[1] *Lib. Gall. Preuv.*, ch. XI.

tions. Si l'on craint que ce commerce fût dangereux pour l'état, pourquoi ne craint-on rien de celui des réguliers si nombreux, si peu connus, si attachés aux maximes de leur ordre, et si peu attachés à leur patrie, en comparaison d'un évêque, qui y a un établissement considérable? Et si la conservation d'une compagnie de réguliers est si importante, combien plus la conservation de l'Église universelle?

Le prince a intérêt de conserver les biens temporels de l'Église dans ses états, puisqu'enfin ils sont temporels; c'est pourquoi les gens du roi doivent veiller à ce que les bénéficiers fassent les réparations nécessaires, et ne dissipent pas le fonds des biens dont ils n'ont que l'usufruit. C'est pourquoi on ne souffre point en France que le pape fasse aucune levée de deniers sur le clergé, soit comme emprunt ou autrement, si ce n'est de l'autorité du roi ou du consentement du clergé; encore moins qu'il permette ou qu'il ordonne l'aliénation des biens ecclésiastiques, sinon du consentement du roi et du clergé, et avec les conditions requises suivant les lois du royaume. On ne souffrirait pas non plus que le pape levât, comme autrefois, des deniers sur le peuple, sous prétexte d'aumônes pour des indulgences : mais cela n'est plus guère à craindre depuis le concile de Trente, qui veut que toutes les indulgences s'accordent gratuitement[1].

[1] Sess. XXV, decr. de Indulg.

Nous ne croyons point non plus que le pape puisse accorder aucune grâce qui s'étende aux droits temporels, comme de légitimer des bâtards, ou restituer contre l'infamie, pour rendre les impétrans capables de successions, de charges publiques, ou d'autres effets civils; et quand les expéditions de la cour de Rome contiennent de telles clauses, nous n'y avons aucun égard, sans préjudice du surplus. Il en est de même de ce qui est contraire aux droits des patrons laïques dans les provisions de bénéfices. Voilà les conséquences que nous tirons de la distinction des deux puissances.

XI. L'autre maxime fondamentale de nos libertés, qui est que la puissance du pape n'est pas sans bornes, a plus besoin d'explication que la première. Car ceux qui ont voulu s'opposer aux prétentions excessives de la cour de Rome, sont tombés en plusieurs excès contraires. Je ne parle pas des hérétiques, qui regardent comme tyrannie toute supériorité d'une Église sur une autre. Mais de ceux qui reconnaissent la primauté du pape, il y en a qui la regardent comme une institution utile à la vérité, mais humaine et de simple police ecclésiastique, comme celle des archevêques et des patriarches; ce qui est encore hérétique. D'autres veulent que l'Église ne soit gouvernée que par les conciles, et que le pape n'ait droit que d'y présider, en sorte que le gouvernement de l'Église soit aristocratique; ce qui semble être l'opinion du docteur Richer dans le *Traité de la puissance ecclésiastique et politique*, qu'il publia en 1611, et qui fut condamné à Rome et en France[1]. Le docteur Duval le combattit, et donna dans l'excès contraire, soutenant l'infaillibilité du pape.

Nous croyons, avec tous les catholiques, que l'Église est infaillible, puisque Jésus-Christ a dit que « les portes de l'enfer ne prévaudront point » contre elle[2]; » et encore : « Je suis avec vous » jusques à la consommation des siècles[3]. »

XII. Nous croyons aussi, avec tous les catho-

---

[1] Jamais Richer n'a réduit le gouvernement de l'Église à une pure aristocratie. « Il n'est pas vrai, dit Bossuet, » qu'il soutienne ce sentiment dans toute son étendue, et » même ce docteur fait profession de croire qu'en certain » sens le gouvernement de l'Église est monarchique. » (*Append. ad Defens.*, lib. III, cap. 1.) Effectivement il définit l'Église une monarchie tempérée par le régime aristocratique (cap. 3). Il distingue l'état de l'Église de son gouvernement. L'état est monarchique, pour entretenir l'ordre, l'unité, l'exécution des canons. Le gouvernement est aristocratique, quant à la manière d'administrer, à l'obligation de prendre conseil pour l'établissement des lois, et pour former des décisions. Dans tout le reste, le pape est le monarque en ce sens qu'il a une inspection générale sur toute l'Église, que c'est à lui de convoquer les conciles, de les présider, de veiller à l'exécution de leurs décrets. (Voyez ci-devant *Hist. crit.*, chap. 1, § 2.)

[2] Matth., XVI, 18.

[3] *Ibid.*, XXVIII, 20.

liques, que le pape, l'évêque de Rome, est le successeur de saint Pierre, et comme tel le chef visible de l'Église, et qu'il l'est de droit divin, parce que Jésus-Christ a dit : « Tu es Pierre, et » sur cette pierre je bâtirai mon Église [1]; » et encore : « Pierre, m'aimez-vous? paissez mes bre- » bis [2]. » Nous espérons [3] que Dieu ne permettra jamais à l'erreur de prévaloir dans le saint siége de Rome, comme il est arrivé dans les autres siéges apostoliques d'Alexandrie, d'Antioche, de Jérusalem, parce que Jésus-Christ a dit : « J'ai » prié pour vous, Pierre, afin que votre foi ne » manque point [4]. » Nous croyons que le pape est principalement chargé de l'instruction et de la conduite de tout le troupeau, parce qu'il est dit : « Et quand vous serez converti, confirmez vos » frères [5]. » Et encore : « Paissez mes brebis [6], »

[1] Matth., XVI, 18.
[2] Joan., XXI, 17.
[3] M. Fleury avait dit dans le manuscrit : *Nous croyons que le saint siége de Rome est indéfectible, c'est-à-dire que Dieu ne permettra jamais à l'erreur d'y prévaloir;* il l'a effacé, et a substitué, *Nous espérons que Dieu ne permettra jamais*, etc., expression plus exacte, parce que, quoique l'indéfectibilité de l'église romaine soit le sentiment le plus autorisé, on ne peut pas le donner comme article de foi. Bossuet convient qu'il est contesté dans l'Église par de graves docteurs. (Voy. ci-devant *Hist crit.*, chap. II, § 6.)
[4] Luc., XXII, 32.
[5] *Ibid.*
[6] Joan., XXI, 17.

non-seulement les agneaux, mais les mères [1].

Mais nous croyons aussi que tous les évêques ont reçu leur pouvoir immédiatement de Jésus-Christ, parce qu'il a dit à tous ses apôtres : « Rece- » vez le Saint-Esprit [2]. » Il a dit à tous : « Allez, » instruisez, baptisez, et je suis avec vous [3], etc. » Et saint Paul, parlant à des évêques, dit que « le » Saint-Esprit les a établis pour gouverner l'Église » de Dieu [4]. » Il ne fit point de difficulté de s'opposer à saint Pierre, et lui résista en face quand il le jugea répréhensible [5]. Même ce que Jésus-Christ a dit à saint Pierre en particulier, se doit appliquer à tous les autres à proportion, suivant la tradition constante de tous les siècles. Ainsi

---

[1] Maldonat observe qu'il ne faut pas disputer trop subtilement sur cette distinction d'agneaux et de brebis, qui consiste dans les mots et non dans la chose; que le mot *agneau* est ici employé pour mieux exprimer la tendresse et l'amour, parce qu'il est plus affectueux que celui de *brebis* (in Joan., XXI). Ainsi la conséquence, qu'on prétend déduire de cette distinction, pour prouver que le pape est chargé de l'instruction de tout le troupeau, y compris les pasteurs, pêche par le principe. Les apôtres, instruits par Jésus-Christ même, n'avaient pas besoin de l'être par saint Pierre. « Saint Pierre, dit saint Ambroise, » ne fut pas seul chargé des ouailles de Jésus-Christ; il » en fut chargé avec nous, et nous avec lui. » (Lib. II, *de Dignit. Sacerd.*, cap. 2.)

[2] Joan., XX, 22.
[3] Matth., XXVIII, 19.
[4] Act. XX, 28.
[5] Gall. II, 11.

chaque évêque a tout pouvoir pour la conduite ordinaire de son troupeau. C'est à lui de proposer la foi, de l'expliquer, de décider les questions; c'est à lui d'administrer les sacremens, de juger, de corriger; et tant qu'il fait son devoir, le pape n'a droit d'exercer aucun pouvoir sur ce troupeau particulier; mais sitôt qu'il fera quelque faute contre la règle de la foi ou de la discipline, le pape a droit de le corriger, et c'est son devoir. Il y a donc grande différence entre les évêques et les curés*. Les curés tiennent tout leur pouvoir im-

* Fleury s'écarte ici de l'enseignement de la faculté de théologie, où l'on a toujours regardé les curés comme étant d'institution divine, aussi-bien que les évêques, en leur qualité de successeurs des disciples qui furent envoyés par Jésus-Christ, et reçurent de lui le pouvoir d'exercer les fonctions hiérarchiques, de sorte qu'il n'y a de différence entre eux que dans la mesure de leurs pouvoirs. On voit par-là que le principe du droit des curés au gouvernement d'un troupeau particulier, comme pasteurs ordinaires, a été posé dans la première constitution de l'Église. Lors de la division des territoires, leur état et leurs fonctions furent réglés par les canons, et l'évêque cessa d'être le seul pasteur immédiat de chaque paroisse. Il ne conserva que le droit éminent attaché au premier pasteur de tout le diocèse, dont l'exercice ne saurait anéantir celui des pasteurs ordinaires. C'est donc à tort que Fleury fait consister la différence entre les évêques et les curés dans celle de leur institution. Si le curé tient la sienne de l'évêque, l'évêque ne tient-il pas la sienne du pape? Si celle-ci ne donne aucune juridiction sur le diocèse, pourquoi celle-là en donnerait-elle une sur la paroisse, si ce n'est dans les formes réglées par les canons?

médiatement de l'évêque, qui demeure toujours en droit d'exercer toutes ses fonctions en chaque paroisse; et ce n'est que quant à l'ordre de prêtrise que l'institution des curés est de droit divin.

XIII. Si chaque évêque a tant de pouvoir, à plus forte raison plusieurs évêques assemblés dans un concile; car Jésus-Christ a dit : « Si deux ou trois » sont assemblés en mon nom, je suis au milieu » d'eux [1]. » C'est pourquoi nous recevons les décisions de foi et les règles de discipline que les conciles nous ont données, mais différemment. La foi étant invariable et universelle, nous recevons comme de foi tout ce qui a été décidé dans les conciles, même particuliers, si le reste de l'Église l'a approuvé. Quant à la discipline, nous y admettons les changemens autorisés expressément ou tacitement par l'Église universelle. Mais nous parlerons ensuite de la discipline; achevons ce qui regarde la foi.

Puisque l'Église est infaillible, le concile universel, qui la représente tout entière, doit être infaillible aussi. C'est pourquoi nous recevons les décisions de foi des conciles comme dictées par le Saint-Esprit, suivant ces paroles du premier concile : « Il a semblé bon au Saint-Esprit et à nous [2]. » Nous y voyons saint Pierre parler le premier;

[1] Matth., XVIII, 20.
[2] Act., XV, 28.

mais le décret se fait au nom de tous. Ainsi, dans tous les conciles généraux, le pape préside en personne ou par ses légats*, mais tous les évêques jugent avec lui. Ce n'est pas lui seul qui y donne autorité ; autrement il serait inutile de faire assembler à si grands frais tant d'évêques pour lui donner de simples conseils, et on trouverait peut-être quelquefois d'autres théologiens plus éclairés. Il est vrai que le pape confirme le concile : mais cette confirmation n'est en effet qu'un consentement ; comme il paraît par les anciennes souscriptions, où tous les évêques indifféremment se

---

* Le droit des légats est contesté. Il paraît avoir appartenu originairement aux patriarches, selon l'ordre de leurs siéges, du moins en Orient. Le fait de la présidence d'Osius au concile de Nicée n'est attesté que par Gélase de Cysique, dont l'autorité est très-médiocre, et qui s'appuie d'un texte d'Eusèbe, qu'on ne trouve pas dans cet ancien historien. Le droit du pape de présider les conciles généraux par ses légats ne se prouve pas mieux par l'histoire du second et du troisième concile général que par celle du premier. Le pape saint Léon ne l'obtint, au concile de Chalcédoine, de l'empereur Marcien, que parce que les patriarches d'Orient n'avaient pas eu le courage de résister à l'erreur. Dans la suite, les patriarches orientaux, étant devenus schismatiques, les papes s'en firent un titre pour attribuer ce droit à leurs légats. On ne pouvait guère le leur disputer pour les conciles d'Occident, où il n'y avait aucun évêque dont le titre fût assez éminent pour le leur contester. Ainsi le droit du pontife romain de présider les conciles généraux par ses légats, ne saurait être réclamé comme un attribut de la primauté du saint siége.

servaient de ce terme de confirmation, pour souscrire aux décrets des conciles et des papes mêmes.

L'Église, sans être assemblée en concile, n'en est pas moins infaillible ; elle l'est toujours, et pour être assurés de ce que nous devons croire, il suffit de voir son consentement unanime, de quelque manière qu'il nous paraisse. Donc si le pape, consulté par des évêques, a décidé une question de foi, et que l'Église reçoive sa décision, l'affaire est terminée, comme autrefois celle des pélagiens et de notre temps celle des jansénistes*; il ne faut point de concile. Et si quelques docteurs, ou même quelques évêques en petit nombre murmurent encore, on ne doit pas les écouter. Mais si une grande partie de l'Église ne se soumet pas, comme en la cause d'Eutychès, l'Égypte et l'O-

---

* L'affaire des pélagiens avait été terminée dans trois conciles nombreux tenus en Afrique, où elle avait été examinée contradictoirement, et dont les canons avaient été approuvés par deux papes. Tout l'univers y avait applaudi. (*Aug.*, lib. III, *contr. Julian.*) Les mêmes conditions se trouvaient dans la condamnation des cinq propositions par le pape Innocent X. « La matière qui était
» traitée dans sa constitution, disaient les prélats de l'as-
» semblée du clergé de 1656, était si connue, depuis
» douze ans, qu'elle avait été agitée en France, que l'on
» n'avait point de peine à reconnaître que la décision du
» pape confirmait l'ancienne foi de l'Église enseignée par
» les conciles, par les pères, et renouvelée par le concile
» de Trente. » Aussi cette constitution fut-elle reçue partout.

rient; alors c'est le cas d'assembler un concile universel, qui examinera la décision du pape, et ne l'approuvera qu'après l'avoir reconnue conforme à la tradition de toutes les églises. Ainsi, dans cette cause d'Eutychès, le concile de Chalcédoine examina la lettre du pape saint Léon[1], qui toutefois servit de fondement au décret de foi.

Au contraire, dans le sixième concile, les lettres du pape Honorius, ayant été examinées, comme celles de Pyrrhus, de Cyrus, de Sergius et de Paul, hérétiques monothélites, furent rejetées de même comme favorisant leurs erreurs, et le pape Honorius anathématisé nommément[2] : le tout du consentement des légats du pape Agathon, qui présidaient à ce concile; et Agathon et ses successeurs renouvelèrent plusieurs fois cette condamnation d'Honorius.

Saint Cyprien, dès le troisième siècle, soutint avec tout les évêques d'Afrique, et plusieurs de l'Asie-Mineure, que les hérétiques devaient être rebaptisés, contre la décision expresse du pape saint Étienne, qui passa jusqu'à l'excommunication, au moins comminatoire, et saint Augustin, pour excuser saint Cyprien d'avoir soutenu cette erreur, ne dit autre chose, sinon que la question était difficile, et n'avait pas encore été décidée par un concile universel[3]. Donc ni saint Augustin ni saint

---

[1] Conc. Chalc., act. IV; tom. IV, page 471.
[2] Conc. VI, act. XIII; tome VI, page 944.
[3] Aug. de Bapt. cont. Donat., lib. II, cap. 4, n. 5.

Cyprien ne croyaient pas que l'on fût obligé à se soumettre sitôt que le pape avait prononcé.

Ceux qui veulent que le pape soit infaillible, ne nient pas toutefois qu'il puisse devenir hérétique, comme ils n'osent pas dire qu'il soit impeccable, quoiqu'il n'ait pas tenu au pape Grégoire VII de le faire croire [1] : mais l'expérience n'a que trop fait voir qu'il n'y a aucune misère humaine, à laquelle ils ne soient sujets. Ils disent donc que le pape peut errer dans la foi, comme un tel homme, ou même comme docteur particulier; mais non comme pape, et prononçant *ex cathedrâ*. La difficulté est d'établir cette distinction : car les lettres du pape Honorius, qui furent condamnées, étaient adressées aux patriarches d'Alexandrie, d'Antioche et de Constantinople, qui l'avaient consulté sur une question de foi; et le pape saint Étienne avait aussi décidé l'affaire du baptême de toute son autorité*.

Enfin, de quelque manière que ce soit qu'un pape fût hérétique, on convient qu'il devroit être

[1] Greg. VII, lib. VIII, ep. 21.

* On ne trouve rien, dans les monumens de l'antiquité, qui indique la distinction du pape infaillible quand il parle *ex cathedrâ*, et du pape sujet à erreur quand il parle de toute autre manière. Ajoutez que les ultramontains ne sont pas d'accord entre eux sur ce qui constitue les jugemens *ex cathedrâ*. Van-Espen croit que c'est là une nouvelle forme pour établir l'infaillibilité du pape, à la faveur d'un mot vague, susceptible de toutes sortes d'interprétations. (Tom. III, page 663.)

déposé, et par conséquent jugé: et on ne voit point d'autre tribunal au-dessus de lui que le concile universel. Aussi est-ce le premier cas auquel le concile de Constance a défini que le pape est soumis au concile. Le second cas est celui du schisme. Le troisième est la réformation de l'Église dans le chef et dans les membres. Pour bien entendre le décret de ce concile, il faut en expliquer l'occasion et les suites.

XIV. Après que les papes eurent résidé soixante-dix ans à Avignon, le pape Grégoire XI retourna à Rome, et y mourut en 1378. Urbain VI, Italien, fut élu à sa place; mais les cardinaux français, dont la faction était très-puissante, se plaignirent que l'élection n'avait pas été libre, et, s'étant retirés de Rome, élurent un Français qu'ils nommèrent Clément VII, et qui vint s'établir à Avignon. Ce schisme dura environ quarante ans; Urbain VI mourut en 1389, et Boniface IX lui succéda à Rome. Clément VII mourut en 1394, et Pierre de Lune, autrement Benoît XIII, lui succéda à Avignon. A Rome, il y eut encore Innocent VII en 1404, et Angelo Corrario ou Grégoire XII en 1406. Toute la chrétienté était partagée entre ces deux obédiences; et le fait qui avait donné occasion au schisme était tellement embrouillé par les disputes, qu'il n'était plus possible de reconnaître quel était le pape légitime, et aucun des deux ne voulait renoncer à ses prétentions,

Ainsi les personnages les plus savans et les plus pieux ne trouvèrent point d'autre voie pour finir le schisme, qu'un concile universel qui déposât les deux prétendus papes, et en fît élire un autre. Ce fut l'université de Paris qui travailla le plus à cette grande œuvre.

On commença par la soustraction d'obédience aux deux papes ; puis les cardinaux des deux partis, au moins la plupart, s'assemblèrent à Pise en 1409, avec grand nombre d'évêques et de docteurs. Ce concile fit le procès aux deux prétendus papes, Grégoire et Benoît, et élut pour pape légitime Alexandre V, qui mourut l'année suivante : Jean XXIII lui succéda. Cependant Grégoire et Benoît se disaient toujours papes dans leurs obédiences, quoique très-raccourcies. Pour achever d'éteindre le schisme, Jean XXIII assembla, en 1414, le concile de Constance, qui, dans la session quatrième, fit cette déclaration : « Ce concile
» universel, représentant toute l'Église militante,
» tient son pouvoir immédiatement de Jésus-
» Christ ; et toute personne, de quelque état et
» dignité qu'elle soit, même le pape, est tenue
» de lui obéir en ce qui concerne la foi, l'extirpa-
» tion de ce schisme, et la réformation générale
» de l'Église de Dieu dans le chef et dans les
» les membres. » Et dans la session cinquième, le concile réitère le même décret, et ajoute :
« Quiconque, de quelque condition, état et digni-
» té, même papale, méprisera opiniâtrement

» d'obéir aux mandemens ou ordonnances de
» ce saint concile ; ou de tout autre concile gé-
» néral, sur les choses susdites (c'est-à-dire la foi,
» le schisme et la réformation), soit soumis à
» pénitence, et puni convenablement. »

Ainsi le concile de Constance a établi la maxime, de tout temps enseignée en France, que tout pape est soumis au jugement de tout concile universel, en ce qui regarde la foi, l'extinction d'un schisme et la réformation générale. Ce concile réduisit en pratique la maxime. Jean XXIII, reconnu pour pape légitime par le concile et par la plus grande partie de l'Église, fut accusé et convaincu de plusieurs crimes, jugé et déposé. Il acquiesça à sa condamnation ; et en sa place fut élu Martin V, en 1417, dans le même concile de Constance. Cependant Grégoire XII avait cédé ses prétentions ; et s'était soumis au concile[1]. Benoît XIII, persévérant dans sa contumace, était abandonné de tout le monde. Ainsi on peut compter dès lors le schisme pour fini, quoique Benoît ait vécu jusques en 1424, et que deux cardinaux qu'il avait faits lui eussent substitué un nommé Gilles Mougnos, qu'ils nommèrent Clément VIII. Son obédience était réduite au château de Paniscole en Aragon ; et il se soumit enfin à Martin V en 1429[2], onze ans après la fin du concile de Constance.

[1] Sess. XIV et XVII.
[2] Conc. Dertus., tom. XII, Conc., pag. 406 et seq.

XV. Ce concile ordonna que l'on tiendrait un autre concile général cinq ans après, puis sept ans après; puis de dix ans en dix ans[1]. Martin V en avait convoqué un quand il mourut, en 1431. Eugène IV, son successeur, fut donc obligé de le tenir, et ce fut le concile de Bâle. D'abord on y renouvela les décrets de Constance, touchant la supériorité du concile[2] : et comme le pape voulait dissoudre celui-ci ou du moins le transférer, il y eut des procédures du concile contre le pape, et du pape contre le concile[3] : mais ensuite le pape se rendit. Il adhéra au concile par une bulle solennelle, et révoqua tout ce qu'il avait fait contre le concile, déclarant qu'il avait été légitimement commencé et continué jusques alors. Cette réconciliation se fit le 24 avril 1434. Mais la division recommença bientôt après. L'empereur et le patriarche de Constantinople demandèrent d'être ouïs dans un concile, pour réunir l'Église grecque avec la Latine; et ils demandaient le concile en Italie pour ne pas aller plus loin. Le pape l'indiqua à Ferrare, et y invita les pères de Bâle, qui regardèrent cette translation comme un prétexte de dissoudre le concile. Les Grecs les priaient de venir, et refusaient d'aller à Bâle. Le pape irrité d'ailleurs de quelques décrets de réformation qu'avait faits le concile, particulièrement contre les An-

[1] Cap. *Frequens*, sess. XXXIX.
[2] Conc. Basil., sess. II.
[3] Sess. XVI., 1434.

nates [1], déclara, le 9 d'avril 1438, que le concile se devait tenir à Ferrare [2] où les Grecs s'étaient rendus. Depuis il fut transféré à Florence, et l'union des deux Églises s'y acheva [*]. Une partie des pères de Bâle s'y rendit; mais plusieurs demeurèrent à Bâle, où ils prétendaient toujours être le concile universel, quoique leur nombre et leur autorité diminuât de jour en jour. On ne doit plus compter le concile de Bâle, depuis cette dernière division, c'est-à-dire, depuis la session vingt-cinquième, tenue le 7 de mai 1437. Le prétendu concile de Bâle procéda contre le pape Eugène en toute rigueur, jusques à le déposer, et élire en sa place Amédée, duc de Savoie, sous le nom de Félix V. Ils tinrent encore vingt sessions à Bâle jusques au 16 mai 1442.

XVI. En France, le roi Charles VII, voyant

[1] Conc. Basil., sess. XXI.
[2] Concil. Florent. decr. Eug., tom. XIII, pag. 22.
[*] On lit dans Panorme, *de Conc. Basil.*, lib. III, qu'il était convenu en termes exprès que le concile se tiendrait hors de l'Italie, ou à Bude en Hongrie, ou à Vienne en Autriche, ou en Savoie. « Mais Eugène, dit le père Fabre,
» liv. 167, n. 46, qui ne cherchait qu'à dissoudre le con-
» cile de Bâle, se hâta d'envoyer des ambassadeurs à Cons-
» tantinople, qui étaient chargés de décrier ce concile, et de
» représenter aux Grecs les avantages qu'il y aurait pour eux
» que celui qui devait le remplacer fût convoqué en Italie,
» de sorte que quand ceux de Bâle arrivèrent, il leur fut
» impossible d'empêcher les Grecs de se rendre à Florence. »

cette division du pape et du concile de Bâle, et les deux conciles qui se tenaient en même temps à Bâle et à Florence, assembla les évêques de France à Bourges, en 1438. Ils furent d'avis d'adhérer au concile de Bâle, et reçurent plusieurs décrets de discipline faits à Bâle, qui parurent salutaires, et que le roi autorisa par son ordonnance; et c'est la pragmatique sanction. Toutefois la France reconnut toujours Eugène pour pape légitime, et n'adhéra point au schisme de Félix. Tout le concile de Bâle, sans distinction, était odieux au pape Eugène, et par conséquent la pragmatique qui en était tirée. Les papes suivans la regardèrent de même, et en poursuivirent toujours l'abrogation. Le roi Louis XI l'accorda à Pie II, et en donna des lettres que le cardinal de Balüe porta au parlement : mais le procureur général Jean de Saint-Romain s'y opposa nommément. L'université de Paris se joignit à cette opposition, et cette tentative fut sans effet [1]. Enfin le pape Léon X et le roi François Ier., en 1516, firent le concordat, qui conserve les règlemens les moins importans de la pragmatique, et abolit tout le reste.

XVII. Mais, quoi qu'il en soit du concile de Bâle, le concile de Constance n'a point reçu d'atteinte; et il demeure pour constant que le concile universel tient son autorité, non du pape, mais

---

[1] Gag. lib. X.

immédiatement de Jésus-Christ, et que le pape est soumis au concile aux trois cas qui y sont exprimés. De là vient qu'au concile de Trente, les prélats français refusèrent de déclarer l'autorité du pape dans les termes du décret d'union du concile de Florence, qui porte qu'il a la puissance de gouverner l'Église universelle [1]. Car encore que cette définition ait un bon sens, en ce qu'il n'y a aucune Église particulière qui ne soit soumise au pape; elle en peut avoir un mauvais, en lui soumettant toute l'Église assemblée. C'est pourquoi les docteurs de Paris, en censurant les erreurs de Luther, aimèrent mieux dire que tous les chrétiens sont tenus d'obéir au pape. En 1663, la faculté de théologie de Paris donna au parlement quelques articles que le roi fit publier; entre autres : « Ce » n'est point la doctrine de la faculté que le pape » soit infaillible. » Mais cette proposition est captieuse; car elle dit seulement que la faculté n'a point adopté ce dogme; mais il ne s'ensuit pas qu'elle l'ait rejeté, et qu'elle défende de l'enseigner [2].

Nous ne croyons pas toutefois que le concile doive être regardé comme un tribunal réglé et ordinaire au-dessus du pape; mais comme un remède extraordinaire dans les maux extrêmes et les grandes divisions de l'Église. Nous croyons qu'il

---

[1] Definit. Conc. Florent., tom. XIII, pag. 515.—Voyez ci-dessus, Hist., note IV.
[2] Même note.

est permis d'appeler du pape au futur concile, nonobstant les bulles de Pie II et de Jules II, qui l'ont défendu; mais ces appellations doivent être rares, et pour des causes très-graves*.

XVIII. Quelques politiques ont prétendu décrier cette doctrine de la supériorité du concile, par la comparaison des états généraux. On les mettra, disent-ils, au-dessus du roi, comme le concile au-dessus du pape, en suivant les mêmes

---

*M. Fleury, dans le manuscrit, aussitôt après ces paroles, *très-graves*, avait ajouté celles-ci : *Et pour revenir à ce qui regarde la foi, régulièrement quand le pape a parlé, toute l'Église doit se soumettre.* Ces mots ont été effacés. La présomption, dit M. Emery, est qu'ils l'ont été par M. Fleury lui-même; mais cette présomption perd un peu de sa force, si l'on fait attention que les manuscrits sont demeurés très-long-temps entre les mains de personnes connues comme peu favorables au pape. Ainsi à un fait attesté positivement par le manuscrit original, le commentateur oppose une conjecture fondée sur un soupçon injurieux à des gens qu'il n'aimait pas. Cette conjecture est d'autant plus déplacée de sa part, que les infidélités de ce genre sont journellement reprochées à ceux de son parti, et qu'il passe pour n'avoir pas été étranger à celles dont a été convaincu l'illustre auteur des Histoires de Bossuet et de Fénélon. La véritable cause de la rature, c'est que Fleury ayant dit (page 368), « qu'on n'était pas obligé de se sou-
» mettre *sitôt* que le pape a parlé, » ne pouvait plus dire à la page 366, sans tomber en contradiction avec lui-même, « que quand le pape a parlé, toute l'Église doit se
» soumettre. »

principes* : et ce fut par-là principalement que l'on rendit odieux le docteur Richer, qui avait été zélé pour la ligue, et qui en effet poussait trop loin sa prétendue aristocratie dans l'Église. Mais doit-on décider des matières si importantes par une

* Ces politiques étaient vraisemblablement les cardinaux Duperron et de Richelieu, qui firent ce reproche à Richer. Ce docteur est néanmoins un des auteurs qui ont le plus insisté pour prouver que la puissance royale vient de Dieu aussi-bien que la puissance pontificale. « On impose » à Richer, dit Bossuet, lorsqu'on l'accuse de soutenir que » le concile général est au-dessus du pape de la même ma- » nière que les états généraux sont au-dessus du roi. Ja- » mais de telles idées ne lui sont venues dans l'esprit. Les » flatteurs de la cour de Rome, qui sont en grand nom- » bre, même dans la Sorbonne, ont inventé cette calom- » nie, afin de noircir auprès des rois, non Richer seul, » mais leurs plus fidèles serviteurs, leurs sujets les plus » soumis, et tous ceux en un mot qui prennent le plus à » cœur les droits des souverains contre les entreprises de » la cour de Rome. » (*Defens. Cler. Gall.*; lib. VI, cap. 28.)

D'Aguesseau rend le même témoignage à Richer, « Ses » ouvrages, dit-il, ont été composés dans le même esprit » que ceux d'Almain, pour soutenir la doctrine de l'Église » gallicane, mais avec cette différence que Richer a eu » soin de corriger ce qu'il y avait de mauvais dans les écrits » d'Almain, et qu'il n'a comparé le pouvoir de l'Église par » rapport au pape avec le pouvoir du peuple par rapport » au roi, que dans les royaumes électifs, comme la Polo- » gne, où les princes ne sont élevés sur le trône, que » sous les conditions dont ils sont redevables à la répu- » blique qui les a choisis. » (Tome XIII, page 529.)

Voyez ci-devant, page 358.

comparaison? Où trouve-t-on que l'Église et l'état temporel doivent être réglés par les mêmes maximes? En quel endroit de l'ancien ou du nouveau Testament Dieu nous l'a-t-il révélé? C'est principalement sur ces comparaisons et sur des raisonnemens purement humains, que se fondent les scolastiques modernes, pour établir l'infaillibilité du pape et son pouvoir sur le temporel des rois.

Pour nous, nous nous appuyons sur l'Écriture Sainte, et sur la tradition constante des dix premiers siècles. Nous ne cherchons pas comment Jésus-Christ a dû établir son Église, conformément aux principes de la politique d'Aristote ou de sa métaphysique; mais comment il l'a établie en effet : et comme il ne nous a rien révélé touchant le gouvernement temporel, nous nous en rapportons au droit naturel et aux anciennes lois de chaque nation. Nous croyons que la religion s'accommode avec toutes les formes légitimes de gouvernement; que l'on peut être chrétien à Venise et en Suisse, aussi bien qu'en France et en Espagne ; et que chacun doit demeurer soumis et fidèle au gouvernement sous lequel la providence l'a mis. Les autres souverains défendront chacun ses droits. Pour la France, nous savons que, dès le temps de Charlemagne, les assemblées de la nation, quoique fréquentes et ordinaires, ne se faisaient que pour donner conseil au roi, et que lui seul décidait. Il ne faut donc pas, sur une vaine comparaison, rendre odieux l'usage perpétuel de l'Église, d'assembler des conciles généraux, quand ils sont nécessaires.

XIX. Mais il est encore bien plus étrange que, sur un prétexte si frivole, on empêche la tenue des conciles provinciaux, que les derniers conciles ont ordonnée tous les trois ans au moins[1]; ce qui a été confirmé par les ordonnances de nos rois[2]. Au commencement, on les tenait tous les six mois, parce que ce sont les véritables tribunaux pour toutes les grandes affaires de l'Église; et leur interruption est la principale cause du relâchement de la discipline. Ils furent aussi le principal moyen dont saint Charles se servit pour la rétablir; mais je ne vois pas que depuis lui il s'en soit tenu en Italie. Je ne m'en étonne pas. La cour de Rome n'a pas intérêt que les les évêques exercent leur autorité toute entière, et ses maximes prévalent par toute l'Italie. Mais je m'étonne qu'en France, où on distingue si bien l'autorité spirituelle de la temporelle, et où la temporelle est si absolue, on ait peur de quatre évêques assemblés, principalement depuis que le roi les choisit tels qu'il lui plaît[*].

[1] Conc. Trident., sess. XXIV; de Ref., cap. 2.
[2] Édit de Melun, art. 1. Edit de 1606, art. 6. Déclar. de 1646.
[*] Avant la révolution, on suppléait, en quelque sorte, aux conciles provinciaux par la convocation périodique des assemblées générales du clergé, dont les règlemens avaient

J'ai marqué les bornes de la puissance du pape, en ce qui regarde la foi.

XX. Quant à la discipline, nous croyons que la puissance du pape doit être réglée et exercée suivant les canons, et n'est souveraine qu'en ce qu'il a droit de les faire observer à tous les autres ; car Jésus-Christ a dit : « Les rois des nations les do- » minent, etc. Il n'en sera pas ainsi de vous [1]. » Et saint Pierre : « Conduisez le troupeau de Dieu, » non comme en dominant, etc. [2]. » Donc le gou-

---

force de loi, après qu'ils étaient revêtus des formes convenables. Aujourd'hui que les évêques sont de simples fonctionnaires salariés, ces assemblées, convoquées pour des intérêts temporels, ne peuvent plus avoir lieu. On doit bien penser que le système ombrageux de concentration, dont nous avons hérité de Buonaparte, ne souffrira jamais qu'on les remplace par des assemblées canoniques. On ne veut plus rien de ce qui se ressent du régime légal, pas même les officialités. Évêques, curés, grands-vicaires, tout marche sous la direction immédiate du ministérialisme. Il en résulte une complète anarchie dans le corps qui aurait le plus besoin d'une organisation régulière. Les arrêts du conseil, tout laïque, tiennent lieu de canons, et les évêques y trouvent leur compte. La destitution des pasteurs du second ordre est livrée à l'arbitraire, sans pouvoir recourir à aucun tribunal pour obtenir justice. Le clergé est condamné à ne se recruter que dans les dernières classes de la société. L'éducation ecclésiastique est absolument en opposition avec les maximes gallicanes. Tout tend à une dislocation inévitable.

[1] Luc, XXII, 25.
[2] I. Pet., 3.

vernement de l'Église n'est pas un empire despotique, mais une conduite paternelle et charitable, où l'autorité du chef ne paraît point, tant que les inférieurs font leur devoir; mais elle éclate pour les y faire rentrer, et s'élève au-dessus de tout* pour maintenir les règles. Il doit dominer sur les vices, non sur les personnes. Ce sont les maximes du pape saint Grégoire [1].

Ainsi nous ne reconnaissons pour droit canonique que les canons reçus par toute l'Église, ou les anciens usages de l'Église gallicane conservés à la face de toute l'Église, de temps immémorial, et par conséquent autorisés par un consentement au moins tacite. Nous ne croyons pas que la seule volonté du pape fasse ou abolisse les lois de l'E-

---

* Cette maxime, qui est ici restreinte au cas où il s'agit de maintenir l'observation des canons, M. Émery l'applique, dans sa préface, à ce qui s'est passé en France lors du concordat de 1801, où, de son aveu, ils ont été ouvertement violés. L'application n'est pas heureuse. La mesure employée à cette époque ne peut être justifiée que par l'absolue nécessité, « pour mettre fin à un schisme dé» plorable, et pour ramener au centre de l'unité catho» lique une grande nation, » comme le disait Pie VII dans sa lettre du 25 mars 1813. Ce fait est unique dans l'histoire; il déconcerte toutes les idées reçues sur la constitution de l'Église, et ne peut être justifié par aucune règle canonique. Il faut nécessairement recourir à la maxime, *Salus populi suprema lex esto.*

[1] Greg. Pastor., part. II, c. 9. Epist., lib. I, ep. 25; lib. II, ep. 52; lib. IX, ep. 54. *Edit. Bened.*

glise, ni qu'elle soit obligée en conscience d'obéir sitôt qu'il y a une bulle plombée et affichée au Champ de Flore. Les anciennes décrétales des papes se faisaient dans des conciles nombreux des évêques d'Italie : encore n'étaient-elles reçues dans les provinces qu'après qu'elles avaient été reconnues conformes à l'ancienne discipline. Depuis ils prenaient l'avis au moins de leur clergé, c'est-à-dire des cardinaux. A présent ils ne croient plus y être astreints : ils se contentent de se faire instruire par des moines ou d'autres particuliers, qu'ils choisissent tels qu'il leur plaît : encore le plus souvent met-on la clause *motu proprio*, de peur qu'il ne semble que le pape ait pris l'avis de quelqu'un *.

Donc les nouvelles constitutions des papes, c'està-dire la plupart de celles qui sont depuis quatre cents ans, ne nous obligent qu'autant que notre

---

* M. Émery dit, dans sa préface, que cette réflexion sur le *proprio motu*, aurait pu mériter au Discours d'être mis à l'*index*, parce que les papes, dans leurs décisions, ne jugent qu'après qu'elles ont été délibérées dans des congrégations, de sorte que cette clause est seulement pour faire entendre que c'est de leur plein gré, sans aucune violence ou considération humaine qu'ils ont rendu leur jugement. Il est bien vrai qu'anciennement les bulles étaient publiées *ex fratrum unanimi consensu*. Mais, depuis que les papes ont restreint les congrégations à un certain nombre de cardinaux choisis arbitrairement, dont ils se dispensent même de requérir le consentement, ils ne parlent plus dans leurs bulles que de l'examen fait en présence de quelques-uns d'entre eux, convoqués pour en recevoir la communication

usage les a approuvées. Nous ne craignons point les censures de la bulle *In cœnâ Domini*. Les bulles qui sont apportées en France de nouveau, ne peuvent y être publiées ni exécutées qu'en vertu de lettres patentes du roi, après avoir été examinées au parlement, excepté les provisions de bénéfices et les autres bulles de style ordinaire. Il n'y a que trois ou quatre des règles de la chancellerie de Rome, que nous suivions en matière bénéficiale. Nous n'avons point reçu le tribunal de l'inquisition, établi en d'autres pays, pour connaître des crimes d'hérésie et des autres semblables [1]. Nous sommes demeurés à cet égard dans le droit commun, qui en laisse la connaissance aux ordinaires; et nous ne déférons pas à la prétention de l'inquisition particulière de Rome, qui veut que

---

coram aliquibus. Ainsi, soit que le pape ait pris l'avis des cardinaux, soit qu'il ait fait discuter la matière de la bulle, dans des congrégations, toute la décision se réduit, en dernière analyse, à son propre jugement, ce qui justifie pleinement le sens donné par Fleury à la clause *proprio motu*. Cette clause est très-nouvelle. Elle a toujours suffi pour faire rejeter en France les décrets où elle est insérée, à moins de quelques circonstances particulières, qui portent à n'y pas faire attention. Voyez le requisitoire de d'Aguesseau, sur le livre des *Maximes des Saints*. Le rédacteur des *Mémoires du Clergé* observe qu'elle suppose que le pape est en droit d'exercer une juridiction immédiate et ordinaire dans les lieux où ses bulles sont reçues et exécutées. (Tom. V, page 1015.)

[1] Institut. au Droit ecclés., IIIe. part., ch. 9, 10.

son pouvoir s'étende par toute la chrétienté. Nous reconnaissons aussi peu la juridiction des congrégations de cardinaux, établies depuis environ cent ans pour juger de différentes matières ecclésiastiques, comme la congrégation du saint-office ou de l'inquisition, celle de l'indice des livres défendus, celle du concile, c'est-à-dire de l'interprétation du concile de Trente; celle des évêques et des réguliers; celle de la propagande, c'est-à-dire de la propagation de la foi; celle des rites; celle de l'immunité ecclésiastique, qui soutient les asiles des églises et les priviléges des clercs. Nous honorons les décrets de ces congrégations, comme des consultations de docteurs graves; mais nous n'y reconnaissons aucune autorité sur la France. Ainsi nous lisons sans scrupule tous les livres qui ne sont point d'auteurs manifestement notés comme des hérésiarques, ou nommément défendus par l'évêque diocésain.

Le nonce du pape n'a aucune juridiction en France. Il y est regardé simplement comme ambassadeur d'un prince étranger : et quand quelque nonce a voulu s'attribuer un territoire, des archives, ou quelques autres marques d'autorité, le parlement s'y est opposé [1]. Le légat *a latere* a juridiction : mais de peur qu'il n'en abuse, on observe plusieurs formalités. Le pape ne peut en envoyer en France qu'à la prière du roi, au moins

---

[1] Journal de Saint-Amour, Ire. part., ch. 1.

de son consentement. Étant arrivé, il promet avec serment et par écrit, de n'user de ses facultés qu'autant qu'il plaira au roi, et conformément à nos usages *. Ses bulles sont examinées au parlement pour recevoir les modifications nécessaires. Il ne peut subdéléguer personne pour l'exercice de sa légation, sans le consentement exprès du roi. Quand il sort, il laisse en France les registres et les sceaux de sa légation. Les deniers provenant de ses expéditions sont employés en œuvres pies. Le facultés du vice-légat d'Avignon sont sujettes aux mêmes restrictions, quand elles s'étendent sur les terres de l'obéissance du roi.

Outre les défenses générales d'obéir aux ordres du pape pour sortir du royaume, il y en a de particulières pour ce qui concerne la juridiction. Les citations qu'il pourrait décerner contre les Français, pour venir comparaître à Rome, seraient réputées abusives. Il n'a point de prévention sur les juges ordinaires en première instance : il ne peut évoquer les causes à Rome [1] : à la distance de quatre journées de Rome, toutes les causes doivent être traitées et terminées sur les lieux. [2]. On ne

---

* Par le serment d'usage qu'on avait exigé du cardinal Caprara, il s'était engagé à ne point déroger, durant sa légation, aux libertés et franchises de l'Église gallicane, *libertatibus et privilegiis Ecclesiæ gallicanæ.* Cette clause fut supprimée dans la publication officielle de ce serment faite à Rome.

[1] Concord., tit. 26, 27, etc.
[2] Voyez Inst. au Droit ecclés., IIIe. part., cap. 17.

peut appeler au pape *omisso medio*[1]. Les appellations relévées en cour de Rome doivent par un rescrit délégatoire être commises *in partibus*, jusques à fin de cause inclusivement : c'est le droit du concordat. Le concile de Trente y est conforme, et ajoute les qualités de ceux à qui le pape doit adresser les rescrits délégatoires[2]. Ce doivent être les ordinaires des lieux, ou ceux qui auront été désignés en chaque diocèse pour recevoir ces commissions. Le choix s'en doit faire par le concile de la province, ou par le synode diocésain. Il doit y en avoir quatre au moins constitués en dignité ecclésiastique, ou chanoines de cathédrales[3]. Mais entre les personnes capables, on accorde toujours à Rome ceux que demande la partie qui s'y pourvoit la première. C'est ainsi que l'on a restreint les entreprises de la cour de Rome touchant la juridiction contentieuse.

XXI. Il n'en est pas de même de la juridiction volontaire, qui consiste aux provisions de bénéfices, aux dispenses et aux priviléges. Les intérêts particuliers ont prévalu en ces matières; et il n'y a point de partie de la discipline où l'on se soit plus éloigné des anciennes règles, même en France. Premièrement, quant aux évêchés, depuis plusieurs

---

[1] Inst. au Droit ecclés., IIIe. part., cap 23.
[2] Sess. XIII; de Ref., cap. 1; XXIV, cap. 20.
[3] Sess. XXV, de Ref., cap. 10. Inst. au Droit ecclésiast., IIIe. part., ch. 3.

siècles le pape seul est en possession d'en ériger de nouveaux ou de nouvelles métropoles, ou de les supprimer; de transférer les évêques, ou de leur donner des coadjuteurs [1]. Tout cela se faisait autrefois par le concile de la province *. Le pape seul, depuis le concordat, a la provision des évêques sur la nomination du roi : auparavant il ne fallait que la confirmation du métropolitain sur l'élection du chapitre, ou la confirmation du pape, s'il s'agissait de remplir une métropole. Les indults particuliers pour les évêchés des pays conquis depuis le concordat, sont de pures grâces du pape [2]. Il pourvoit de même aux abbayes d'hommes sur la nomination du roi; et pour obtenir ces nomi-

---

[1] Inst. au Dr. ecclés., Ire. part., ch. 15.

* Saint Athanase établit, de sa propre autorité, Frumentius évêque en Éthiopie. Saint Basile érigea l'évêché de Sasimes, saint Augustin celui de Fussales, avec le seul consentement du primat de Numidie. Les conciles de Constantinople et de Chalcédoine donnèrent à l'évêque de la première de ces villes le droit d'en établir chez les peuples barbares. Le roi Childebert, ayant voulu que Melun fût une ville épiscopale, ne s'adressa qu'à l'archevêque de Reims. Les rois Théodoric et Théodebert s'étant plaints au pape saint Grégoire de ce qu'il avait autorisé saint Augustin, son légat en Angleterre, pour y établir des siéges épiscopaux, il leur répondit qu'il n'en avait agi ainsi que parce que les évêques de France, voisins de cette île, avaient négligé de le faire. Tous ces faits, et plusieurs autres, prouvent qu'on ne regardait pas alors ce droit comme une des prérogatives du saint siége.

[2] Inst. au Dr. ecclés., Ire. part., ch. 15.

nations, on a consenti qu'il prît les annates, défendues par le concile de Bâle et la pragmatique. Suivant le concordat, il ne devrait y avoir que des abbés réguliers. Les commendes sont des grâces que le pape donne par-dessus sans y être obligé [1]; et encore plus éloignées de l'ancienne règle, suivant laquelle les moines devaient élire leur abbé pour le présenter à l'évêque, de qui il recevait la juridiction. Quant aux abbayes des filles, elles ne sont point comprises non plus dans le concordat. Le pape n'y pourvoit qu'en supposant toujours l'élection des religieuses; et ne fait mention de la nomination du roi, que comme d'une simple recommandation. Suivant l'ancien droit, c'était l'évêque qui donnait le titre à l'abesse, sur l'élection des religieuses.

C'est encore contre l'ancien droit, et suivant les nouvelles prétentions de la cour de Rome, que nous avons reçu la prévention du pape sur les ordinaires en la collation des moindres bénéfices. Ce droit ne s'est établi que par l'usage, et ne peut avoir été introduit sur autre fondement, que sur cette juridiction immédiate par toute l'Église, que les nouveaux canonistes attribuent au pape [2]. Dans les pays que l'on appelle d'obédience, c'est-à-dire en Provence et en Bretagne, on observe les règles de la chancellerie de Rome, suivant lesquelles le

---

[1] Inst. au Dr. ecclés., IIe. part., ch. 26.
[2] *Ibid.*, ch. 15.

pape se réserve la disposition des bénéfices pendant huit mois de l'année, et n'en laisse que quatre aux ordinaires, et deux de plus en faveur de la résidence. Ainsi les évêques confèrent pendant six mois alternativement avec le pape. Cette différence vient de ce que ces pays n'ont été réunis à la couronne que depuis la pragmatique, qui était le fondement du concordat, pour abolir ces réserves. Les autres réserves de bénéfices avant la vacance, et les expectatives, ont été abolies par le concile de Trente. Ainsi tout ce qu'en disent ceux qui traitent de nos libertés n'est plus d'usage. Il y a une réserve qui a été conservée, et c'est celle des bénéfices qui vaquent au lieu où réside la cour de Rome; et une expectative qui vient de concession du pape, savoir, l'indult des officiers du parlement. Toutes les autres provisions de bénéfices que l'on prend à Rome, viennent du même principe de l'opinion de la puissance sans bornes pour dispenser des canons et disposer des biens ecclésiastiques. C'est le fondement des résignations en faveur, des constitutions de pensions, de la pluralité des bénéfices [1]; et pour agir conséquemment et suivre jusques au bout notre principe, il ne faudrait point demander au pape ces sortes de grâces.

Il ne faudrait point non plus demander tant de dispenses; soit pour des mariages entre parens;

---

[1] Inst. au Dr. ecclés., IIe. part., ch. 20, 25, 28.

soit pour restitution contre des vœux, pour réhabilitation contre les censures et les irrégularités; et tant d'autres semblables grâces, dont une partie sont devenues comme nécessaires par la coutume établie depuis long-temps de recourir à Rome, toutes les fois que l'on veut obtenir quelque chose contre les règles.

Ce n'est pas que nous ne reconnaissions dans le pape le pouvoir de dispenser. Les conciles, et entre autres celui de Trente, le lui accordent nommément en plusieurs cas. Mais il ne s'ensuit pas que les dispenses doivent être prodiguées, en sorte que les exceptions soient plus fréquentes que les règles. La dispense est légitime dans les cas que la loi même aurait exceptés si elle avait pu les prévoir[1], et où l'observation de la règle causerait un plus grand mal. Celui qui accorde la dispense charge donc sa conscience, s'il l'accorde pour favoriser un particulier contre l'intérêt général de l'Église; et le particulier se charge aussi, s'il la demande sans cause légitime, et encore plus s'il expose faux pour l'obtenir[*].

---

[1] Inst. au Dr. ecclés., Ire. part., ch. 2.

[*] Originairement chaque évêque donnait les dispenses dans son diocèse, en vertu de l'autorité qu'il tient de Jésus-Christ pour gouverner son troupeau. L'auteur des Conférences de Paris fixe l'époque des réserves au pape pour les dispenses, au concile de Latran, en 1215, parce qu'il paraît que ce fut alors que les papes se mirent en possession d'accorder seuls presque toutes les dispenses (*sur*

Les priviléges des réguliers sont du genre des dispenses ; et il faut croire que les évêques et les papes qui leur en ont accordé les premiers, ont jugé qu'ils seraient utiles à l'Église universelle par le service que lui rendaient les réguliers. Ces priviléges sont de deux sortes, l'exemption de la juridiction des ordinaires, et le pouvoir d'exercer partout les fonctions ecclésiastiques [1]. L'un et l'autre supposent la juridiction souveraine et immédiate du pape par toute l'Église ; en sorte qu'il ait droit de se réserver partout une partie du troupeau pour la tirer de la conduite naturelle de l'évêque, et la gouverner par lui-même ; et qu'il ait droit aussi d'envoyer par tous les diocèses tels ouvriers qu'il lui plaît, pour prêcher ou administrer les sacremens.

Tels sont les religieux mendians et les clercs réguliers qui participent à leurs priviléges. Ils ne reconnaissent pour supérieur que le pape, et prétendent tenir de lui tous leurs pouvoirs : et autrefois ils prêchaient, faisaient toutes fonctions,

---

le *Mariage*, tome III, liv. V, conf. 1). Quelques évêques envoyaient à Rome, afin de les rendre plus rares, à cause des longueurs et des frais qu'elles entraînaient ; ensuite les papes se mirent sur le pied de les accorder sans mesure. Plusieurs évêques demandèrent au concile de Trente de les rendre aux ordinaires, comme étant plus à portée de connaître la vérité des faits pour lesquels elles étaient demandées.

[1] Inst. au Dr. ecclés., Ire. part., ch. 52.

sans permission des évêques. Le concile de Trente a réprimé ces excès; et, suivant la discipline de ce concile, aucun régulier ne peut prêcher sans la permission expresse de l'évêque, qui peut lui imposer silence, même dans les maisons de son ordre, quand il le juge à propos [1]. Aucun régulier ne peut ouïr les confessions sans approbation de l'évêque, qui a droit de l'examiner auparavant, et de limiter son approbation [2]. Tous les réguliers ayant charges d'âmes, comme plusieurs chanoines réguliers, sont entièrement soumis à l'évêque en tout ce qui regarde les fonctions pastorales [3]. Tous les réguliers sont tenus de se conformer à l'usage des diocèses où ils se trouvent, quant à l'observation des fêtes, les processions et les autres cérémonies publiques. On ne peut établir de nouveau un monastère ou une communauté sans le consentement de l'évêque. Les restrictions que le concile de Trente a apportées aux pouvoirs des réguliers, ont été autorisées en France par les ordonnances et les arrêts [4].

XXII. Cependant, ces grands corps de tant de différens réguliers, ne laissent pas de faire dans l'Église comme une hiérarchie à part, distincte de l'ancienne hiérarchie des évêques et des prê-

---

[1] Sess. V, de Ref., cap. 2. Sess. XXIV, cap. 4.
[2] Sess. XXIII, cap. 15.
[3] Sess. XXV, cap. 11. Édit de 1606, art. 1.
[4] Mém. du Clergé, part. Ire., tit. 2, ch. 8.

tres séculiers, et continuellement attentive à conserver et étendre ses priviléges. Il ne faut donc pas s'étonner qu'ils aient été les plus zélés à défendre les prétentions de la cour de Rome, s'ils n'en ont été les auteurs. Car ceux qui ont poussé le plus loin les opinions modernes de la puissance directe ou indirecte sur le temporel, et du pouvoir absolu du pape sur toute l'Église, ont été la plupart réguliers. Saint Thomas a incliné vers ces opinions, et il est bien difficile de l'en justifier. Turrecremata, qui du temps d'Eugène IV soutint la supériorité du pape sur le concile, était Dominicain. Caïetan l'était aussi, lui qui, sous Jules II, commença à soutenir l'infaillibilité. Le père Lainez, second général des jésuites, soutint au concile de Trente que les évêques ne tenaient leur juridiction que du pape, et que lui seul la tenait immédiatement de Dieu[1]. Bellarmin, Suarez et une infinité d'autres de la même compagnie, ont soutenu la puissance indirecte sur le temporel, et l'infaillibilité, qu'ils auraient fait passer pour un article de foi s'ils avaient osé. De là vient que ces opinions ont pris le dessus en Italie, en Espagne et en Allemagne, où les réguliers dominent. En France on ne trouvera guère de réguliers qui ne soient persuadés de l'infaillibilité; et non-seulement les religieux, mais les communautés de prêtres, quoique sans priviléges, et soumis aux évêques, inclinent

---

[1] Pallavic., lib. XVIII, cap. 15.

de ce côté, comme plus conforme à la piété. Les réguliers qui ont conservé presque seuls la tradition des pratiques de dévotion, y ont joint leurs opinions, et les ont fait passer par leurs écrits, par leurs conversations, dans la direction des consciences. La doctrine ancienne est demeurée à des docteurs souvent moins pieux et moins exemplaires en leurs mœurs, que ceux qui enseignent la nouvelle. Quelquefois même ceux qui ont résisté aux nouveautés, ont été des jurisconsultes ou des politiques profanes et libertins, qui ont outré les vérités qu'ils soutenoient, et les ont rendues odieuses. C'est une merveille que l'ancienne et saine doctrine se soit conservée au milieu de tant d'obstacles. La merveille est d'autant plus grande, que ce sont principalement les docteurs des Universités qui ont résisté aux entreprises de la cour de Rome, quoiqu'ils eussent, ce semble, le même intérêt que les réguliers à la soutenir : car les Universités ne sont fondées que sur les priviléges des papes [1], quant à ce qui regarde le spirituel, c'est-à-dire, le droit d'enseigner, en tant qu'il a rapport à la religion. Elles sont fondées avec exemption de la juridiction des évêques, et elles donnent au moindre maître ès-arts pouvoir d'enseigner par toute la terre. Cependant, il semble que l'Université de Paris ait oublié depuis long-temps cette relation particulière avec le saint siége; comme la juridiction des

---

[1] Instit., Ire. part., ch. 20.

conservateurs apostoliques, qui n'a plus aucun exercice.

XXIII. Mais il faut dire la vérité : ce ne sont pas seulement les étrangers et les partisans de la cour de Rome qui ont affaibli la vigueur de l'ancienne discipline, et diminué nos libertés : les Français, les gens du roi, ceux-là même qui ont fait sonner le plus haut ce nom de libertés, y ont donné de rudes atteintes en poussant les droits du roi jusqu'à l'excès*; en quoi l'injustice de Dumoulin est insupportable. Quand il s'agit de censurer le pape, il ne parle que des anciens canons; quand il est question des droits du roi, aucun usage n'est nouveau ni abusif; et lui, et les jurisconsultes qui ont suivi ses maximes, inclinaient à celles des hérétiques modernes, et auraient volontiers soumis la puissance même spirituelle de l'Église, à la temporelle du prince. Cependant ces droits exorbitans du roi et des juges laïques ses officiers, ont été un des motifs qui ont empêché la réception du concile de Trente.

* Dumoulin s'attira la haine des calvinistes, pour les avoir représentés comme des séditieux, celle des ultramontains par sa consultation contre les petites dates, et le ressentiment des catholiques par le ton satirique et passionné de ses écrits. Ce fut Claude d'Espence, son oncle, qui le ramena à la religion de ses pères, et il mourut dans de grands sentimens de piété. Les officiers du roi, en exagérant les droits de la prérogative royale, ont pu contribuer

J'ai déjà parlé de la provision des évêchés accordée au pape par le concordat; d'où il est aisé de juger quel est de la part du roi le droit d'y nommer; et combien il est contraire, non-seulement à l'ancien droit, suivant lequel l'élection se faisait par tout le clergé du consentement du peuple, mais même au droit nouveau que la pragmatique avait voulu conserver, qui donnait l'élection aux chapitres. La nomination du roi n'a donc d'autre fondement légitime que la concession du pape, autorisée du consentement tacite de toute l'Église; encore n'y a-t-il pas soixante ans que le clergé de France a déclaré qu'il ne prétendait point approuver le concordat[1]. Je sais bien que les rois ont toujours eu grande part à la provision des évêques, et que les élections ne se faisaient que de leur consentement, comme les premiers du peuple; mais cela est bien différent de les nommer seuls, et sans être astreints à prendre conseil de personne. Sous l'empire romain les élections se faisaient ordinairement sans la participation du prince ou du magistrat[*].

à empêcher la publication du concile de Trente; mais le plus grand obstacle est venu de plusieurs des décrets de ce concile, qui sont évidemment contraires à nos maximes.

[1] Mém. du Clergé, édit. de 1675; tome II, page 248; 27 mars 1636.

[*] « Je crois, dit Duguet, qu'il est plus utile à un prince
» chrétien de s'instruire des obligations que lui impose la
» divine Providence, qui le charge d'un poids si formi-

Pendant les dix premiers siècles de l'Église, il est inouï qu'aucun empereur ou aucun roi chrétien se soit attribué les revenus d'une Église vacante, beaucoup moins la disposition des prébendes et des offices ecclésiastiques[1]. On réservait tout au successeur, et les vacances n'étaient pas longues. Aussi, quelque ancienne et quelque légitime que soit la régale, on n'en trouve aucune preuve solide que sous la troisième race de nos rois; et la première pièce rapportée dans les Preuves de nos Libertés, est de l'an 1147[2]. Le parlement de Paris, qui se prétend si zélé pour

» dable, que de se persuader qu'il n'y a rien que de juste
» et de légitime dans cette suite d'événemens qui ont rendu
» le roi seul arbitre du choix des évêques, et qui le char-
» gent seul de toutes les suites qu'un mauvais choix peut
» avoir. » (*Instit. d'un prince*, tom. IV, ch. 4.) L'ambassadeur de saint Louis, ayant apporté de Rome un bref qui l'autorisait à nommer aux prélatures, ce prince le jeta au feu en disant : « Je ne pourrais accepter un pareil privilége » sans exposer mon salut et celui de mon royaume. » Fénelon déplorait les suites des nominations royales, en ce qu'elles exposaient le choix des sujets à l'ambition, à la cupidité et aux intrigues des courtisans. (*De sum. Pontif. auctorit.*, cap. 40.) C'est de la prérogative royale pour la nomination des évêques, et de celle du pape pour l'institution, que sont venus la longue vacance des siéges, les translations et l'asservissement des évêques à la cour des princes et à celle de Rome.

[1] Instit., Ire. part., ch. 16.
[2] Preuv. des Lib., ch. 16.

nos libertés, a étendu ce droit à l'infini[1], sur des maximes qu'il est aussi facile de nier que d'avancer. Il suffit que le bénéfice ait vaqué de fait ou de droit, parce que la régale n'admet point de fiction. Le roi confère en régale au préjudice du patron ecclésiastique; il admet des résignations en faveur, il n'est point sujet à la prévention du pape[2]. En un mot, quoiqu'il n'exerce que le droit de l'évêque, il l'exerce bien plus librement que ne ferait l'évêque même; et il a en ce point toute la puissance que le droit le plus nouveau attribue au pape. Tout cela, parce, dit-on, que le roi n'a point de supérieur dans son royaume : comme si le droit de conférer des bénéfices était purement temporel.

Le roi pourvoit encore à une prébende de chaque cathédrale en deux cas : à son avénement à la couronne, et lorsqu'un évêque lui fait serment de fidélité[3]. Qu'a de commun tout cela avec les anciens canons? Il pourvoit aux bénéfices de fondation royale. Tous les patrons laïques ont droit de pourvoir aux bénéfices de leur fondation[4]; mais à leur égard ce n'est qu'une simple nomination, sur laquelle l'évêque examine le clerc présenté, et lui confère le bénéfice, s'il l'en trouve capable. Le roi confère de plein droit, comme pourrait faire

[1] Instit., IIe. part., ch. 18.
[2] Louet et Brod., R. 47.
[3] Instit., IIe. part., ch. 48.
[4] *Ibid.*, ch. 16.

l'évêque; et personne n'examine après lui. Avant la dernière déclaration sur la régale, il conférait ainsi même des bénéfices à charge d'âmes.

Le droit de patronage en général, quoiqu'il soit ancien et universel dans toute l'Église latine, n'est pas de la pureté de la première discipline. Il vaudrait mieux que les évêques fussent plus libres dans la collation des bénéfices, particulièrement des cures, et que l'Église eût moins de revenus temporels: car le droit de patronage ne vient que de la fondation ou de la dotation des églises; et il devrait plutôt être restreint à l'égard de patrons laïques que des ecclésiastiques. Cependant c'est tout le contraire; le patron laïque peut varier ou accumuler deux présentations. En France, il n'est point sujet à la prévention du pape, et l'évêque ne peut admettre de permutation à son préjudice, parce, dit-on, que ce serait diminuer indirectement la seigneurie temporelle à laquelle ce droit spirituel est annexé.

XXIV. Les évêques ont encore les mains souvent liés par le droit des Gradués ou des Indultaires introduit dans les derniers temps[1]; celui des Gradués par le concile de Bâle[2] depuis sa division; celui des Indultaires par des grâces particulières des papes. Le concile de Trente a aboli

[1] Instit., IIe. part., ch. 17, 18.
[2] Sess. XXXI, decr. 3.

l'un et l'autre[1], mais il semble avoir rétabli celui des Gradués[2]; et ce qu'il a ordonné contre ces droits, est un des griefs de la France contre ce concile.

Il est difficile encore d'accorder avec l'ancienne discipline, les levées de deniers sur les ecclésiastiques, qui sont devenues ordinaires depuis plus d'un siècle[3]. Je sais que du commencement les biens des églises payaient tribut comme les autres; mais du moins ils n'en payaient pas de particuliers comme ecclésiastiques; et depuis cinq cents ans au moins il a passé pour maxime constante en France, comme ailleurs, que les personnes et les biens consacrés à Dieu devaient être exempts de toutes charges[4]. Il y en a une disposition expresse du quatrième concile de Latran, qui défend au clergé de faire aucune contribution, même volontaire, sans consulter le pape[5]. Ce concile est reçu en France autant qu'aucun autre, et c'est le principal fondement de la discipline présente en tout le reste. Par quelle autorité a-t-on pu s'en dispenser? On dit que l'Église est trop riche; mais ce n'est qu'entre les mains de certains bénéficiers, qui jouissent d'un grand revenu sans la servir;

[1] Sess. XXIV, cap. 19.
[2] Sess. XXV, cap. 9.
[3] Mém. des affaires du Clergé, à la fin de l'*Institution*.
[4] Cap. Non minus, IV, *de Immun. eccles.*, tit. XLIX, lib. III.
[5] Cap. Adversus, VII, *de Immun. eccles.*, ubi suprà.

Cependant la plupart de ceux qui font le service réel, sont des prêtres sans bénéfice, et des religieux mendians qui ne vivent que de rétributions et d'aumônes journalières fournies par le peuple. Il en est de même de la plupart des hôpitaux. Il n'y aurait donc qu'à faire un nouveau partage des revenus ecclésiastiques, ou mieux choisir ceux à qui on les doit confier.

C'est encore une coutume particulière à la France [1], que les parens des évêques et de tous les ecclésiastiques leur succèdent *ab intestat* sans distinction des biens profanes ou ecclésiastiques. Cependant l'ancienne discipline donnait à l'Église les biens dont un clerc se trouvait en possession à sa mort, excepté ce qui était évidemment du patrimoine de sa famille ou des libéralités faites à sa personne [2]. Je sais que cet usage de France s'est établi en haine du droit de dépouille que les papes ont introduit et levé avec grande rigueur depuis le schisme d'Avignon, et qu'ils continuent d'exercer en Italie et en Espagne : mais doit-on réprimer un abus par un autre ? Suivant l'ancien droit [3], les monastères étaient capables de recevoir les successions échues aux moines, comme

---

[1] Instit. au Droit ecclés., IIe. part., ch. 24. Preuv. des Libertés, ch. 22, n. 8. Cout. de Paris, art. 336.

[2] Decr., part. II, caus. XII, quæst. III, IV, V; ex Conc. Carth. III, Tolet. IX, etc.

[3] Nov. V, cap. 4. Nov. CXXIII, cap. 38. Reg. S. Ben. cap. 58.

ils sont capables de contracter et de plaider. Notre usage y est contraire[1]; et, quoiqu'il soit fondé sur de bonnes raisons, il ne semble pas favorable à la liberté de l'Église.

Mais la grande servitude de l'Église gallicane, s'il est permis de parler ainsi, c'est l'étendue excessive de la juridiction séculière. Ce n'est plus le juge ecclésiastique qui connaît de la séparation d'habitation entre les mariés, quoique rien ne soit plus essentiel au lien du mariage[2]; c'est le juge laïque, sous prétexte[*] que cette séparation emporte toujours celle des biens. Toutes les matières bénéficiales se traitent devant le juge laïque, sous prétexte du possessoire; et le possessoire étant jugé, quoique l'ordonnance dise expressément que pour le pétitoire on se pourvoira devant le

---

[1] Coutume de Paris, art. 337.

[2] Instit., IIIe. part., ch. 1, 5.

[*] Depuis qu'on a mieux approfondi la nature du mariage, on s'est convaincu que la validité de ce contrat dépend des formes établies par l'autorité souveraine, et par conséquent que tout ce qui a rapport au lien conjugal est du ressort du magistrat, de sorte que c'est à lui de prononcer sur les demandes en séparation. L'Église ne possédait là-dessus qu'un droit précaire, que celui qui le lui avait accordé, ou le lui avait laissé exercer, a pu reprendre, sans pour cela la réduire en *servitude*. L'Église, réduite à sa juridiction purement spirituelle, n'a là-dessus que des cas de conscience à résoudre, que des conseils à donner, que des peines canoniques à infliger.

juge ecclésiastique, les gens du roi ne le permettent pas. Ainsi on ôte aux évêques la connaissance de ce qui leur importe le plus, le choix des officiers dignes de servir l'Église sous eux, et la fidèle administration de son revenu; et ils ont souvent la douleur de voir, sans le pouvoir empêcher, un prêtre incapable et indigne se mettre en posession d'une cure considérable, parce qu'il est plus habile plaideur qu'un autre, ce qui devrait l'en exclure.

Sous le même prétexte du possessoire, les juges laïques se sont attribué la connaissance des dîmes, non-seulement inféodées, mais ecclésiastiques. Par la connexité, ils jugent aussi les portions congrues des curés.

Il restait les causes personnelles entre les clercs, qui étaient de la compétence du juge ecclésiastique, même suivant les ordonnances: mais on les a encore attirées devant le tribunal séculier, souvent sous prétexte de quelque peu d'action réelle ou hypothécaire; souvent aussi du consentement des clercs, qui aiment mieux plaider au tribunal le plus fréquenté, où ils sont moins connus, et dont les jugemens ont exécution parée. Le plus grand mal est qu'il ne dépend plus des évêques d'empêcher leurs clercs de plaider.

En matière criminelle[1] les entreprises des juges laïques ont à peu près rappelé, sans y penser, le

---

[1] Instit., IIIe. part., ch. 14.

droit des premiers siècles* : car nous ne voyons point avant neuf cents ans, que les clercs criminels fussent à couvert des lois et des magistrats. Depuis, l'Église se mit en possession, du consentement des princes, d'en connaître seule, et de ne les abandonner au bras séculier qu'après les avoir jugés et déposés ou dégradés. Cette possession a duré pendant cinq ou six siècles, et par conséquent c'était un droit légitimement acquis. Depuis environ trois cents ans les juges laïques ont introduit la distinction des cas privilégiés, c'est-à-dire des crimes plus atroces dont ils pouvaient prendre connaissance nonobstant ce privilége clérical, qui avait passé en droit commun. Ils ont étendu les cas privilégiés à tout ce qui est sujet à peine afflictive. Quoique le juge ecclésiastique ait droit d'instruire le procès conjointement, ils ne croient pas être obligés à l'appeler; et encore moins à attendre la dégradation pour exécuter leurs jugemens.

Quant aux jugemens des évêques [1], les plus célèbres dans les anciens canons, ils sont devenus si rares, qu'il est difficile de dire quelle règle on

---

* Peut-on traiter d'*entreprise* le retour au droit commun, au *droit des premiers siècles*, la reprise d'un droit concédé précairement ? Il n'y a point de prescription contre le domaine public. Voyez ce que dit Fleury, ci-devant, § IX, que tous ces droits dont il parle n'étaient « fondés » que sur les concessions expresses ou tacites des princes. »

[1] Instit., IIIe part., ch. 17.

y doit suivre. Selon le concile de Trente [1], les causes majeures où il échet déposition, ne peuvent être instruites que par des commissaires du pape, ni jugées que par lui-même. Mais, outre que le concile n'est point reçu en France, le clergé protesta dès lors contre ce décret; et l'assemblée de 1650 fit signifier au nonce une protestation contre le bref donné par Urbain VIII, en 1632, pour faire le procès à l'évêque de Léon [*]. En 1654, le parlement de Paris accepta une commission du grand sceau pour faire le procès au cardinal de

---

[1] Sess. XIII, cap. 6, 7, 8.

[*] René de Rieux, évêque de Saint-Pol de Léon, ayant été accusé d'avoir pris part aux troubles occasionés par la retraite hors du royaume de la reine-mère, Marie de Médicis, et de Monsieur, frère de Louis XIII, d'être lui-même sorti du royaume, et d'avoir demeuré dans les Pays-Bas sans la permission du roi, fut déposé de son évêché, en 1635, par l'archevêque d'Arles, le coadjuteur de Tours, et les évêques de Saint-Flour et de Saint-Malo, nommés commissaires à cet effet par le pape Urbain VIII. M. de Rieux demeura tranquille pendant la vie du cardinal de Richelieu, dont il craignait le ressentiment. Mais, après la mort de ce ministre, l'évêque de Léon interjeta appel de la sentence de sa déposition au pape Innocent X, qui, par son bref du 23 décembre 1645, délégua sept autres évêques pour examiner l'affaire de nouveau. Ces prélats déclarèrent innocent l'évêque de Léon, et le rétablirent dans son siége le 6 septembre 1646. Voyez les *Nouveaux Mémoires du Clergé*, tom. II, IIIe. part., tit. III, ch. 6. — Voyez sur toute cette question, ce qui a été dit ci-devant *Hist. crit.*, pag. 58 et suiv.

Retz, archevêque de Paris : mais le clergé fit révoquer la commission, et obtint une déclaration du 26 avril 1657, portant que les procès des évêques seraient instruits et jugés par des juges ecclésiastiques, suivant les saints décrets. Ce que nous entendons ainsi : que les causes majeures des évêques doivent être jugées par le concile de la province, y appelant les évêques voisins pour faire en tout le nombre de douze; sauf l'appel au saint siége. Mais ces jugemens sont encore plus rares que les conciles; et si par malheur il se trouve un évêque scandaleux, ses crimes sont regardés comme des maux sans remède; que l'on tolère jusqu'à sa mort.

Enfin les appellations comme d'abus ont achevé de ruiner la juridiction ecclésiastique [1]. Suivant les ordonnances, cet appel ne devrait avoir lieu qu'en matière très-grave, lorsque le juge ecclésiastique excède notoirement son pouvoir, ou qu'il y a entreprise manifeste contre les libertés de l'Église gallicane. Mais dans l'exécution l'appel comme d'abus a passé en style : on appelle d'un jugement interlocutoire, d'une simple ordonnance, souvent en des affaires de néant. C'est le moyen ordinaire dont se servent les mauvais prêtres pour se maintenir dans leurs bénéfices malgré les évêques, ou du moins les fatiguer par des procès immortels. Car les parlemens reçoivent toujours

---

[1] Inst., IIIe. part., ch. 24.

ces appellations, sous ce prétexte examinent les affaires dans le fond, et ôtent à la juridiction ecclésiastique ce qu'ils ne pourraient lui ôter directement. Il y a quelques parlemens dont on se plaint qu'ils font rarement justice aux évêques. D'ailleurs le remède n'est pas réciproque. Si les juges laïques entreprennent sur l'Église, il n'y a point d'autre recours qu'au conseil du roi, composé encore de juges laïques nourris dans les mêmes maximes des parlemens. Ainsi, quelque mauvais Français réfugié hors le royaume, pourrait faire un traité des servitudes de l'Église gallicane, comme on en a fait des libertés, et ne manquerait pas de preuves*.

Voici donc à quoi se réduisent nos libertés effectives : 1°. à n'avoir point reçu le tribunal de

---

* Cette réflexion s'applique à Charlas qui, sous prétexte d'attaquer les abus, s'était élevé contre la chose même, et le recueil des frères Dupuy, dans lequel on trouve des pièces qui ne présentent que des faits particuliers et des exemples de possession, lesquels ne suffisent pas pour établir un droit. En reconnaissant la légitimité de l'appel, Fleury était choqué de ce qu'on avait rendu cette mesure trop fréquente, et que dans la pratique on n'y observait pas exactement les règles. Le seul remède qu'il voyait à ce désordre était le rétablissement de la convocation régulière des conciles annuels, où l'on aurait pu se pourvoir contre l'injustice de ses supérieurs, sans être obligé de recourir aux magistrats, et de leur fournir des prétextes plausibles de donner une trop grande extension aux appels comme d'abus, et de réduire par ce moyen l'Église en servitude.

l'inquisition, ou plutôt à l'avoir aboli, car il avait été quelque temps à Toulouse dans les commencemens des frères prêcheurs; et le titre d'inquisiteur de la foi fut renouvelé même à Paris, sous François Ier. Mais enfin nous n'avons point ce terrible tribunal, qui obscurcit tellement l'autorité des évêques, donne tant de crédit aux réguliers, et offusque même la puissance royale.

2°. Nous ne reconnaissons point que le pape ait le pouvoir de conférer les ordres à toutes sortes de personnes; et les clercs ordonnés à Rome de son autorité, sans dimissoire de leur évêque, ne sont reçus en France à aucune fonction.

3°. Nous ne recevons les nouvelles bulles qu'après qu'elles ont été examinées comme il a été dit.

4°. Nous ne prenons des bulles, et ne payons les annates que pour les bénéfices consistoriaux; pour les autres, il suffit d'une simple signature, qui est comme la minute de la bulle, et dont les frais sont beaucoup moindres. En Espagne on prend des bulles pour les moindres bénéfices.

5°. Nous ne souffrons point que l'on augmente les taxes des bénéfices ni des expéditions de la cour de Rome.

6°. Nous ne recevons pas toutes sortes de pensions, mais seulement suivant les règles du royaume.

7°. Nous ne recevons pas non plus toutes sortes de dispenses; comme celles qui seraient contre le droit divin, contre la défense expresse de dispenser portée par les canons, contre les louables coutumes et les statuts autorisés des Églises.

8°. Les étrangers ne peuvent posséder en France ni bénéfices ni pensions, sans expresse permission du roi, ni être supérieurs de monastères.

9°. Les sujets du roi ne peuvent être tirés hors du royaume, sous prétexte de citations, appellations ou autres procédures.

10°. Le nonce du pape n'a aucune juridiction en France; au lieu qu'en Espagne il diminue notablement celle des évêques : en sorte que cet article est un des plus importans.

11°. La juridiction du légat est limitée, comme il a été dit.

12°. Nous ne reconnaissons point le droit de dépouille, en vertu duquel le pape prétend la succession des évêques et des autres bénéficiers, et qui s'exerce en Italie et en Espagne.

13°. On a aboli en France, sous François I*er*., les franchises ou asiles des Églises et des monastères, qui subsistent en Italie et en Espagne; et quoique ce droit fût ancien, on en avait tellement abusé dans les derniers temps, qu'il est difficile d'en blâmer l'extinction. Dans les pays où il subsiste, il attire l'impunité des crimes; et c'est une source de fréquens différens entre la puissance ecclésiastique et la séculière.

Il est impossible, quand on veut raisonner juste,

d'accorder tous ces usages si différens, et entre eux, et avec nos maximes sur la puissance du pape et sur l'autorité des conciles universels. Si le pape n'a pas un pouvoir immédiat sur tous les fidèles, comment peut-il réserver certains péchés, et donner tant d'indulgences et de dispenses? comment a-t-il pu, pendant si long-temps, envoyer partout des prédicateurs et des confesseurs? Car du commencement les frères Mendians agissaient de sa seule autorité. S'il n'a pas un pouvoir immédiat dans tous les diocèses sur les clercs et les biens ecclésiastiques, comment peut-il pourvoir à tous les bénéfices, admettre des résignations, créer des pensions, donner pour les ordres des *extra tempora*, des dispenses d'âge ou d'irrégularité, ou des réhabilitations?

On demandera de même pourquoi nous n'avons pas autant de zèle pour empêcher les entreprises de la puissance laïque sur l'ecclésiastique, que les magistrats ont de soin d'empêcher les entreprises des ecclésiastiques? pourquoi nous sommes si indulgens pour les droits du roi, tandis que nous sommes si rigides contre ceux du pape?

A tout cela je ne vois d'autre réponse, sinon de convenir de bonne foi que nous n'agissons point conséquemment; et qu'en ces matières, comme en toutes les autres, l'usage ne s'accorde pas toujours avec la droite raison. Mais il ne s'ensuit pas qu'il faille abandonner nos principes, que nous voyons fondés clairement sur l'Écriture Sainte et sur la tradition de la plus saine antiquité. Il faut les conserver comme la prunelle de l'œil, et ne tenir pas moins chères le peu de pratiques que nous avons gardées en conséquence de ces principes. Quant à celles qui ne s'y accordent pas, elles ne laissent pas d'être légitimes, étant fondées en coutumes notoires, et reçues depuis longtemps au vu et au su de toute l'Église. Ainsi la prévention du pape subsiste par un consentement tacite des évêques depuis trois cents ans : et quoique chacun fût en droit d'y résister au commencement, il ne leur est plus libre. Ainsi on a pu accorder les annates comme un subside pour l'entretien de la cour de Rome, quoiqu'elle n'eût aucun droit de l'exiger. Il n'y a qu'un consentement de l'Église universelle, soit dans un concile ou sans concile, qui puisse abolir des usages ainsi établis*.

Il est bon cependant que la cour de France les considère, pour garder une grande modération à l'égard de la cour de Rome. Il ne convient pas

---

* Le mot *légitime* dont se sert Fleury pour justifier les *préventions*, les *annates*, etc., ne doit pas être pris dans toute sa force, car on ne doit pas regarder comme telles des innovations contraires à l'esprit de l'Église : il signifie seulement qu'il n'appartient pas à des particuliers de les changer. Du reste, on n'a pas consulté l'Église universelle pour les établir. Une église particulière ne pourrait-elle pas s'en affranchir ?

de la traiter fièrement en même temps qu'on lui demande des grâces. Avant que de parler d'appel au futur concile, de défense de transporter de l'argent à Rome, et d'autres menaces semblables, il faudrait renoncer aux translations d'évêques, aux nominations d'abbés commendataires et d'abbesses, aux créations de pensions, aux résignations en faveur, aux indults des officiers du parlement, et à tant de dispenses et de grâces extraordinaires que l'on demande tous les jours. Si l'on ne peut se résoudre à se passer de ces grâces, il ne faut pas pour cela abandonner nos maximes, ni donner dans toutes les bassesses des ultramontains; mais il faut du moins conserver la bonne intelligence, et demeurer dans les termes de l'honnêteté et du respect qui est dû à celui qui tient le premier rang entre les princes chrétiens, sans compter qu'il est le chef de l'Église.

S'il plaisait à Dieu quelque jour de susciter ensemble un pape et un roi de France également éclairés et zélés pour le bien de la religion, qui voulussent de bonne foi renoncer, de part et d'autre, à toutes les prétentions contraires à l'ancienne discipline, ce serait sans doute le moyen le plus sûr de la rétablir. Nous osons à peine souhaiter un si grand bien; mais du moins n'y mettons pas de nouveaux obstacles.

FIN.

TABLE DES CHAPITRES.

Préface. . . . . j

Chapitre I. — État de la doctrine de l'Église gallicane avant l'assemblée de 1682. 1

Influence du droit d'institution des évêques attribué au pape
sur l'affaiblissement des libertés gallicanes. — Progrès de
cet affaiblissement sous le ministère des cardinaux Duperron, de Richelieu et de Mazarin. — Affaire du docteur Richer. États de 1614. — Affaire de Santarel. — Du Traité
des libertés de l'Église gallicane de P. Pithou. — Des
Preuves de ces libertés, par P. Dupuy. — Déclaration des
six articles de la faculté de théologie de Paris.

Chapitre II. — Préliminaires de l'assemblée de 1682.   42

Préliminaires de l'assemblée de 1682. — De la régale. — Procédés répréhensibles de la cour de Rome et de celle de
France. — Convocation de l'assemblée de 1682. — Conférences de l'archevêché de Paris. — Débats entre M. de
Choiseul et M. Bossuet sur les questions qui devaient faire
la matière des délibérations de l'assemblée. — Appels du
pape au futur concile. — Jugemens canoniques des évêques.
— Indéfectibilité de l'Église romaine. — L'évêque de
Meaux est chargé de rédiger la déclaration.

Chapitre III. — Discours d'ouverture, suivi de l'a-
doption des quatre articles. 76

Discours sur l'*unité* de l'Église. — Ses effets sur l'assemblée.
— Explication de quelques maximes qu'on y a critiquées.
— Déclaration des quatre articles. — Lettre de l'assemblée
à tous les prélats du royaume, en les leur envoyant.

Chapitre IV. — Caractère des quatre articles. . . . 104

Ce ne sont ni des articles de foi ni de simples opinions, mais des vérités appartenantes à la foi. — Explication du mot *opinion* employé par Bossuet. — Considérations sur chacun de ces articles. Ils ne forment dans leur ensemble qu'un seul corps de doctrine. — Différence entre les jugemens du pape prononcés *ex cathedrâ* et ceux des conciles œcuméniques.

Chapitre V. — Effets que la déclaration produit à Rome. 155

Irritation du pape Innocent XI. — Bossuet en est inquiet. — Procédés répréhensibles des deux cours. — La promotion d'Alexandre VIII fait d'abord espérer une réconciliation. — Les négociations échouent par l'obstination des Romains à exiger une rétractation des prélats de l'assemblée pour obtenir des bulles. — Bulle *Inter multiplices*, par laquelle Alexandre VIII casse la déclaration. — Différentes explications données à cette bulle. — Innocent XII est élu pape. — Reprise des négociations. — Le pape expédie des bulles pour les évêques qui n'avaient pas été de l'assemblée. — Louis XIV suspend l'exécution de son édit. — Lettres des évêques nommés et de Louis XIV au pape, qui terminent la scission. — Elles sont diversement interprétées.

Chapitre VI. — Les Romains persistent dans leur opposition à la doctrine des quatre articles. . . . 188

Mauvais procédés de Clément XI contre les évêques qui avaient reçu la bulle *Vineam Domini* par voie de jugement. — On prend des mesures en France pour remettre en vigueur la doctrine des quatre articles. — Affaire de l'abbé de Saint-Aignan. — Lettre énergique de Louis XIV qui oblige le pape à donner des bulles à cet abbé pour l'évêché de Beauvais. — M. de Rastignac, qui avait présidé à une thèse qui contenait les quatre articles, est obligé d'écrire une lettre de satisfaction, afin d'obtenir ses bulles pour l'archevêché de Tours. — Les successeurs de Clément XI continuent leur opposition aux quatre articles. — On n'ose pas censurer à Rome la *Défense de la Décla-*

ration par Bossuet. — Affaire de M. de Fitz-James, évêque de Soissons, dont Louis XV prend le parti contre Clément XIII. — La bulle *Auctorem fidei*. — Conduite de Pie VII relativement aux quatre articles.

CHAPITRE VII. — L'ancien clergé persiste dans la doctrine des quatre articles. 213

Réception du bref contre le livre des *Maximes des Saints*. — De la bulle *Vineam Domini*. — L'enseignement des quatre articles éprouve de l'affaiblissement sous le ministère du cardinal de Fleuri. — Entraves qu'il met à la publication du grand ouvrage de Bossuet. — Décret de l'inquisition romaine contre l'instruction pastorale de l'évêque de Soissons sur les *assertions*, supprimé par arrêt du parlement. — Lettre énergique de Louis XV contre ce décret. — Mémoire de M. d'Aguesseau contre la Théologie de Poitiers.

CHAPITRE VIII. — Changement de doctrine dans le nouveau clergé par rapport aux quatre articles. . . 231

Insuffisance de la déclaration épiscopale du 3 avril. — Critique de cette déclaration et du discours de M. le ministre des affaires ecclésiastiques à la chambre des députés. — Véritable source de l'altération de nos libertés dans le mauvais esprit des écoles ecclésiastiques. — Illusion des moyens proposés pour en rétablir l'enseignement.

CHAPITRE IX. — De l'engagement exigé des professeurs pour enseigner les quatre articles. 273

L'édit du 2 mars 1682 est une véritable loi de l'état, qui n'a jamais été révoquée, et qui conserve toute sa force. — Le clergé, en résistant à son exécution, se rend suspect dans son zèle pour la doctrine des quatre articles. — Il est de son honneur de le faire exécuter, tel qu'il a été donné à la sollicitation de l'assemblée de 1682.

NOTES. 291

Sur la harangue du cardinal Duperron au tiers état de 1614. — Sur l'abus qu'on fait d'une réflexion de Bossuet. — Sur le décret d'*union* du concile de Florence. — Sur la lettre de Louis XIV au cardinal de la Trémouille — Sur la bulle

Auctorem fidei. — Sur les obstacles mis à la publication du grand ouvrage de Bossuet pour la défense des quatre articles. — Lettre de M. de Fitz-James, évêque de Soissons à Louis XV. — Sur la révision des bulles, brefs, etc., venus de Rome. — Sur la nouvelle liturgie de Paris, et sur une thèse soutenue en Sorbonne. — Sur la réponse de Henri IV au premier président de Harlay au sujet des jésuites.

Discours de l'abbé Fleuri sur les libertés de l'Église gallicane. 333

ERRATA.

Page 113, lig. 13. Archevêque ; *lisez :* évêque.
    140,   6. Solidement ;   trop solidement.
    145,   16. Catholique ;   apostolique.
    150,   12. Contraire ;   conforme.
    198,   17. Titres ; *ajoutez :* invoqués par Grégoire VII.
    287,   1. Réception du ; *lisez :* du bref contre le.
    315,   18. Fonctions ;   sanction.
   Ibid.   22. Invoque.   ajoute.

www.ingramcontent.com/pod-product-compliance
Lightning Source LLC
Chambersburg PA
CBHW070924230426
43666CB00011B/2298